Manuel d'histoire politique de la France contemporaine

DROIT FONDAMENTAL

COLLECTION DIRIGÉE PAR

STÉPHANE RIALS

MANUELS

Manuel d'histoire politique de la France contemporaine

FRÉDÉRIC BLUCHE

MAÎTRE DE CONFÉRENCES À L'UNIVERSITÉ PARIS II

avec la participation de Frédéric Audren,
chargé de recherche au CNRS,
et de François Saint-Bonnet,
professeur à l'Institut d'études politiques de Rennes

3e édition mise à jour

PRESSES UNIVERSITAIRES DE FRANCE

DU MÊME AUTEUR

Le plébiscite des Cent-Jours (avril-mai 1815), Droz, 1974.
Le bonapartisme, Aux origines de la droite autoritaire (1800-1850), NEL, 1980.
Le bonapartisme, PUF, « Que sais-je ? », 1981.
Danton, Perrin, 3e éd., 1999.
Lois fondamentales et succession de France (avec J. Barbey et S. Rials), DUC, 1984.
Septembre 1792, Logiques d'un massacre, Robert Laffont, 1986.
La Révolution française (avec S. Rials et J. Tulard), PUF, « Que sais-je ? », 6e éd., 2003.
Les révolutions françaises, Les phénomènes révolutionnaires en France du Moyen Âge à nos jours (dir. avec S. Rials), Fayard, 1989.
Le prince, le peuple et le droit, Autour des plébiscites de 1851 et 1852 (dir.), PUF, « Léviathan », 2000.

François Saint-Bonnet a publié *L'état d'exception*, PUF, « Léviathan », 2001, et *Histoire des institutions avant 1789* (avec Y. Sassier), Montchrestien, 2e éd., 2006.

ISBN 978-2-13-056854-4

Dépôt légal — 1e édition : 2001
3e édition mise à jour : 2012, février
9e tirage : 2024, juin

Sommaire

TROISIÈME PARTIE

L'ÈRE RÉPUBLICAINE

Avant-propos

1 Ce manuel s'adresse en priorité aux étudiants de première année. Dans un volume réduit par la durée en général semestrielle du cours correspondant, le parti a été pris de privilégier la Révolution, laquelle n'est que censée avoir été étudiée dans le secondaire. Une place équivalente a été accordée à l'ère révolutionnaire (1789-1815), aux hésitations politiques du XIXe siècle (1815-1879) et à l'ère républicaine (1879-1958).

Cartes, graphiques et tableaux aideront, on l'espère, à éclairer le propos, complété par des indications bibliographiques en fin de leçon. En contrepoint, le lecteur est invité à consulter le petit recueil très riche de Stéphane Rials, *Textes politiques français, 1789-1958* (PUF, « Que sais-je ? », n° 2171, 2e éd., 1987).

Pour aller plus loin

2 Ce manuel ne remplace ni G. Antonetti, *Histoire contemporaine politique et sociale,* rééd. PUF, 1997, ni la *Nouvelle histoire de la France contemporaine* (Le Seuil, « Points ») dont les volumes seront cités à leur place. Commode : A.-M. Lelorrain, *Chronologie de la France contemporaine,* PUF, 1997. Pour une réflexion générale, A. Burguière, J. Revel (dir.), *Histoire de la France,* t. 2-3, Le Seuil, 1989-1990 ; S. Berstein, M. Winock (dir.), *Histoire de la France politique,* t. 3 et 4, rééd. Le Seuil, 2008 ; P. Rosanvallon, *L'État en France de 1789 à nos jours,* Le Seuil, 1993, et *Le modèle politique français,* Le Seuil, 2004 ; T. Zeldin, *Histoire des passions françaises,* rééd. Payot, 1994, 5 vol. ; J.-P. Rioux, J.-F. Sirinelli (dir.), *Histoire culturelle de la France,* t. 3 et 4, rééd. Le Seuil, 2005 ; P. Nora (dir.), *Les lieux de mémoire,* rééd. Gallimard, 1997, 3 vol.

Sur les phénomènes révolutionnaires, J. Baechler, *Les phénomènes révolutionnaires,* PUF, 1970 ; Fréd. Bluche, S. Rials (dir.), *Les révolutions françaises,* Fayard, 1989 ; A. Rey, *« Révolution ». Histoire d'un mot,* Gallimard, 1989. Sur les institutions, M. Morabito, *Histoire constitutionnelle de la France,* rééd. Montchrestien, 2004 ; J. Godechot, *Les constitutions de la France depuis 1789,* rééd. Garnier-Flammarion, 1979 ; S. Rials, *Textes constitutionnels français,* rééd. PUF, 2003 ; J.-J. Chevallier, G. Conac, *Histoire des institutions et des régimes politiques de la France de 1789 à nos jours,* rééd. Dalloz, 1991 ; J. Garrigues (dir.), *Histoire du Parlement de 1789 à nos jours,* A. Colin, 2006. Sur l'administration, F. Burdeau, *Histoire de l'administration française,* rééd. Montchrestien, 1994 ; J.-L. Harouel, G. Sautel, *Histoire des institutions publiques depuis la Révolution française,* rééd. Dalloz, 1997 ; M.-O. Baruch, V. Duclert (dir.), *Serviteurs de l'État. Une histoire politique de l'administration française, 1875-1945,* La Découverte, 2000. Sur la vie politique, P. Lévêque, *Histoire des forces politiques en France,* A. Colin, 1992-1997, 3 vol. ; P. Lagoueyte, *La vie politique en France au XIXe siècle,* Gap, Ophrys, 1990 ; R. Rémond, *La vie politique en France depuis 1789,* A. Colin, 1965-1969, 2 vol., *Atlas historique de la France contemporaine* (dir.), A. Colin, 1966, et *Les droites en France,* Aubier, 1982 ; J.-F. Sirinelli (dir.), *Histoire des droites en France,* rééd. Gallimard, 2006, 3 vol. (abrégé : *Les droites françaises de la Révolution à nos jours,* rééd. Gallimard, 1995) ; M. Bernard, *La guerre des droites,* O. Jacob, 2007 ; J.-J. Becker, G. Candar (dir.), *Histoire des gauches en France,* rééd. La Découverte, 2005, 2 vol. ; J. Droz (dir.), *Histoire générale du socialisme,* rééd. PUF, 1997, 4 vol. Sur le suffrage, R. Huard, *Le suffrage universel en France,* Aubier, 1991 ; P. Rosanvallon, *Le sacre du citoyen,* Gallimard, 1992 ; M. Offerlé, *Un homme, une voix ? Histoire du suffrage universel,* Gallimard, 2002. Sur la presse, C. Bellanger *et al., Histoire générale de la presse française,* PUF, 1969-1976, 4 vol. ; M. Albert, *Histoire de la presse,* rééd. PUF, 2003. Sur les idées politiques, M. Prélot, G. Lescuyer, *Histoire des idées politiques,* Dalloz, rééd. 1994 ; O. Nay, *Histoire des idées politiques,* A. Colin, 2007 ; L. Hartz, *La nécessité du choix. La pensée politique au XIXe siècle,* PUF, 1995 ; P. Manent, *Les libéraux,* Hachette, 1986, 2 vol. ; A. Jardin, *Histoire du libéralisme politique,* Hachette, 1985 ; C. Nicolet, *L'idée républicaine en France,* rééd. Gallimard, 1995. Sur l'économie et la société, F. Caron, *Histoire économique de la France, XIXe-XXe siècle,* A. Colin, 1995 ; M. Lévy-Leboyer, J.-C. Casanova (dir.), *Entre l'État et le marché. L'économie française des années 1880 à nos jours,* Gallimard, 1991 ; C. Charle, *Histoire sociale de la France au XIXe siècle,* Le Seuil, 1991 ; G. Procacci, *Gouverner la misère. La question sociale en France, 1789-1848,* Le Seuil, 1993 ; G. Duby, A. Wallon (dir.), *Histoire de la France rurale,* t. 3 et 4, rééd. Le Seuil, 1992 ; A. Daumard, *Les bourgeois et la bourgeoisie en France depuis 1815,* rééd. Flammarion, 1993 ; D. Ligou (dir.), *Dictionnaire de la franc-maçonnerie,* rééd. PUF, 1998 ; G. Cholvy, Y.-M. Hilaire, *Histoire religieuse de la France contemporaine,* Privat, 1985-1988, 3 vol. ; A. Latreille, R. Rémond, *Histoire du catholicisme en France,* t. 3, SPES, 1962 ; J.-P. Moisset, *Histoire du catholicisme,* Flammarion, 2006 ; R. Rémond, *L'anticléricalisme en France de 1815 à nos jours,* Complexe, 1985 ; S. Mours, D. Robert, *Le protestantisme en France du XVIIIe siècle à nos jours,* Libr. protestante, 1972 ; A. Prost, *L'enseignement en France,* rééd. A. Colin, 1986.

Leçon 1
La France d'Ancien Régime

3 Comme la plupart des événements historiques, la Révolution française est en partie le fruit du hasard, mais, si elle n'était pas inéluctable, elle a éclaté sur un terrain très favorable. En 1789, la France était malade politiquement et socialement. (La crise financière, qui a contribué directement au déclenchement de la Révolution, sera évoquée dans la leçon 3.)

Section I
La monarchie à la fin du XVIIIe siècle

4 Les Français du XVIIIe siècle vivent en monarchie comme la quasi-totalité des Européens de leur temps. La chose est jugée naturelle pour un pays vaste et peuplé. La monarchie est aussi familière aux esprits du temps que l'est aujourd'hui la République. Les philosophes les plus hardis ont du mal à imaginer pour la France un autre régime politique ; l'idée d'une république n'est qu'un rêve caressé par quelques isolés. De surcroît, la monarchie a pour elle une durée exceptionnelle, constitutive d'un « droit historique ». La dynastie capétienne (Capétiens directs, Valois, Bourbons) règne depuis huit cents ans et la royauté elle-même est vieille de treize siècles : elle remonte à Clovis dont la conversion au christianisme a permis à terme la naissance de la France.

I | Les caractères généraux de la monarchie

5 Une monarchie chrétienne. — Depuis les débuts du Moyen Âge, le monde occidental ne se conçoit pas hors du christianisme. On distingue les institutions (l'Église, l'État), mais le politique et le religieux ne sauraient être séparés. Si l'on connaît les exemples antiques d'oligarchie (gouvernement de quelques-uns) et de démocratie (gouvernement du peuple), on les rejette pour leur préférer la monarchie (gouvernement d'un seul) inscrite dans le plan surnaturel ou dans la nature des choses : un Dieu régit le monde, un capitaine conduit le navire (le latin *gubernare* signifiait d'abord « tenir le gouvernail »), un père domine sa famille, un roi gouverne ses sujets. Le principe n'est guère discuté ; ce qui peut l'être, c'est la quantité de pouvoir dont dispose le roi.

Le lien intime qui unit le politique et le religieux est renforcé par le fait qu'en France le roi, appelé « très-chrétien », est sacré. Il reçoit des mains de l'archevêque de Reims une onction d'huile sainte qui fait de lui le ministre de Dieu sur terre et lui confère des pouvoirs surnaturels : il guérit, pense-t-on, les scrofuleux en touchant leurs écrouelles (abcès des ganglions lymphatiques, d'origine tuberculeuse). Il est vrai que juridiquement, depuis le XVe siècle, ce n'est plus le sacre mais la succession héréditaire qui fait le roi. En outre, au siècle des Lumières où l'on tend à dissocier le profane et le sacré, beaucoup considèrent le sacre comme une cérémonie d'un autre âge. Les ministres « éclairés » de Louis XVI lui ont conseillé d'y renoncer ou d'en moderniser et simplifier les formes. C'est le jeune roi lui-même qui a voulu être sacré à Reims conformément à la tradition (1775).

6 Une monarchie absolue. — « Absolue » (sans liens) et « de droit divin », la monarchie ne saurait être despotique ou arbitraire. En droit, l'absoluité du pouvoir signifie qu'aucune instance (États généraux, parlements) ne peut empêcher le roi de décider en dernier ressort. Ni dans le royaume ni en dehors – au Moyen Âge, certains papes prétendaient pouvoir déposer les rois – il n'existe de contre-pouvoir, d'organe capable de bloquer une déci-

sion royale par une volonté contraire. Cette conception a été théorisée au XVIe siècle par Jean Bodin, avec sa fameuse définition de la souveraineté. Au XVIIe, Bossuet l'a affermie en insistant sur le « droit divin ». Pour ce précepteur du fils de Louis XIV, le roi n'a de compte à rendre à personne ici-bas car il est institué par Dieu dont il est le ministre. Ce lien direct renforce les obligations d'un prince qui sera soumis au Jugement dernier comme chrétien et comme gouvernant. La responsabilité du roi devant Dieu est d'autant plus considérable qu'il est irresponsable devant ses sujets.

La conséquence d'une telle formule politique est l'unité du pouvoir royal. Il n'est pas question de « séparer les pouvoirs ». Seul le roi édicte la loi (édits, ordonnances) ; il est source de toute justice, d'une justice qu'il peut rendre seul à tout moment ; il est le maître d'un appareil étatique dont les agents, directement ou non, dépendent de lui. Pour autant, il n'a pas la maîtrise du droit, car on ne considère pas que tout le droit est contenu dans la loi positive. Le monarque est assujetti à un ordre juridique substantiel issu de Dieu, de la nature et du temps.

Pour Bodin, le roi est soumis aux lois divines et naturelles ; sinon, il conduirait son royaume à la ruine et perdrait son titre de roi. Il n'existe pas de liste de ces lois non écrites. Elles consistent dans les principes chrétiens (tenir sa parole, à commencer par les engagements pris lors du sacre de protéger l'Église et de défendre le royaume, faire preuve de justice et d'équité), dans le respect de la propriété naturelle des sujets, de leurs libertés, franchises (droits acquis par des groupes de personnes) et privilèges, à condition qu'ils ne nuisent pas au bien commun. Nul ne peut sanctionner un manquement à ces principes, mais de nombreuses institutions, parlements, assemblées, Conseil du roi, ont mission de les rappeler au prince et de lui « remontrer » la vérité lorsqu'il s'égare. Le plus souvent, le monarque écoute les conseils et n'insiste pas. S'il s'obstine, les institutions s'inclinent mais, le cas échéant, ignorent les décisions qu'elles estiment contraires au droit substantiel. On perçoit parfaitement la distinction entre le roi, qui respecte les lois divines et naturelles, et un tyran, qui les méprise. Le roi gouverne « par conseil » ; toute décision est délibérée au sein d'organes spécialisés ; chacun d'eux émet une appréciation technique (d'opportunité) et juridique (de validité) dont le roi tient le plus grand compte avant de trancher. Ainsi les avis du Conseil du roi sont presque toujours suivis ; Louis XIV ne les a ignorés que six fois entre 1661 et 1715.

S'appuyant sur son ancienneté et sur la tradition, la monarchie « immémoriale » respecte les droits anciens et les règles juridiques forgées par le temps, les coutumes. Elle ne peut innover qu'avec prudence. La nouveauté a quelque chose de suspect : on parle de réformation, c'est-à-dire de restauration d'une forme ancienne qui aurait été altérée. Ce sont les coutumes qui régissent l'essentiel du droit privé. Le roi s'abstient d'intervenir dans ce domaine, car être jugé selon son droit privé local est considéré comme une liberté.

Le roi ne saurait davantage violer ni modifier le statut de la Couronne, c'est-à-dire les règles qui touchent à sa dévolution, appelées « lois fondamentales du royaume ». Fixées au XVIe siècle, ces « lois » forment l'armature non écrite de ce que certains ont considéré comme une constitution : 1 / loi de succession par primogéniture masculine, dite « loi salique » (exclusion des femmes et des descendants par les femmes) ; 2 / loi d'indisponibilité (le roi ne peut ni choisir son successeur ni abdiquer, car la Couronne ne lui appartient pas) ; 3 / loi de continuité (le roi prolonge la personne de son prédécesseur : « Le roi est mort. Vive le roi ! »), qui signifie déjà continuité de l'État ; 4 / loi d'inaliénabilité du Domaine (le roi n'est pas propriétaire du domaine de la Couronne). Toutes les fois qu'un roi a voulu enfreindre les lois fondamentales, elles ont fini par triompher de sa volonté aberrante.

II | Les obstacles à la puissance royale

7 L'État monarchique est beaucoup moins pesant que l'actuel « État-providence ». Si le roi dispose d'un pouvoir absolu, il est moins obéi que les « despotes éclairés » de l'Europe, lesquels, à l'instar de Frédéric II de Prusse, utilisent avec plus de rudesse des méthodes imitées de Louis XIV. En France, les obstacles à la puissance royale tiennent surtout à l'esprit du régime, à l'indépendance d'une grande partie de la fonction publique et à la personnalité de Louis XVI. Autant de freins à la modernisation du régime.

8 L'ESPRIT DU RÉGIME. — Une monarchie qui s'enorgueillit de son histoire ne peut s'attaquer sans risques ni contradiction aux droits « acquis » de longue date par tel groupe social, local ou professionnel. À défaut d'être logique, la résistance est souvent vive – passive ou active – quand le pouvoir central tente d'adapter aux temps nouveaux les institutions héritées du passé. Dans ces conditions, les rois ont pris l'habitude de ne supprimer qu'exceptionnellement des institutions lorsqu'ils en créaient de nouvelles, laissant les anciennes dépérir. Utiles ou inutiles, les institutions s'empilent les unes sur les autres comme des croûtes sédimentaires que la pioche du centralisateur a du mal à briser.

Le monarque hésite à porter atteinte aux spécificités locales conçues comme des « libertés », surtout dans les provinces récemment réunies, ce qui ralentit d'autant l'adaptation du royaume aux impératifs d'un État moderne en rivalité avec ses voisins. Les droits privés peuvent différer d'un village à l'autre ; les langues vernaculaires sont nombreuses et le français ne s'impose parfois que dans les actes officiels ; poids et mesures varient selon les usages locaux ; les douanes intérieures ralentissent le trafic ; la diversité est de règle pour la répartition des impôts, sans parler des droits seigneuriaux. Sous l'Ancien Régime, contrairement à l'époque qui va suivre, unité ne veut pas dire uniformité.

L'œuvre d'unification est confiée à des commissaires qui dépendent directement du pouvoir central et sont tout dévoués au roi : les intendants (32 au XVIIIe siècle). Malgré les efforts accomplis de Richelieu à Louis XIV, l'action centralisatrice des intendants est sans commune mesure avec celle qu'accompliront leurs successeurs, les préfets de Napoléon. Faute de moyens et de personnel suffisant, confrontés aux privilèges et aux intérêts particuliers des habitants de leur circonscription (la « généralité »), les intendants sont parfois amenés à se faire les porte-parole des élites locales auprès du gouvernement...

Les particularismes locaux et sociaux sont d'autant plus inébranlables qu'ils sont consacrés par les siècles, tels les privilèges reconnus, protégés ou concédés par les rois depuis le Moyen Âge et auxquels les provinces, les villes, les ordres (clergé, noblesse), les corps ou même les particuliers sont très attachés. Le privilège est la forme ancienne de la liberté ; c'est, pour son titulaire, une bulle d'autonomie face aux commissaires envoyés par le roi.

9 LA FONCTION PUBLIQUE. — Une autre manifestation de la relative impuissance du pouvoir absolu est l'indépendance de fait d'une grande partie de ce qu'on pourrait appeler la fonction publique.

Les agents du roi sont de deux sortes : officiers et commissaires. Les commissaires, tels les intendants, sont nommés, rétribués et révoqués par le roi ; leur statut en fait des agents très fidèles ; ils incarnent la puissance absolue et centralisée de la monarchie. Par contre, les officiers, également du fait de leur statut, ont une grande indépendance. La majorité des charges publiques sont patrimoniales : les « offices » appartiennent à leurs titulaires qui peuvent sous certaines conditions les vendre ou les transmettre par héritage. Dès lors, ou bien l'officier transmet avec l'office le goût du service public, ou bien l'office n'est qu'un capital, le service du public et du roi passant au second plan. D'où des risques d'immobilisme, de paresse, d'incompétence (ce qui est plus grave mais rare), voire d'indiscipline (ce qui est plus fréquent).

Cette situation résulte des difficultés financières chroniques de la monarchie. Au Moyen Âge, on considérait que le roi devait vivre des revenus de son domaine ; les levées fiscales étaient exceptionnelles et consenties. Le monarque est parvenu, à partir du XVIe siècle, à imposer ses sujets en permanence et sans leur consentement, mais ses ressources restaient insuffisantes – et les privilèges fiscaux trop nombreux – pour faire face en particulier aux dépenses de guerre. Les ventes d'offices ont procuré au roi, sans douleur pour ses sujets, un revenu commode, mais il était quasiment impossible de racheter les charges vendues. La royauté, qui avait mis des siècles à venir à bout de la féodalité politique, a laissé se développer une nouvelle forme de dispersion de la puissance publique.

L'indépendance des officiers, en particulier des magistrats, a souvent paralysé la volonté modernisatrice de la monarchie. Les magistrats des parlements (cours souveraines de justice déléguée), qui participaient à l'édiction du droit par la jurisprudence et par des arrêts de règlement, pensaient accomplir leur devoir en résistant aux décisions royales qu'ils estimaient contraires à la justice ; mais entre le légitime devoir de conseil et la critique, voire le blocage systématique, la frontière a été souvent franchie. Les parlements profitaient de leur droit d'enregistrement des ordonnances et édits royaux, assorti du droit de remontrance, pour exercer un contrôle politique de l'activité gouvernementale et la ralentir. À cette opposition le roi pouvait passer outre par « lettres de jussion » (ordres écrits) ou « lit de justice » (enregistrement forcé en sa présence), mais ces procédures étaient jugées autoritaires et la monarchie a souvent reculé pour des raisons de popularité, surtout à partir des années 1750, quand les parlementaires, quoique propriétaires de leurs charges, ont prétendu « représenter » la Nation.

10 LOUIS XVI. — L'énergie modernisatrice de la monarchie dépendait aussi du caractère du roi régnant. Les Capétiens, les Bourbons en particulier, avaient su faire preuve de persévérance et d'autorité. Sous Louis XVI (1754-1793), petit-fils et successeur de Louis XV en 1774, les rênes du pouvoir flottent.

Comme il était de règle, le futur Louis XVI a été élevé dans la perspective de l'exercice de la fonction royale, mais son éducation, maladroitement inspirée des préceptes « libéraux » de Fénelon, ne l'a pas préparé au lourd métier de monarque absolu, encore moins à affronter une révolution. Sa personnalité controversée est à la fois attachante et décevante. Il manque de volonté et de confiance en soi. Il est doux et généreux, très pieux, mais un roi trop bon peut n'être pas un bon roi. Il est monté sur le trône à dix-neuf ans, à contrecœur, affolé par ses responsabilités. Il ne voulait pas régner. Le défaut est sans remède.

Les longs règnes lassaient. À la mort d'un vieux roi, on pouvait saluer avec joie l'avènement de son jeune successeur. Pour Louis XVI, l'enthousiasme a été réel, l'attachement durable, même après 1789, mais le roi n'a pas su en profiter. Ses aspirations sont complexes, traditionalistes (royauté très-chrétienne), conservatrices (préjugé nobiliaire), progressistes (générosité humanitaire). Alliées à son absence de goût pour le pouvoir, ces contradictions se traduisent par des oscillations entre fermeté et faiblesse, propices aux intrigues de cour. La Cour de Versailles est un univers clos, déconnecté des réalités. Louis XVI en subit passivement l'influence et les mesquineries. Quant à son épouse Marie-Antoinette de Lorraine (Habsbourg), cette princesse un peu hautaine, d'une apparente frivolité due à la jeunesse, souffre d'un préjugé anti-autrichien ; la fameuse affaire du Collier (1785) et diverses maladresses de comportement l'ont condamnée dans ce qu'on pourrait déjà appeler l'opinion. Une littérature à scandale accable la reine et l'entourage royal, contribuant à discréditer l'Ancien Régime tout entier.

Section II
Une société en crise

11 La France de 1789 compte 28 millions d'habitants, paysans en immense majorité. Sa structure sociale est extrêmement complexe, ce qui engendre inégalités et blocages, rendus pénibles par la crise économique, mais le pays est riche à l'échelle de l'Europe de l'époque, moins par son industrie – la révolution industrielle, déjà amorcée en Angleterre, n'en est en France qu'à ses premiers frémissements – que par son agriculture et son commerce. Faute d'un tableau complet, on étudiera la société et ses élites, puis quelques aspects de la crise.

I | La société et ses élites

12 Nation, ordres et corps. — La nation d'Ancien Régime n'est pas la « Nation », cet être collectif unitaire qu'exalteront les révolutionnaires. Elle n'est en rien homogène. Chacun y a vocation à remplir une fonction. L'idée d'égalité n'a pas sa place au sein d'une société corporative que l'on pensait organisée conformément à l'ordre des choses, à la nature.

La division primordiale est celle des trois ordres : le clergé (moins de 1 % de la population) et la noblesse (plus de 1 %), l'un et l'autre bénéficiant notamment de certaines exemptions fiscales, enfin le tiers état (98 %). Au Moyen Âge, cette tripartition était fonctionnelle : aux clercs incombaient la prière et ses à-côtés (bienfaisance, hôpitaux, etc.), aux nobles la guerre, aux roturiers le travail. Au XVIIIe siècle une telle division a perdu sa légitimité. Par exemple, les roturiers forment le gros de l'armée tandis que beaucoup de nobles, tournant le dos à la carrière militaire, ne paient plus l' « impôt du sang » qui justifiait leur dispense des impôts roturiers.

Les particularismes sont vivaces, qui transcendent la division en trois ordres. La nation d'Ancien Régime est structurée en innombrables corps (corporations, compagnies d'officiers, communautés d'habitants, « bonnes villes ») dotés de statuts et de « libertés » auxquels on reste très attaché même si l'on est enclin à critiquer ou envier les privilèges de son voisin.

13 Les noblesses. — En droit, la noblesse française est une. En fait, sa diversité est grande : haute et petite noblesse, noblesse ancienne ou récente, riche ou pauvre, noblesse de cour, provinciale, militaire, parlementaire (« de robe »), noblesse terrienne, noblesse d'affaires tournée vers les activités économiques, etc. Entre le duc d'Orléans, cousin du roi, qui passe pour l'homme le plus riche de France, et un hobereau misérable aussi crotté que ses paysans, il y a un gouffre. Socialement, du haut en bas de sa propre hiérarchie, la noblesse doute d'elle-même sans toujours se l'avouer. Chez certains, ce doute se traduit par une valorisation artificielle de l'état noble, qui peut s'exaspérer jusqu'au ridicule (préjugé nobiliaire).

Politiquement, la majorité des nobles, si elle est favorable à l'Ancien Régime social, ne l'est guère à l'absolutisme. Beaucoup de nobles adhèrent à un libéralisme aristocratique et réactionnaire. Pour dénoncer le « despotisme » ministériel, ils ne philosophent guère sur la liberté abstraite mais recherchent du côté d'une époque franque réinventée la pureté d'un prétendu « gouvernement germanique » qui serait limité par les nobles et par eux seuls. Ils déplorent, depuis Louis XIV, de n'être plus consultés par le roi lorsque celui-ci prend des décisions importantes.

14 Les bourgeoisies. — Il faut oublier le mythe d'une bourgeoisie homogène et « montante » sur la longue durée, depuis la renaissance des villes au Moyen Âge. D'une part, le renouvellement des élites a été constant : la bourgeoisie qui « montait » au Moyen Âge est arrivée depuis longtemps, quand elle n'est pas redescendue. D'autre part, la bourgeoisie est encore moins homogène que la noblesse.

Au sommet, on distingue la très haute bourgeoisie, avec notamment les armateurs de Bordeaux, Nantes ou La Rochelle, enrichis par un commerce avec les Antilles qui comporte la traite des esclaves (« commerce triangulaire »). Mais la bourgeoisie « capitaliste » est peu nombreuse : en proportion, il y aurait plutôt plus de grands capitalistes parmi les nobles. Dans l'industrie, c'est l'atelier et la petite entreprise qui dominent. Des fractions de la bourgeoisie sont économiquement dynamiques, et cette vitalité contraste avec une société juridiquement figée qui freine leur ascension, mais d'autres sont presque immobiles. La bourgeoisie la plus typique, propriétaire d'offices et de terres, aspire à la noblesse ou au moins à la « vie noble » (rentière) à une époque où on pourrait l'imaginer en quête d'aventures industrielles ou commerciales.

Au bas de l'échelle bourgeoise, notamment à Paris, la « bourgeoisie populaire » des boutiquiers et des artisans est une toute petite bourgeoisie, proche du menu peuple par l'habitat et par l'activité professionnelle. Elle jouera un rôle considérable pendant la Révolution.

15 UNE CRISE DES ÉLITES. — Malgré les différences de statuts et les diversités internes, les hautes élites nobles et bourgeoises ont une certaine homogénéité, ne serait-ce que parce qu'elles sont seules à accéder aux « Lumières » : leur culture littéraire et politique est commune. Au lieu de tirer parti de cette convergence, la monarchie accumule les maladresses. Au XVIIIe siècle, non seulement l'État souffre de nombreux archaïsmes, telle la patrimonialité des offices, mais il est dominé par le préjugé nobiliaire.

Après la violente secousse de la Fronde, Louis XIV avait su rendre à la noblesse le goût du service public tout en récompensant des ascensions bourgeoises qui ne faisaient vraiment rire qu'à la première génération (*Le Bourgeois gentilhomme* de Molière). Un siècle plus tard, le règne de Louis XVI est une période de réaction nobiliaire. Les fonctions les plus élevées dans le clergé (épiscopat, grandes abbayes), la magistrature, la finance (fermiers généraux) sont presque toutes occupées par des nobles. Dans l'armée, les réformes de 1781 exigent quatre degrés (générations) de noblesse pour entrer dans une école militaire, ce qui permet de devenir rapidement officier. Une telle mesure, qui profite à une noblesse ancienne souvent appauvrie, humilie les roturiers et les nobles récents. Or les roturiers sont d'aussi bons soldats que les nobles et le dynamisme d'un noble ne dépend pas de l'ancienneté de sa famille.

Tandis que les parlementaires, par leur opposition récurrente et en prenant l'« opinion » à témoin, entretiennent une atmosphère de contestation, la monarchie ne sait plus « gérer » ses élites. Celles-ci ont perdu confiance et une bonne partie d'entre elles se détourne du régime. Elles espèrent souvent profiter de son affaiblissement pour exiger une redistribution des cartes politiques. Les Lumières aidant, elles ne croient plus guère à la légitimité des vieilles supériorités sociales. Cela ne veut pas dire que les nobles soient prêts à en tirer toutes les conclusions, mais il est symptomatique que la Cour ait applaudi en 1784 aux diatribes antinobiliaires du *Mariage de Figaro* de Beaumarchais.

Dans le tiers état se développe un sentiment de frustration et d'hostilité au préjugé nobiliaire. Barnave et Mme Roland, entre autres, deux futurs révolutionnaires, ont été humiliés par des nobles imbus de leur supériorité. Ces affronts ne se pardonnent pas quand on se sent supérieur à son agresseur : la frustration peut se transformer en haine. Or un certain égalitarisme – au moins le sentiment que la division par ordres n'a plus de sens – est dans l'air du temps ; il règne dans la pratique des sociétés de pensée qui pullulent dans le pays (voir leçon 2). Additionné de haine, l'égalitarisme peut devenir radical et agressif.

À la tête – intellectuellement – de bourgeoisies multiformes, on trouve la partie la plus avancée de l'élite « éclairée ». Sa vision de l'ordre social est laïcisée, rationalisée. Elle rejette le legs des siècles passés et les contraintes juridiques anachroniques. Pour ces hommes, la société nouvelle peut être construite par la raison, principal moteur du progrès et chemin le plus sûr pour accéder au bonheur. Selon eux, pour reprendre la tripartition médiévale des fonctions, le travail a infiniment plus de valeur que la guerre et la prière : ils dénoncent les privilèges fiscaux des deux premiers ordres. Ils aspirent à jouer un rôle politique. La crise peut leur en fournir l'occasion.

II | La crise

16 À la fin de l'Ancien Régime, la crise sociale est générale. La dépression économique frappe un pays en plein essor démographique. L'amélioration des techniques, des conditions de vie, de l'hygiène, la fin des grandes épidémies ont mis fin à l'ancienne stagnation démographique. La mortalité infantile recule, l'espérance de vie progresse, la fécondité est élevée. Entre 1740 et la Révolution, la population est passée de 24 à 28 millions d'habitants. Or les générations qui atteignent l'âge adulte dans les années 1780 se heurtent à des structures figées, inadaptées à une France si peuplée. Les perspectives d'emploi étant limitées, les jeunes grossissent souvent la masse des déclassés et des chômeurs. Dans les campagnes, une partie de la paysannerie moyenne se marginalise. En ville, deux facteurs nuisent au développement : 1 / le régime des corporations (maîtrises et jurandes), qui entrave la liberté du travail, du commerce et de l'industrie ; 2 / la faiblesse de l'investissement productif, car les élites préfèrent investir dans la terre. Le XVIIIe siècle a connu une croissance économique soutenue, mais l'euphorie a pris fin dans les années 1770 pour faire place à un « intercycle de contraction ». En 1789, on aura oublié le « mieux » du milieu des années 1780.

L'atmosphère est lourde dans les campagnes. Les fermages (« loyer » de la terre) sont en hausse. De même, les seigneurs font réviser les « terriers » (archives où étaient précisées les redevances à payer par les paysans) en ressuscitant des droits tombés en désuétude ; cette pratique, pourtant ancienne, exaspère les ruraux. Dans ce climat, plus ou moins malsain selon les provinces, surgit la crise agricole : surproduction de vin, sécheresse, pluies de 1787, orages et grêles, mauvaise récolte de 1788, suivie du terrible hiver de 1789 (Louis XVI est un roi malchanceux, en partie victime du climat). Une large fraction de la population rurale s'appauvrit. Les charges qui pèsent sur la paysannerie – surtout aisée – paraissent insupportables. Outre les impôts, il faut s'acquitter des droits seigneuriaux et de la dîme ecclésiastique (le prélèvement seigneurial et ecclésiastique semble se situer entre 10 et 20 % de la production agricole). Cela justifie la révolte aux yeux de paysans qui désirent accéder à la libre propriété du sol.

Les villes s'agitent. Le prix du blé s'envole. L'inquiétude est renforcée par des pillages de convois de grains. La petite industrie urbaine voit se fermer le débouché rural au moment où la cherté du pain pousse les citadins à réduire leur consommation. Des chômeurs se déplacent par bandes – le réseau routier est excellent – en colportant des nouvelles vraies ou fausses, ce qui entretient les « émotions » populaires et peut contribuer à transformer ces mouvements en révoltes provinciales.

Comme dans tous les moments de détresse, on cherche des boucs émissaires. Dans les campagnes, la colère gronde contre les « seigneurs » de la terre, nobles ou bourgeois. Les rumeurs prospèrent. En ville, c'est surtout celle d'un « complot aristocratique » avant la lettre. Les grands propriétaires, qui touchent des rentes en nature, sont souvent accusés d'affamer le peuple. Tous les éléments favorables à de graves explosions sociales seront réunis dès l'hiver 1789. Ce qui compte le plus dans les périodes révolutionnaires, ce n'est pas la misère objective, absolue, c'est la conscience relative que chacun se fait de sa propre misère et les réactions que cela peut engendrer. C'est pourquoi un pays aussi riche – comparativement – que la France de 1789 était plutôt mûr pour une révolution.

Pour aller plus loin

17 Sur les XVIe-XVIIIe siècles, K. Béguin, *Histoire politique de la France, XVIe-XVIIIe siècle,* A. Colin, 2001 ; F. Saint-Bonnet, Y. Sassier, *Histoire des institutions avant 1789,* rééd. Montchrestien, 2006 ; B. Barbiche, *Les institutions de la monarchie française à l'époque moderne,* PUF, 1999 ; F. Olivier-Martin, *L'absolutisme français* et *Les lois du roi,* rééd. LGDJ, 1997 ; F. Cosandey, R. Descimon, *L'absolutisme en France,* Le Seuil, 2002 ; J.-Y. Grenier, K. Béguin, A. Bonzon, *Dictionnaire de la France moderne,* Hachette, 2003 ; L. Bély, *Dictionnaire de l'Ancien Régime,* PUF, 1996. Sur les questions constitutionnelles, J. Barbey, Fréd. Bluche, S. Rials, *Lois fondamentales et succession de France,* rééd. DUC, 1984 ; F. Saint-Bonnet, Un droit constitutionnel avant le droit constitutionnel ?, *Droits,* n° 32, 2000, p. 7 et s. Sur l'esprit de la monarchie, J. Barbey, *Être roi,* Fayard, 1992 ; D. Richet, *La France moderne. L'esprit* *des institutions,* Flammarion, 1973 ; S. Rials (dir.), *Le miracle capétien,* Perrin, 1987. Sur la société, N. Elias, *La société de cour,* Flammarion, 1985 ; François Bluche, *La véritable hiérarchie sociale de l'ancienne France,* Droz, 1983 ; P. Goubert, D. Roche, *Les Français et l'Ancien Régime,* rééd. A. Colin, 1991. Sur le couple royal, Pierrette Girault de Coursac, *L'éducation d'un roi, Louis XVI,* Gallimard, 1972 ; É. Lever, *Louis XVI,* Fayard, 1985, *Marie-Antoinette,* Fayard, 1991, et *C'était Marie-Antoinette,* Fayard, 2006.

Leçon 2
Les idées nouvelles

18 Si les idées bouillonnent à la fin du XVIIIe siècle, les Français ne sont pas tous des lecteurs de Voltaire et de Rousseau. La pensée des « Lumières » est réservée à une élite intellectuelle (peut-être 20 000 lecteurs ?). Le reste de la société ne connaît, au mieux, qu'une littérature pamphlétaire qui vulgarise la pensée des philosophes, la simplifie, la déforme en l'assortissant volontiers de ragots et d'éléments licencieux.

Par-delà la diversité des courants, il existe une tendance générale de l'esprit du siècle, qui véhicule l'idéologie des droits de l'homme, mais cela ne préjuge pas d'une filiation entre les Lumières et la Révolution.

I | L'esprit des Lumières

19 La philosophie des Lumières a irrigué toute la culture européenne. En France, contrairement aux autres pays, elle a contribué à créer un climat intellectuel favorable à une révolution. Au XVIIIe siècle, la philosophie politique n'est pas considérée comme « une branche spéciale mais comme le véritable centre de toutes les activités intellectuelles » (Ernst Cassirer) ; sans renoncer aux abstractions, elle ne néglige pas les réflexions pratiques qui peuvent devenir des armes de combat politique.

Ces « lumières » sont celles de la Raison. Certes le rationalisme n'est pas une idée neuve. Des philosophes comme Descartes avaient exalté une raison qui permettait à l'homme d'accéder à la connaissance scientifique des lois qui régissent l'univers, mais au XVIIe siècle, « siècle des saints », on ne pensait pas le monde hors d'un cadre théologique ; l'enjeu restait la place de l'homme dans un univers conçu par Dieu et dominé par lui. Au XVIIIe siècle, particulièrement en France, la Raison s'est laïcisée et politisée. Pour les penseurs des Lumières, ce n'est plus Dieu qui est premier, mais l'homme. Même si la plupart ont des croyances, ils n'opposent plus un Dieu créateur et un homme simple créature : l'homme aussi peut être créateur. Les hommes sont capables non seulement, par leur raison, de connaître les lois de l'univers, mais encore, par leur volonté, de prendre en main leur destin, d'accéder au bonheur par des moyens politiques, par l'excellence du gouvernement.

Les différentes mouvances des Lumières ont pour point commun de saper les fondements de l'Ancien Régime. À la sagesse héritée des siècles on oppose une Raison capable de construire une société nouvelle. Contre l'idée que tout pouvoir vient de Dieu, on est convaincu que la volonté de la multitude peut contribuer à créer un gouvernement libre. Rejetant l'Église catholique et les anciennes institutions dans l' « obscurantisme », on souhaite que les responsabilités soient confiées aux élites « éclairées ». Cette contestation se nourrit des différentes versions d'une philosophie alternative, celle des « droits de l'homme ».

II | Les droits de l'homme

20 Les droits de l'homme n'ont pas surgi du néant le 26 août 1789 avec le vote, par l'Assemblée constituante, de la Déclaration des droits de l'homme et du citoyen. Ils n'ont pas non plus toujours existé, comme le suggèrent le titre de ce texte fameux et son préambule où il est dit que les droits seraient restés dans « l'ignorance, l'oubli ou le mépris ». Les droits de l'homme ont une origine lointaine et qui n'a rien de laïque. On peut distinguer trois grandes étapes :

1 / Dans la tradition chrétienne, Dieu, ayant créé le monde, est maître de sa création. À la fin du Moyen Âge, il y a des théologiens

pour analyser cette domination comme un « droit » – au sens de pouvoir – de la personne divine. Or Dieu a créé l'homme à son image et lui a donné le monde ; par conséquent l'homme a sur ce monde un droit sans limite, prolongement fidèle du droit de Dieu, mais il l'a en tant que chrétien justifié par la grâce divine. Au XVIe siècle, logiquement, les colonisateurs espagnols refusent de reconnaître ce droit aux Indiens d'Amérique qui sont païens.

2 / Vers 1540, les théologiens espagnols de la « Seconde scolastique », notamment Francisco de Vitoria, soutiennent que les Indiens ont des droits de par leur nature d'homme, en particulier le droit de propriété. C'est une véritable révolution dans la pensée. Le droit de propriété devient l'ancêtre et le modèle des futurs droits de l'homme.

3 / Aux XVIIe et XVIIIe siècles, les philosophes de l'école moderne du droit naturel affirment l'existence d'une Loi naturelle. Selon eux, la raison humaine est capable de connaître cette Loi et d'en déduire avec certitude les droits naturels de l'homme. La liste de ces droits va s'allonger au fur et à mesure que sera exaltée l'autonomie de la raison et que s'évanouira la référence théologique originelle.

L'école moderne du droit naturel ajoute un autre élément fondamental pour penser les droits de l'homme : le contrat social. Les contractualistes imaginent un état de nature correspondant à ce qu'ils croient être la nature de l'homme individuel avant l'apparition de l'État. Ils pensent que les droits naturels ne peuvent pas être garantis sans une autorité disposant de la force nécessaire pour les faire respecter ; d'où le passage à l'état social. Né du contrat social, l'État aura pour mission, par le moyen des lois positives, de réaliser les droits naturels qui restaient théoriques à l'état de nature. Dans cette famille de pensée, le libéral anglais John Locke (1632-1704) a une influence considérable en Angleterre, en Amérique et en France. Selon lui, il importe que l'État garantisse à chacun sa *property*, c'est-à-dire la propriété de soi-même (sûreté, liberté) et son prolongement – par le travail – la propriété des choses, droits qui ont pour limite l'exercice de ces mêmes droits par autrui. Le pouvoir étatique a également une limite : si l'État manque à sa mission de garantir les droits, chaque homme-citoyen peut légitimement résister à l'oppression.

Ces cadres de pensée sont repris et développés dans la France intellectuelle du XVIIIe siècle, mais d'une part des divergences apparaissent quant à la liste des droits que l'État doit garantir par la loi positive, d'autre part et surtout la référence à Dieu, très présente chez Locke, tend à se dissoudre dans un rationalisme débouchant parfois sur le matérialisme et l'athéisme (Diderot).

III | Les Lumières et la Révolution

21 Montesquieu et Rousseau. — On a coutume de dire que la Révolution porte la marque de Montesquieu et de Rousseau.

Montesquieu avait connu la gloire avec la publication du fameux *Esprit des lois* (1748), mais en 1789 son succès a décliné. En effet, il vantait la « constitution » d'un pays, l'Angleterre, contre lequel la France vient de se battre en 1780-1782 lors de la guerre d'indépendance américaine. En outre, nullement hostile aux privilèges nobiliaires, il admirait la modération du gouvernement royal français d'avant l'absolutisme (XVIe siècle), ce qui ne peut convenir à ceux qui en 1789 ne voient dans l'ancienne France qu'archaïsme et obscurité. Montesquieu souhaite que « le pouvoir arrête le pouvoir ». Sa fameuse théorie de la distribution des pouvoirs sera très mal comprise des révolutionnaires, puisqu'une assemblée va se substituer au roi pour exercer le pouvoir sans partage. En 1789, à l'Assemblée constituante, seule une minorité de députés vont se réclamer du modèle britannique, ou de l'idée qu'ils s'en sont faite, en particulier Mounier, chef de file des Monarchiens, mais ils seront vite marginalisés. Pour Montesquieu, liberté signifiait modération, laquelle était accessible si le pouvoir était partagé entre le roi, les nobles et le reste de la population. Souhaitant une *évolution* des institutions monarchiques, il n'aurait pu souscrire à une *révolution*. Robespierre et surtout Saint-Just lui feront bien quelques emprunts, mais au service d'une entreprise politique radicalement contraire à son libéralisme.

Toute différente était la pensée de Jean-Jacques Rousseau pour qui liberté ne signifiait pas équilibre des pouvoirs mais participation au pouvoir. Rousseau était hostile à la représentation, il n'admettait même le mandat impératif que comme un pis-aller ; les révolutionnaires se rallieront au mandat représentatif, y compris les Jacobins en 1793, qui pourtant se réclameront de lui. Il pensait la « volonté générale » – censée transformer l'homme en citoyen et la Loi naturelle en loi positive libératrice – d'un point de vue surtout qualitatif ; les révolutionnaires adopteront le principe quantitatif de la majorité. Il souhaitait peu de lois ; les assemblées révolutionnaires en voteront des milliers. Si Rousseau a eu une influence sur la Révolution, c'est par sa morale du citoyen fruste et vertueux, prêt à renoncer à lui-même pour la patrie ; cette morale, les Jacobins voudront l'imposer par la Terreur, mais on sera loin de l'individualisme des hommes de Quatre-vingt-neuf.

Quant à l'idée, présente chez Montesquieu, chez Rousseau et chez les révolutionnaires, que la loi produite selon certains agencements sera porteuse de liberté, elle ne suffit pas à établir une véritable filiation.

22 Les Lumières contre la Révolution ? — En 1789, les plus grands hommes des Lumières étaient morts, Montesquieu en 1755, Voltaire et Rousseau en 1778, Diderot en 1784. Ceux qui ont connu la Révolution et y ont survécu ont porté sur elle, dans l'ensemble, un jugement négatif. Ainsi l'abbé Morellet († 1819), ancien collaborateur de l'*Encyclopédie* : « Les philosophes n'ont voulu ni faire tout ce qu'on a fait, ni l'exécuter par tous les moyens qu'on a pris, ni l'achever en aussi peu de temps qu'on y a mis. [...] La philosophie n'a ni conseillé les iniquités et les extravagances qu'on a mêlées à la cause de la liberté, ni voulu qu'on appelât un peuple ignorant et féroce à faire une constitution, ni que les changements les plus justes et les plus nécessaires se fissent avec une précipitation qui néglige toutes les précautions de la prudence. » Critique globale, mais qui porte moins sur les objectifs que sur le contenu des changements et sur les méthodes utilisées.

Réformistes et élitistes, la plupart des hommes des Lumières appelaient de leurs vœux une réforme raisonnée, paisible, pas une révolution hâtive, et ne pouvaient accepter les débordements de violence populaire qui accompagnent souvent les révolutions. L'abbé Raynal, auteur des plus mordants, sera horrifié par la Terreur ; symétriquement, un révolutionnaire aussi radical que Robespierre détestait, comme Rousseau avant lui, tout ce qui était matérialisme et athéisme dans la philosophie des Lumières.

23 UNE FILIATION PARTIELLE. — Bien des éléments plaident, malgré tout, pour une filiation entre les Lumières et la Révolution.

1 / La philosophie des Lumières voulait tout rationaliser. Démarche incompatible avec l'Ancien Régime politique (monarque sacré et de droit divin) et social (ordres, privilèges, intérêts contradictoires) : on risquait de provoquer de graves secousses, voire une révolution.

2 / Certains thèmes des Lumières, tel le concept d'égalité, vont faire irruption en 1789 dans des milieux de culture populaire traditionnelle qui n'étaient pas prêts à les recevoir. Le risque d'explosion était évident.

3 / La pensée des Lumières a évolué. Les auteurs les plus jeunes se montrent beaucoup plus radicaux que leurs aînés. Certains seront des révolutionnaires actifs, tel le philosophe Condorcet, ami des Girondins.

4 / Il faut faire leur place aux pamphlétaires. Ces auteurs, souvent des déclassés, éprouvent du ressentiment face aux élites de l'intelligence et à une société qu'ils jugent corrompue, en partie parce qu'elle n'a pas reconnu leur talent. De ce ressentiment ils font une machine de guerre. Ils s'attaquent à l'Église, à la monarchie, à la société. Leur pensée ne vole pas à la hauteur des Lumières philosophiques. Ces « sous-Lumières », vulgarisées, déformées, parfois caricaturées, toujours violentes, sont plus dangereuses pour l'Ancien Régime que les livres des philosophes les plus hardis. Parmi les « Rousseau des ruisseaux » (Robert Darnton), on trouve de futures figures de la Révolution, tel Jean-Paul Marat ou Jacques Pierre Brissot. Rien d'étonnant : à la différence des Lumières, les « sous-Lumières » étaient déjà révolutionnaires.

5 / Les « sociétés de pensée », qui se sont multipliées au XVIIIe siècle sous la forme de cercles savants et philanthropiques, d'académies, de loges maçonniques, etc., n'ont pas seulement servi à propager les idées des Lumières. Elles ont été le cadre d'une sociabilité toute nouvelle, égalitaire et fraternelle par principe, faisant fi des distinctions sociales en vigueur à l'extérieur du cercle, qui annonçait celle des clubs et des minorités agissantes de la Révolution. Dans ces laboratoires sociaux a été fabriqué un *homo ideologicus* qui, réuni à ses semblables, savait déjà produire du

discours unanime et abstrait en rejetant à la fois les déviants et les réalités concrètes, avec tous les risques de dérive que comportait une telle sociabilité si elle sortait de la sphère privée pour envahir la sphère publique.

Pour aller plus loin

24 Parmi les études générales, E. Cassirer, *La philosophie des Lumières,* Fayard, 1970 ; D. Roche, *La France des Lumières,* Fayard, 2003 ; A. Delaporte, *L'idée d'égalité en France au XVIII*[e] *siècle,* PUF, 1987. Voir aussi D. Masseau, *Les ennemis des philosophes,* A. Michel, 2000 ; Z. Sternhell, *Les anti-Lumières du XVIII*[e] *siècle à la Guerre Froide,* Fayard, 2006. Sur quelques grands auteurs, J. Dunn, *La pensée politique de John Locke,* PUF, 1991 ; L. Fonbaustier, *John Locke. Le droit avant l'État,* Michalon, 2004 ; C. Larrère, *Actualité de Montesquieu,* Pr. de Sciences Po, 1999 ; R. Derathé, *Jean-Jacques Rousseau et la science politique de son temps,* rééd. Vrin, 1988 ; R. Pomeau, *Politique de Voltaire,* A. Colin, 1963. Sur la diffusion des idées et leur influence, D. Roche, *Les républicains des lettres,* Fayard, 1988 ; R. Darnton, *Édition et sédition. L'univers de la littérature clandestine au XVIII*[e] *siècle,* Gallimard, 1991, *Gens de lettres, gens du livre,* O. Jacob, 1992, et *L'aventure de l'Encyclopédie,* Le Seuil, 1992 ; K. M. Baker, *Au tribunal de l'opinion. Essais sur l'imaginaire politique au XVIII*[e] *siècle,* Payot, 1993 ; A. Farge, *Dire et mal dire. L'opinion publique au XVIII*[e] *siècle,* Le Seuil, 1992 ; A. Lilti, *Le monde des salons. Sociabilité et mondanité à Paris au XVIII*[e] *siècle,* Fayard, 2005 ; D. Mornet, *Les origines intellectuelles de la Révolution française,* rééd. A. Colin, 1954 ; R. Barny, *Prélude idéologique à la Révolution française. Le rousseauisme avant 1789,* Belles Lettres, 1985 ; R. Chartier, *Les origines culturelles de la Révolution,* rééd. Le Seuil, 2000 ; D. K. Van Kley, *Les origines religieuses de la Révolution française,* Le Seuil, 2002. Sur la sociabilité pré-révolutionnaire, *L'esprit du jacobinisme,* texte d'A. Cochin présenté par J. Baechler, PUF, 1979.

Leçon 3
La Pré-révolution

25 Aux yeux des hommes de la fin du XVIIIe siècle comme à ceux de l'historien, la nécessité de réformes ne faisait et ne fait aucun doute. Pour survivre, l'Ancien Régime devait être réformé d'urgence et en profondeur, mais il n'en a rien été, ou presque rien. Le régime moribond n'a trouvé qu'une échappatoire très incertaine avec la réunion des États généraux ; or on était déjà engagé, depuis 1787, dans une phase de « pré-révolution ».

I | L'URGENCE DES RÉFORMES

26 COMMENT RÉFORMER ? — Malgré une urgence évidente, ressentie par une grande majorité des Français, les réformes vont se révéler impossibles, particulièrement en matière financière.

Quelles réformes faire ? Les élites les plus « éclairées » et les privilégiés les plus conservateurs ne réclament évidemment pas les mêmes. Dans la tradition monarchique, il appartient au roi, gardien du bien commun (équivalent ancien de l'intérêt général), de définir l'orientation des réformes à la suite d'un processus complexe de consultation ; la décision finale sera d'autant plus incontestable et favorablement accueillie qu'elle aura été sagement mûrie. Cette mécanique décisionnelle semble enrayée.

Déjà à la fin du règne de Louis XV les parlements gênaient, sinon empêchaient les initiatives de la monarchie en multipliant remontrances et refus d'enregistrement. Se présentant comme les gardiens de la « constitution de l'État », ils dénonçaient l'irrégularité des projets gouvernementaux, en particulier en matière institutionnelle. En 1771, pour briser cette contestation, le chancelier Maupeou les a supprimés et remplacés par des conseils dont les magistrats n'étaient plus propriétaires de leur charge mais rétribués par l'État. Applaudie par Voltaire, isolé parmi les philosophes, cette rationalisation de la justice a été vigoureusement dénoncée par l'ancienne magistrature et ses nombreux alliés.

Peu après son avènement, par crainte de perdre l' « amour de ses sujets », Louis XVI écarte Maupeou et anéantit sa réforme (novembre 1774). Calmés en apparence, les parlements ne vont pas tarder à refaire de l'opposition. Prétentions politiques d'opposer un contre-pouvoir au « despotisme ministériel » – on ménage la personne du roi – et de « représenter la nation », exigence judiciaire de garder les lois de la monarchie que le roi ne saurait enfreindre sans précipiter sa ruine, le discours des parlementaires reste ambigu à plus d'un titre. Quoique nombre de jeunes magistrats soient favorables aux Lumières, l'attitude des parlements continue de servir l'immobilisme. Symétriquement, elle familiarise le pays avec une contestation qui, par sa répétition systématique, devient un ferment de révolution.

27 La crise financière. — Parmi les signes annonciateurs de la Révolution, l'un des plus apparents est la crise financière profonde à laquelle doit faire face la monarchie.

Les dépenses de l'État augmentent, ainsi que le déficit. La charge la plus lourde (40 % des dépenses en 1788) est celle des emprunts, contractés notamment pour financer la guerre d'indépendance américaine. On choisit d'écarter la solution humiliante mais commode de la banqueroute : toucher à la dette publique serait ruiner la confiance. Faute de pouvoir réduire toutes les dépenses, il faudrait accroître les recettes. La pression fiscale est modérée, plus faible qu'en Angleterre, mais elle est très inégalement répartie ; exemptions et privilèges fiscaux varient considérablement selon les provinces. Malgré une indéniable modernisation administrative, il n'y a ni budget ni comptabilité sérieuse. Le roi est lié aux fermiers généraux, chargés de la perception de nombre d'impôts, par des rapports de type contractuel. Ces financiers, qui sont eux-mêmes affectés par la crise, Louis XVI doit les ménager car la plupart sont nobles. Il faudrait bouleverser le système, mais tous les ministres réformateurs vont échouer.

Contrôleur général des Finances en 1774, ministre « éclairé » proche des économistes libéraux (« physiocrates »), Turgot s'était fait beaucoup d'ennemis en préconisant un train de mesures cohérent (économies, libre circulation des grains, suppression des corporations, projets fiscaux plus égalitaires). Son cas illustre l'incohérence de Louis XVI qui, après l'avoir soutenu jusqu'à l'épreuve de force d'un lit de justice, l'a congédié en 1776.

Après le renvoi de Turgot, le financier suisse Necker puis Calonne ont continué d'emprunter jusqu'à saturation. Contraint à son tour aux réformes, Calonne propose notamment une « subvention territoriale », impôt foncier payable par tous les propriétaires. En février 1787, il soumet son programme à une Assemblée de notables où dominent les ordres privilégiés. Celle-ci réclame des États généraux qui seuls pourraient consentir de nouveaux impôts (les États, assemblée des trois ordres, n'ont plus été réunis depuis 1614). Calonne cède la place à Loménie de Brienne, archevêque de Toulouse, personnage aussi intelligent qu'immoral. Les Notables sont renvoyés. Reste à faire ce qu'on voulait éviter : soumettre les réformes au Parlement.

La crise financière a mis en pleine lumière l'impuissance du gouvernement royal. Elle va ouvrir un débat passionné sur les moyens d'améliorer ce même gouvernement.

II | L'Ancien Régime à l'agonie

28 Le parlement de Paris réclamant lui aussi des États généraux, Louis XVI impose ses édits en lit de justice. On crie à l'illégalité. Les parlementaires sont exilés à Troyes. Paris s'agite. On trouve un compromis boiteux : le Parlement s'engage à accepter non point la réforme mais un nouvel emprunt... Malgré cet accord, le roi est encore conduit à l'enregistrement forcé (19 novembre 1787) et l'agitation reprend sous l'impulsion de la noblesse de robe.

Brienne et son garde des Sceaux Lamoignon décident de briser cette opposition à la façon de Maupeou. Le Parlement riposte par une déclaration du 3 mai 1788, mélange de traditionalisme réactionnaire et de philosophisme libéral. L'enthousiasme est grand : on ne voit pas dans le Parlement l'adversaire de l'égalité mais le défenseur des libertés. L'édit du 8 mai 1788 ampute les fonctions judiciaires des parlements ; le droit d'enregistrement et de remontrances est donné à une Cour plénière en attendant la sanction des États généraux, prévus pour 1792.

L'opposition gagne la province. Les brochures imprimées commencent à submerger une France qui n'était pas préparée à la réflexion politique. L'agitation est combattue mollement par les agents du roi, dépassés, prudents ou sympathisants. Les troubles les plus graves ont lieu en Dauphiné : « journée des tuiles » à Grenoble (7 juin), assemblée des trois ordres à Vizille (21 juillet), qui invite les provinces à s'unir contre le « despotisme » et à refuser l'impôt. Lamoignon aurait dit : « Les parlements, la noblesse et le clergé ont osé résister au roi ; avant deux années, il n'y aura ni parlement, ni noblesse, ni clergé. » Il est vrai que la contestation politique « aristocratique » se double maintenant d'une puissante contestation politique et sociale venue des fractions avancées du tiers état. Ce « parti national » multiforme se détourne des parlements. Il exige une double représentation du Tiers aux États et le vote par tête (et non par ordre).

Presque tout le monde réclame les États généraux. On les convoque donc d'urgence pour 1789. Les paiements de l'État sont suspendus ; la banqueroute se profile. Louis XVI remplace Brienne par le protestant Necker (fin août). Les parlements récupèrent leurs prérogatives. Necker jouit d'une grande popularité, l'opinion lui suppose des idées de progrès et il a la confiance des prêteurs d'argent, mais le calme ne revient pas.

III | La convocation des États généraux

29 Le choix de réunir les États généraux était risqué. La question financière a ouvert une large réflexion sur les réformes, laquelle peut conduire beaucoup plus loin. Techniquement, la question se ramène à celle de la forme des États et à l'organisation des élections.

Brienne n'a pas réglé la question de la représentation du tiers état, ni celle du vote. En 1614, chaque ordre, avec un nombre égal de députés, votait séparément ; cette forme ferait de la noblesse et du clergé les maîtres du jeu. Par contre, si l'on accorde au Tiers une double représentation et le vote par tête, c'est lui qui pourra imposer sa volonté. Ce débat entraîne la rupture entre l'opposition parlementaire-nobiliaire et l'opposition beaucoup plus radicale dont le Tiers fournit les gros bataillons (« parti national »). Le Parlement opte pour la forme ancienne des États et sa popularité s'effondre (septembre 1788). Une nouvelle Assemblée de notables se prononce dans le même sens (décembre). Il est clair que si les privilégiés veulent limiter l'absolutisme, c'est à leur seul profit. Le Conseil du roi accorde le doublement du Tiers sans trancher la question cruciale du vote (27 décembre), ce qui ne satisfait personne et fait oublier les mesures libérales annoncées par ailleurs.

La campagne électorale est déjà engagée quand elle s'ouvre officiellement au début de 1789. La conjoncture est des plus fâcheuses. Après une mauvaise récolte, l'hiver est terrible et le prix du pain en hausse vertigineuse. La menace de disette provoque des émeutes. La ville de Paris compte plus de 10 % d'indigents.

Dans une atmosphère de grande liberté d'expression, une pluie de libelles inonde le pays, la plupart hostiles aux structures traditionnelles. La propagande du Tiers se fait virulente. L'abbé Sieyès fait sensation avec *Qu'est-ce que le tiers état ?* Le succès de cette fameuse brochure atteste l'accélération du mouvement des esprits et la rupture définitive entre les contestataires les plus radicaux et les franges plus modérées. Pour Sieyès, le tiers état est « tout », à lui seul il incarne la « Nation », il n'y a plus de compromis possible avec les privilégiés ; cela annonce déjà la future Assemblée nationale. Les sociétés de pensée ont contribué à façonner l' « opinion ». Des clubs sont créés : la société des Trente réunit les futurs ténors de l'Assemblée constituante et entretient une correspondance dans tout le royaume.

Les élections se déroulent dans des conditions très libérales (règlement du 24 janvier). Il y a plusieurs degrés pour l'élection des députés du Tiers, mais tout homme de 25 ans a le droit de vote s'il a un domicile et paie des impôts. C'est un suffrage masculin quasi universel, unique en Europe. Pour ces élections, tous les sujets du roi sont invités à rédiger des « cahiers de doléances ». Des dizaines de milliers de modèles ont été diffusés dans le pays par le duc d'Orléans, cousin du roi, par les Trente, par le « parti national ». Le curé joue un rôle dans la rédaction (petites paroisses rurales), le petit notable, surtout les petits robins (hommes de loi). Les revendications de détail, traditionnelles et souvent contradictoires, procèdent d'un réformisme anti-absolutiste assorti d'une grande confiance envers le roi, mais beaucoup de cahiers reflètent de graves tensions entre le Tiers et les privilégiés sur des questions brûlantes (égalité civile, droits seigneuriaux). Les cahiers de base du Tiers sont marqués par la tradition ; les cahiers de synthèse, rédigés après un filtrage très politisé des revendications, sont beaucoup plus subversifs.

Le pouvoir royal est resté neutre. Il n'a ni préparé les élections, ni suscité de candidatures qui lui seraient favorables, ni exercé de pressions sur le vote. Faute d'alternative, le parti « national » ou « patriote » va faire élire ses hommes.

30 D'ultimes réformes auraient-elles évité une révolution ? On ne saurait bien réformer en catastrophe et à chaud. En 1789, il est beaucoup trop tard. L'Ancien Régime social est malade, affaibli dans les faits et plus encore dans les esprits. La monarchie manque d'hommes de premier plan, elle souffre de blocages structurels qui paralysent ses décisions, elle est déjà à genoux quand elle trébuche sur la question financière. Elle a prouvé son impuissance à réformer et à exploiter les contradictions des contestataires. Sans cette décomposition, une révolution n'aurait pas été possible à coup sûr. C'est le plus souvent le pouvoir qui tombe ; on le renverse rarement quand il n'est pas déjà prêt à tomber.

Les privilégiés ont frappé les premiers coups en prenant la tête de la Pré-révolution. Même le clergé, contrairement à l'usage, a refusé au roi de nouveaux subsides (« don gratuit »). Ce sont les élites de l'Ancien Régime qui commencent la Révolution dans une relative inconscience. Elles seront conduites beaucoup plus loin qu'elles ne l'imaginaient et rapidement dépassées car leur action va se heurter à des mouvements populaires d'une autre nature.

Pour aller plus loin

31 J. Egret, *La Pré-révolution française,* PUF, 1962, fait le tour de la question. Pour une vision rapide, J.-L. Harouel, La Pré-révolution, dans Fréd. Bluche, S. Rials (dir.), *Les révolutions françaises,* Fayard, 1989, p. 181 et s. Sur les « causes » de la Révolution, J.-P. Bertaud, *Les origines de la Révolution française,* rééd. A. Colin, 1992. Sur l'opposition des parlements, J.-P. Royer, *La société judiciaire depuis le XVIIIe siècle,* PUF, 1979 ; F. Olivier-Martin, *Les parlements contre l'absolutisme traditionnel au XVIIIe siècle,* rééd. LGDJ, 1997 ; C. Maire, *De la cause de Dieu à la cause de la Nation. Le jansénisme au XVIIIe siècle,* Gallimard, 1998. Sur la dimension économique, E. Labrousse, *La crise de l'économie française à la fin de l'Ancien Régime et au début de la Révolution,* PUF, 1943. Sur les ministres, E. Faure, *La disgrâce de Turgot,* Gallimard, 1961 ; J. Egret, *Necker,* Champion, 1975. Sur les États généraux, P. Goubert, M. Denis, *1789. Les Français ont la parole,* Gallimard, 1989 ; E. Hindie-Lemay, *La vie quotidienne des députés aux États généraux,* Hachette, 1989.

PREMIÈRE PARTIE

L'ÈRE RÉVOLUTIONNAIRE

Leçon 4
L'année 1789

32 Plus que toute autre, l'année 1789 mérite d'être évoquée dans son détail. En six mois, du 5 mai au 2 novembre, dans un climat d'anxiété et d'émeutes, on assiste à la fin de l'Ancien Régime politique et social, au vote de la Déclaration des droits de l'homme et à une radicalisation de la Révolution.

I | La fin de l'Ancien Régime juridico-politique (mai-juin)

33 En deux mois, les États généraux, organe consultatif occasionnel de l'Ancien Régime, vont se transformer en Assemblée nationale puis en Assemblée constituante.

La plupart des députés aux États ont un point commun : ils veulent une constitution (écrite) anti-absolutiste et la « régénération » de la Nation. Du côté du clergé, le bas-clergé réformiste domine, renforcé par quelques évêques libéraux (Talleyrand) ; dans les rangs de la noblesse on note une minorité de grands seigneurs libéraux ; dans le tiers état, on remarque pour l'essentiel des bourgeois, une masse de juristes, de propriétaires terriens. Tous attendent des États périodiques votant des impôts équitables, et la garantie des libertés individuelles.

Les États s'ouvrent le 5 mai à Versailles avec un discours maladroit de Louis XVI et un ennuyeux exposé financier de Necker. Le gros du Tiers, déçu, indisposé par le mépris que lui manifeste la Cour, refuse de délibérer séparément. Début juin, quelques prêtres se joignent à lui. Le 17 juin, le Tiers reprend l'idée formulée par Sieyès dans *Qu'est-ce que le tiers état ?* : constatant qu'il représente à lui seul la quasi-totalité de la Nation, il se proclame « Assemblée nationale » et autorise provisoirement la levée des impôts. La Nation apparaît, une Nation homogène et souveraine, ce qui revient à nier la souveraineté et l'unité du pouvoir royal. La moitié de la Révolution est faite. Le 19 juin, à une courte majorité, le clergé choisit de se réunir au Tiers.

Le 20 juin, les députés du tiers état, trouvant porte close, se rendent au Jeu de Paume. À l'initiative de Mounier, héros de la Prérévolution en Dauphiné, ils y prêtent le fameux serment : « Nous jurons de ne jamais nous séparer de l'Assemblée nationale et de nous réunir partout où les circonstances l'exigeront, jusqu'à ce que la constitution du royaume soit établie et affermie sur des fondements solides. » La révolution du 17 juin se confirme. Pour le Tiers, la « constitution » coutumière de la France n'en était pas une ; c'est la Nation souveraine qui, par ses représentants, va s'en donner une.

Le 23 juin, en séance royale, Louis XVI se résout aux concessions. Il reconnaît dans les députés les « représentants de la nation » ; les États consentiront l'impôt et contrôleront le budget ; le roi confirme son désir de réforme (liberté individuelle, de presse, égalité fiscale) mais il maintient les droits seigneuriaux et déclare inconstitutionnelles les délibérations du 17 juin. Cette fermeté et ce réformisme sont dépassés. Le Tiers refuse de se retirer (apostrophe du comte de Mirabeau, député du Tiers d'Aix-en-Provence, forgée après coup : « Nous ne quitterons nos places que par la puissance de la baïonnette »). Une fois de plus, le roi cède : il invite clergé et noblesse à se joindre au Tiers (27 juin), acceptant ainsi l'Assemblée unique. Le 9 juillet, celle-ci se proclame « Assemblée nationale constituante ». En droit public, la Révolution est parachevée. La souveraineté est passée du roi à l'Assemblée. Le texte de la constitution est encore à venir, mais Louis XVI a déjà troqué son trône de monarque absolu contre un strapontin de roi constitutionnel.

Tout un symbole : le dauphin est mort le 4 juin dans l'indifférence presque générale. En d'autres temps, un tel événement aurait été un drame national.

II | LA FIN DE L'ANCIEN RÉGIME SOCIAL (JUILLET-AOÛT)

34 LA RÉVOLUTION PARISIENNE. — Politiquement, l'épreuve de force reste incertaine. Louis XVI fait concentrer des troupes autour de Paris, renvoie Necker et s'entoure de ministres plus fermes (11 juillet). Cela renforce la rumeur d'un complot destiné à massacrer les patriotes et à affamer le peuple (le prix du pain atteint son maximum séculaire le 14 juillet).

Face à Paris, avec ses indigents, ses déclassés, ses boutiquiers et ses artisans inquiets et appauvris, le pouvoir hésite et les forces de l'ordre sont insuffisantes, mal commandées, peu sûres. L'émeute gronde le 12 juillet ; les armureries sont pillées. Le 13, les électeurs parisiens au second degré forment un comité pour l'approvisionnement, embryon de la prochaine Commune, et organisent une milice bourgeoise. Le 14, la foule s'empare de 30 000 fusils aux Invalides et se rend à la Bastille où elle espère trouver poudre et munitions. La forteresse est prise, le gouverneur et le prévôt des marchands massacrés, les premiers d'une série. Victoire symbolique à plus d'un titre – les insurgés ont pénétré dans une prison emblématique de l'arbitraire royal, laquelle est promise à la destruction, mais elle était presque vide de prisonniers – et d'une portée considérable : la rue occupe le devant de la scène, beaucoup de Parisiens « émotifs » sont armés, le meurtre « patriotique » est excusé. Cela contribue à radicaliser le phénomène révolutionnaire.

Le roi s'incline encore, renvoie les troupes, rappelle Necker (16 juillet). Le 17, il vient à Paris cautionner la nouvelle Commune, son maire Bailly et sa milice (Garde nationale) que commande le marquis de La Fayette. Il reçoit la cocarde tricolore, symbole d'union entre Paris et la monarchie. Fausse harmonie : le comte d'Artois, frère du roi, a déjà donné le signal de l'émigration. Quelle que soit la complexité de ses sentiments, Louis XVI n'accepte pas la dynamique révolutionnaire. Peut-être a-t-il consenti à la perte de sa souveraineté, mais il entend, par exemple, choisir librement ses ministres. En octobre, il enverra à son cousin le roi d'Espagne Charles IV une lettre où il réputera nuls tous ses actes officiels depuis le 15 juillet.

35 LES MOUVEMENTS PROVINCIAUX ET LA NUIT DU 4 AOÛT. — En province, la prise de la Bastille a causé une émotion profonde. Les intendants apeurés s'enfuient. On crée des municipalités élues et des gardes nationales.

Encouragée par la crise parisienne, la révolte « antiféodale » qui couvait depuis l'époque des élections devient une immense jacquerie passive (refus de payer droits et dîmes) ou active (« renoncis » extorqués aux seigneurs, archives détruites, châteaux pillés, incendiés, nobles molestés ou tués). Là-dessus se greffe la rumeur d'un complot destiné à détruire, malgré le roi, les premiers acquis de la Révolution. Des sans-travail se livrent à des violences. On parle de brigands, d'une invasion de troupes étrangères. C'est le phénomène irrationnel et irradiant de la « Grande Peur » (fin juillet). Les paysans s'arment ; ne voyant rien venir, ils se retournent contre les châteaux, voire les propriétés bourgeoises, et s'emparent des pouvoirs locaux. L'ossature de l'État monarchique est pulvérisée.

Vus de Paris, ces désordres font peur, y compris aux députés du ci-devant Tiers, issus en général de la bourgeoisie propriétaire. Le soir du 4 août, deux nobles libéraux, le vicomte de Noailles et le duc d'Aiguillon, proposent d'abolir les droits seigneuriaux et les dîmes. L'Assemblée vote dans l'enthousiasme, supprimant par là même la notion de privilège. On fait « table rase ». La société nouvelle aura pour règle l'égalité juridique, cadre de la nouvelle Liberté. Mais les députés se ravisent le 11 août : les droits qui pèsent sur les terres, non sur les personnes, seront rachetables. La déception est grande dans les campagnes où les troubles perdurent.

III | LA DÉCLARATION DES DROITS DE L'HOMME ET DU CITOYEN

36 La Révolution juridique, politique et sociale est consacrée par la Déclaration des droits de l'homme et du citoyen, votée par la Constituante le 26 août. Ce texte condense l'essentiel de la pensée de 1789. Son retentissement a été considérable et son influence se fait encore sentir de nos jours, non seulement sur le

plan idéologique (la France « pays des droits de l'homme ») mais aussi en droit positif : la Déclaration a aujourd'hui valeur constitutionnelle.

37 L'ÉLABORATION DU TEXTE. — Au XVIIIe siècle, les droits de l'homme étaient dans l'air du temps. Certains États américains s'étaient dotés d'une Déclaration des droits. En 1789, des brochures et des cahiers de doléances en réclamaient une.

En majorité, les députés sont prêts à proclamer des droits naturels de l'homme, mais les avis varient sur leur liste. À gauche, on redoute qu'une formulation définitive arrête les progrès de la Raison et de la Révolution. Par contre, les conservateurs et les révolutionnaires déjà engagés sur la voie de la modération ne souhaitent pas faire rêver le peuple ni exciter les passions et les violences qui secouent le pays. Ces craintes peuvent aller jusqu'à une hostilité au principe d'une Déclaration : ainsi chez la majorité des ecclésiastiques, réformiste mais opposée à l'esprit des Lumières. Au Comité de constitution de l'Assemblée, Mounier et ses amis les Monarchiens espèrent une Déclaration « courte, simple et précise » et, par prudence, incorporée à la constitution ; ils tiennent à rappeler que les Français de 1789 ne sortent pas de l'état de nature et que leur histoire se confond en grande partie avec celle de la monarchie. La minorité de gauche du Comité soutient l'abbé Sieyès, auteur d'un projet beaucoup plus philosophique.

Les adversaires d'une Déclaration se rallient à la proposition de l'abbé Grégoire, pourtant peu suspect de conservatisme, de doubler la Déclaration des droits par une Déclaration des devoirs. Mais l'Assemblée redoute que le catalogue des devoirs vienne à inclure les devoirs envers Dieu et envers le roi. L'heure est à la « table rase ». On adopte donc le principe d'une déclaration des seuls droits, considérant que c'est à la loi positive de déterminer l'étendue de leur exercice.

Le débat final porte sur le projet Sieyès, infléchi dans un sens plus conservateur, mais à la fin de la discussion il n'en restera presque rien. Les modérés contribuent à faire adopter le préambule et les premiers articles ; ils sont ensuite débordés. Un texte sans ordre est voté le 26 août 1789, sur lequel on entend revenir plus tard, mais son succès le fixe dans sa forme inachevée.

38 LE CONTENU DE LA DÉCLARATION. — Bien qu'il s'agisse d'une œuvre de compromis, la Déclaration semble former un tout cohérent, servi par un style magnifique. Pourtant elle dissimule une tension entre deux philosophies difficilement compatibles. Elle est marquée par l'influence de Locke (« Le but de toute association politique est la conservation des droits naturels et imprescriptibles de l'homme », art. 2) et, pour simplifier, par celle de Rousseau (« La loi est l'expression de la volonté générale », art. 6). Si la Loi est d'abord l'expression d'une volonté, le législateur peut blesser les droits naturels ; or il est dit que l'État a pour vocation de conserver ces droits imprescriptibles. Ce sont les exégètes du texte qui feront pencher la balance d'un côté ou de l'autre.

La Déclaration est souvent une réponse aux abus que dénonçaient les Lumières. Les articles 7 à 9 sont marqués par la philosophie pénale du juriste italien Beccaria, auteur du traité *Des délits et des peines* (1764), relayée en France notamment par Voltaire. « Nul homme ne peut être accusé, arrêté ni détenu que dans les cas déterminés par la loi » (art. 7), tout homme est « présumé innocent jusqu'à ce qu'il ait été déclaré coupable » (art. 9). L'article 10 (« Nul ne doit être inquiété pour ses opinions, même religieuses », sauf trouble de l'ordre public) peut satisfaire d'une part les modérés et le clergé, d'autre part les adeptes « éclairés » de la tolérance, parfois synonyme en France d'athéisme. L'article 11 (« libre communication des pensées et des opinions ») répond à la censure, en fait assez libérale et inefficace, de l'Ancien Régime.

Le caractère « inviolable et sacré » du droit de propriété (art. 2 et 17) résulte de plusieurs siècles d'exaltation croissante de la propriété ; quelques aspirations égalitaires n'ont guère pesé face à un consensus que sous-tendaient de gros intérêts. Le volet fiscal, également lié au monde des propriétaires, est influencé par le libéralisme de Locke et des physiocrates. L'impôt, qui doit être consenti, n'a pour fonction que de donner à l'État les moyens de garantir les droits de chacun. Pour correspondre au service rendu, il sera proportionnel et non progressif. L'idée d'une redistribution des richesses par la voie des secours aux pauvres a été écartée ; elle sera évoquée dans la constitution de 1791 et ne réapparaîtra véritablement qu'en 1793.

Malgré ses ambiguïtés théoriques, ce texte ambitieux apparaît comme « un miracle d'équilibre » (Stéphane Rials) auquel chaque député a pu se rallier sans se renier. Le bourgeois libéral est sensible à sa physionomie lockienne : sûreté, liberté, propriété et résistance à l'oppression élevées au rang de droits imprescriptibles garantis par l'État dans la loi positive. Le futur Jacobin, lui, y discerne la suprématie de la volonté générale, l'affirmation de l'égalité en droit, la souveraineté de la nation. Tous sont convaincus qu'une constitution écrite organisant la « séparation des pouvoirs » (art. 16) assurera le bonheur de tous.

39 LE LÉGICENTRISME. — Le large ralliement des députés à la Déclaration résulte de son légicentrisme : à chaque ligne ou presque, le texte fait référence à la Loi. Les conservateurs qui craignaient que l'affirmation des droits ne conduisît à des débordements peuvent se rassurer car la Loi sera une digue propre à les contenir en fixant une limite à l'autonomie individuelle ; ce légicentrisme est pessimiste. Pour la gauche, les droits déclarés ne sont qu'un point de départ ; la Loi, parfaite parce qu'elle est l'expression de la volonté générale, en fera des droits du citoyen et pourra les étendre quasi à l'infini ; ce légicentrisme est résolument optimiste.

L'ambiguïté du consensus explique celle qui entoure le droit de résistance à l'oppression (art. 2). Le citoyen doit obéir à la loi « à l'instant : il se rend coupable par la résistance » (art. 7). En août 1789, personne n'imagine qu'une loi puisse porter atteinte aux droits naturels. Pourtant, dès novembre, les Constituants vont gravement malmener le droit de propriété en décrétant la vente des biens de l'Église sans la « juste et préalable indemnité » prévue à l'article 17. La Déclaration ne fait donc pas obstacle à de possibles dérapages « légaux » ; on en aura confirmation en 1793. Rien ne préjuge de l'usage que la Révolution va faire de ce texte fondateur.

IV | LA RADICALISATION POLITIQUE (SEPTEMBRE-NOVEMBRE)

40 La radicalisation de la Révolution dès 1789 tient au poids des mouvements populaires et au climat qui règne à l'Assemblée. Elle se manifeste lors du débat constitutionnel et des journées d'octobre. Elle explique la solution trouvée à la question financière.

1 / Les mouvements populaires de la Révolution s'inscrivent dans la longue durée. À la campagne, il existait de vieilles habitudes de résistance au régime seigneurial. Par ailleurs, on se méfiait de l'État et on contestait son libéralisme économique, l'un et l'autre subversifs de la société traditionnelle. En ville, l'agitation continue. Malgré une bonne récolte en 1789, la soudure est difficile et le pain reste cher : les événements ont perturbé la circulation des grains. À Paris, certains métiers sont éprouvés par l'émigration d'une partie de leur clientèle. Face au libéralisme des élus, le menu peuple regrette le dirigisme ; il ne souhaite pas un retour à l'Ancien Régime mais des mesures en faveur des plus démunis. Non seulement ces mouvements populaires rendent difficile une éventuelle contre-révolution, mais ils contribuent à modifier l'équilibre interne de l'Assemblée.

2 / Au sein de la Constituante, trois mouvances se dessinent : à gauche les « patriotes », au centre-droit les modérés ou Monarchiens groupés autour de Mounier et partisans d'une constitution à l'anglaise, à droite les « Noirs » (contre-révolutionnaires) prêts, pour certains, à la politique du pire. Une masse de députés est flottante ou timorée. Beaucoup de modérés sont découragés et terrorisés. Ils subissent parfois des menaces physiques, toujours la pression du public des tribunes, souvent l'intolérance de la gauche. À la fin de 1789, les démissions augmentent (Mounier se retire en novembre avant d'émigrer en mai 1790) ainsi que l'absentéisme. Parmi les présents, beaucoup ont pris l'habitude de courber l'échine, et ce dès le débat constitutionnel.

3 / Aux yeux des révolutionnaires, l'Ancien Régime n'avait pas de constitution. La constitution doit émaner de la Nation souveraine ou de ses représentants ; écrite et systématique, elle doit distribuer les fonctions entre différents organes. Une bonne « séparation des pouvoirs » – en fait, la suprématie de la loi – suffira, pense-t-on, à garantir les droits de l'homme. Malgré les virtualités démocratiques de la Déclaration (art. 3 et 6), la Constituante opte pour le régime représentatif, ayant rejeté dès juin le « mandat impératif » qui était de règle aux États. Pour justifier ce choix, Sieyès invoque l'étendue du pays et la nécessité d'un gouvernement éclairé. Des professionnels de la politique éviteront aux citoyens peu instruits de

consacrer trop de temps à la cité au détriment de leurs affaires privées. D'où la fiction communément admise d'une Assemblée souveraine dont le discours est celui même de la Nation.

Le débat constitutionnel s'ouvre au début de septembre dans un climat passionnel. Mounier prône le droit de dissolution par le roi, la sanction royale pour les lois, le bicaméralisme : échec sur toute la ligne. L'Assemblée sera unique. Le roi n'aura qu'un veto suspensif, c'est-à-dire provisoire, et aucun droit de dissolution. En novembre, l'Assemblée déclarera incompatibles les fonctions de député et de ministre : on craint la corruption par les portefeuilles. Dans le nouvel ordonnancement constitutionnel, le roi n'est plus souverain ; l'Assemblée, indissoluble, représente la Nation souveraine ; Louis XVI ne peut nommer ministres des députés brillants ; son droit de veto, qui va tant exaspérer les « patriotes », ne l'associe pas à l'élaboration des lois. Dans le climat tendu de l'époque, le roi n'est plus grand-chose.

4 / Louis XVI n'a pas accepté immédiatement les décrets consécutifs à la nuit du 4 août. Certains ministres sont impopulaires. Les révolutionnaires parisiens craignent un arrêt de la Révolution. La rumeur se répand au début d'octobre : lors d'un banquet d'officiers à Versailles, on a foulé la cocarde et insulté la Nation. Une émeute éclate le 5 : des femmes et des hommes, suivis par la Garde nationale, marchent sur Versailles pour réclamer du pain et surtout ramener le roi. Le château est envahi, des gardes du corps massacrés. Le 6 au soir, Louis XVI est à Paris. L'Assemblée va l'y suivre. Ils seront désormais sous la surveillance du « peuple de Paris ». Ces « journées d'octobre » confirment que la capitale est le centre d'impulsion de la Révolution.

5 / Les questions politiques et constitutionnelles ont fait passer au second plan la mission originelle des États : résoudre la crise financière qui vient d'emporter l'Ancien Régime. Or les ressources s'effondrent (émeutes, refus de l'impôt, fuite des capitaux, désorganisation administrative). La Constituante trouve une solution facile : le 2 novembre, elle met les biens de l'Église à la disposition de la Nation, à charge pour l'État de financer le culte et assister les pauvres. Ces « domaines nationaux » serviront de garantie à l'émission d' « assignats » que leurs détenteurs pourront échanger prioritairement contre de la terre « nationale ». Fin décembre, on émet

pour 400 millions de billets. L'assignat va devenir une monnaie-papier en 1790. Les biens nationaux seront vendus aux enchères à des paysans riches et surtout à des bourgeois. L'opération comporte un avantage stratégique : les acquéreurs auront lié leur sort à celui de la Révolution.

L'Ancien Régime a vécu. Rupture totale, traumatisante pour une société traditionnelle. Les évolutions futures sont en germe (violence, anticléricalisme, etc.). En 1789, la Révolution n'a fait que commencer.

Pour aller plus loin

41 RÉFÉRENCES GÉNÉRALES SUR LA RÉVOLUTION. — Certains auteurs anciens restent fondamentaux chacun dans son genre (Tocqueville, Michelet, Jaurès, Gaxotte, etc.). Parmi les synthèses plus récentes, F. Furet, D. Richet, *La Révolution française,* rééd. Hachette, 1994 ; A. Soboul, *Précis d'histoire de la Révolution française,* Éd. sociales, 1982. Pour une perspective plus large, E. Hobsbawm, *L'ère des révolutions, 1789-1848,* Hachette, 2002. Pour une initiation, J. Godechot, *La Révolution française. Chronologie commentée,* Perrin, 1988 ; Fréd. Bluche, S. Rials, J. Tulard, *La Révolution française,* rééd. PUF, 2003. Deux outils : A. Soboul *et al., Dictionnaire historique de la Révolution française,* PUF, 1989, et F. Furet, M. Ozouf (dir.), *Dictionnaire critique de la Révolution française,* Flammarion, 1988. Parmi les essais stimulants, F. Furet, *Penser la Révolution française,* Gallimard, 1978 ; J.-C. Martin, *Révolution et Contre-révolution en France de 1789 à 1989,* Rennes, PUR, 1996 ; A. Gérard, *La Révolution française, mythes et interprétations,* Flammarion, 1970 ; A. Cobban, *Le sens de la Révolution française,* Julliard, 1984 ; D. M. G. Sutherland, *Révolution et Contre-révolution en France, 1789-1815,* Le Seuil, 1991. Sur le droit, *La Révolution française et le droit,* n° 17 de la revue *Droits,* 1993 ; *La Révolution et l'ordre juridique privé* (collectif), PUF, 1988, 2 vol. ; J.-L. Halpérin, *L'impossible Code civil,* PUF, 1992. Sur les institutions, J. Godechot, *Les institutions de la France sous la Révolution et l'Empire,* rééd. PUF, 1985 ; J.-L. Halpérin, *Le Tribunal de cassation et les pouvoirs sous la Révolution,* LGDJ, 1987. Sur quelques grandes figures, J.-J. Chevallier, *Barnave,* rééd. Grenoble, PUG, 1979 ; É. et R. Badinter, *Condorcet,* Fayard, 1988 ; Fréd. Bluche, *Danton,* Perrin, 1984 ; J.-J. Chevallier, *Mirabeau,* Hachette, 1947 ; J. Egret, *La Révolution des notables. Mounier et les Monarchiens,* A. Colin, 1950 ; G. Walter, *Robespierre,* Gallimard, 1961, 2 vol. ; Pasquale Pasquino, *Sieyès et l'invention de la constitution en France,* O. Jacob, 1998 ; *Orateurs de la Révolution française,* textes réunis par F. Furet et R. Halévi, Gallimard, 1989.

42 SUR 1789. — M. Winock, *1789, l'année sans pareille,* rééd. Perrin, 2004 ; J. Godechot, *La prise de la Bastille,* Gallimard, 1965 ; G. Lefebvre, *La grande peur,* Éd. sociales, 1953 ; M. Vovelle, *La chute de la monarchie, 1787-1792,* rééd. Le Seuil, 1982. Sur la Constituante, T. Tackett, *Par la volonté du peuple. Comment les* *députés de 1789 sont devenus révolutionnaires,* A. Michel, 1997 ; A. Castaldo, *Les méthodes de travail de la Constituante,* PUF, 1989. Sur les biens nationaux, B. Bodinier, É. Teyssier, *L'événement le plus important de la Révolution : la vente des biens nationaux,* CTHS, 2000. Sur les droits de l'homme, S. Rials, *La Déclaration des droits de l'homme et du citoyen,* Hachette, 1988 ; M. Gauchet, *La Révolution des droits de l'homme,* Gallimard, 1989 ; *La Déclaration des droits de l'homme de 1789,* n° 8 de la revue *Droits,* 1988.

Leçon 5

De la Constituante à la Législative (1790-1792)

43 Le nouveau régime, dont les grandes lignes sont déjà fixées à la fin de 1789, va durer plus de deux ans et demi, sous l'Assemblée constituante jusqu'en septembre 1791, puis sous l'empire de la « première constitution française » qui sombrera avec le roi le 10 août 1792. L'unité nationale n'étant pas assurée en dépit des apparences, une nouvelle radicalisation aura conduit à la guerre et à la chute de la royauté.

I | L'unité nationale en péril (1790-1791)

44 Le cadre du débat politique. — La Constituante travaille dans la fièvre. À gauche siègent les « patriotes » (Barnave et ses amis Duport et Lameth) qui l'emportent souvent dans les votes grâce à leur dynamisme et au soutien du public qui garnit les tribunes ; à l'extrême gauche, un Robespierre est très isolé. À droite siègent les Noirs ou « aristocrates » (Cazalès, l'abbé Maury), attachés à l'Ancien Régime ou revenus de leur « libéralisme » de 1789. Entre eux, on trouve une masse hétérogène de « constitutionnels » et un certain nombre d'hommes clefs : Sieyès (gauche modérée), La Fayette et Mirabeau (ramenés au centre). Nombre de députés, inquiets, vont songer à arrêter le cours de la Révolution, de peur qu'une fuite en avant ne compromette l'œuvre déjà accomplie. Mirabeau va essayer de se rapprocher de la Cour qui se méfiera de lui tout en lui versant des subsides ; il mourra le 2 avril 1791.

Beaucoup de députés fréquentent les clubs. Les principaux sont : à gauche le club des Jacobins (« Société des amis de la constitution »), au centre-gauche la « Société de 1789 », à droite la « Société des amis de la constitution monarchique » qui disparaît par l'intimidation. Quant à la presse, qui a connu un développement considérable, elle est encore pluraliste mais massivement révolutionnaire. Elle répercute auprès du public et amplifie ou déforme les débats à l'Assemblée.

45 L'UNITÉ IMPOSSIBLE. LA CONSTITUTION CIVILE DU CLERGÉ. — En dépit de leurs divisions, les Constituants sont très soucieux d'unité nationale. C'est dans cet esprit qu'en 1789-1790 ils remplacent les anciennes provinces et leurs privilèges abolis par un régime uniforme d'administrations locales élues : départements divisés en districts, eux-mêmes subdivisés en communes. L'unité triomphe le 14 juillet 1790 à Paris avec la fête de la Fédération où la Nation homogène semble soudée par la fraternité.

Dans le même temps, la majorité de l'Assemblée, qui se méfie de l'autorité du clergé supposée menacer l'unité de la nation, souhaite inclure l'Église dans l'État. La politique de la Constituante, où un anticléricalisme non proclamé l'emporte objectivement sur un gallicanisme sourcilleux, est marquée par la suppression des vœux monastiques et des ordres religieux autres qu'enseignants et hospitaliers, et aboutit au vote de la « Constitution civile du clergé » (12 juillet 1790). Entre autres dispositions, ce texte confie aux électeurs, quelle que soit leur appartenance religieuse, le choix d'évêques et de curés fonctionnarisés. Mieux, tout ecclésiastique, « fonctionnaire public », devra prêter serment de fidélité à la nation, à la loi et à la constitution, sauf à être déposé, voire poursuivi (décret du 27 novembre). Les Constituants n'ont pas tenu compte de la bonne santé du catholicisme en France, du désir d'indépendance de l'Église, de la ferveur des croyants.

Cette révolution laïcisante crée un schisme et les conditions objectives d'une guerre de religion. 45 % des prêtres vont refuser le serment, 95 % des évêques, ces derniers remplacés par des membres du bas clergé patriote. Les ecclésiastiques réfractaires et leurs fidèles, ainsi poussés à la contre-révolution, s'opposeront souvent par la violence aux évêques et aux curés élus.

46 DÉSORDRES ET CRISE DE LÉGITIMITÉ. VARENNES. — L'accalmie de 1790, « l'année heureuse » selon François Furet et Denis Richet, n'est qu'apparente. L'abolition de la noblesse et des justices seigneuriales ne calme pas les campagnes. La lutte antiféodale dégénère parfois en suspicion à l'égard des notables en général (cependant la révolte paysanne n'est pas toujours révolutionnaire : en Languedoc, le mouvement est catholique, antiprotestant, antiurbain et contre-révolutionnaire). Les nouveaux impôts, qui se révéleront plus lourds que les anciens, ne rentreront (mal) qu'en 1791. La planche à billets s'emballe (déjà 800 millions émis en septembre 1790) et la dépréciation de l'assignat s'amorce.

De manière plus générale, les nouveaux principes figurent dans la loi mais celle-ci est souvent mal appliquée, voire ignorée au bénéfice d'une violence endémique : gardes nationales autonomes, mutineries dans l'armée, justice interrompue (la réforme judiciaire d'août 1790 est difficile à mettre en place), paralysie du contrôle administratif (les administrations de département ne tardent pas à se heurter aux districts et aux communes, plus révolutionnaires). Derrière un optimisme de façade, on se demande de plus en plus où est l'autorité légitime.

L'attitude de Louis XVI n'est pas pour simplifier les choses. Le roi souffre de la politique religieuse suivie par la Constituante. Le 20 juin 1791, excédé, il s'enfuit en laissant une lettre où il déclare nulles les décisions qu'on lui a imposées. Arrêté à Varennes, il est suspendu. Les conséquences de l'événement sont incalculables. La jacquerie reprend. Des milliers d'officiers désertent et émigrent. À Paris, le club ultra-révolutionnaire des Cordeliers réclame la République.

L'Assemblée, largement composée de notables, craint un dérapage vers l'anarchie. Elle souhaite préserver un ordre propice aux affaires (interdiction des associations professionnelles par la loi Le Chapelier, 14-17 juin 1791). Elle feint donc de croire à l'enlèvement de Louis XVI par des royalistes et le rétablit dans ses fonctions, ce qui provoque aussitôt un éclatement de la gauche. Barnave et ses amis, qui veulent finir la Révolution, quittent les Jacobins pour fonder le club modéré des Feuillants, tandis que les extrémistes exigent la déchéance du roi. La fusillade qui met fin à la manifestation populaire du Champ-de-Mars (17 juillet) scelle dans le sang l'union des hommes d'ordre autour d'une constitution en voie d'achèvement.

II | Une nouvelle radicalisation (1791-1792)

47 La constitution de 1791. — Le texte définitif de la constitution est adopté le 3 septembre, le roi prête serment le 14, la Constituante se sépare le 30. La constitution n'a pas été soumise à une ratification populaire.

Être électeur n'est pas un droit mais une fonction. C'est la distinction censitaire entre citoyens actifs et citoyens passifs : 4,5 millions d'actifs (60 %) désignent des électeurs, lesquels, au second degré, choisissent les 745 députés. Bien que la récente crise ait conduit la Constituante à réviser le texte dans un sens plus favorable à l'exécutif, le nouveau Corps législatif (dit communément Assemblée législative) a un poids écrasant. Permanent, il exerce la fonction législative et domine la procédure financière. Le roi, chef de l'exécutif, soumis à la Nation et à la Loi, peut être déchu. Beaucoup d'agents publics sont élus, ce qui affaiblit l'autorité de leur « chef suprême ». Le roi peut refuser provisoirement une loi (veto suspensif). Il dirige les relations extérieures, mais c'est l'Assemblée qui a le droit de paix et de guerre, ratifie les traités et fixe l'effectif des armées.

La constitution consacre la subordination de l'exécutif : incarnant la souveraineté aux yeux de beaucoup, l'Assemblée a les moyens matériels et moraux d'empiéter sur les fonctions d'un Louis XVI discrédité.

48 L'Assemblée législative et les clubs. — Les Constituants s'étant déclarés inéligibles le 16 mai 1791, les députés élus à l'Assemblée législative sont inexpérimentés, plus jeunes, plus radicaux. La droite « aristocrate » a disparu. On compte 260 Feuillants (modérés), divisés et sans chef. Les 140 députés « jacobins », guidés par Brissot et les orateurs de la Gironde avec, en marge, le philosophe Condorcet, ont une lecture révolutionnaire de la constitution : tout le pouvoir doit revenir à l'Assemblée. Au centre, le « Marais » (345 députés) fera les majorités.

Ce n'est pas un hasard si l'aile marchante de la Législative porte le nom d'un club : les « Jacobins ». Selon Brissot et ses amis, les clubs, promus en quelque sorte au rang de médiateurs de la volonté générale, doivent donner partout l'impulsion révolutionnaire, contrôler les administrateurs, peser sur le législateur. Les Jacobins ont en province un vaste réseau de clubs affiliés. Démocrates résolus, ils se posent en conscience de l'Assemblée en attendant de passer à l'action illégale. Plus extrémiste, nettement républicain, plus populaire de recrutement, le club des Cordeliers est lié aux agitateurs parisiens et à un réseau de sociétés populaires de quartier. Les Feuillants ont été vite dépassés.

III | La guerre et la chute de la royauté

49 Le gros de la France est favorable à la constitution et peut croire que le roi va jouer le jeu. Or la reine et son entourage pratiquent la politique du pire et la royauté négocie vaguement une intervention étrangère. Rien d'étonnant à ce qu'on parle sans cesse de complots contre la Nation, de liens de Louis XVI avec les émigrés (le phénomène de l'émigration a touché d'abord de grands seigneurs et des nobles, puis des bourgeois, beaucoup d'officiers et le comte de Provence, frère du roi, en juin 1791). Des émigrés en armes se concentrent en Rhénanie ; d'où l'idée d'une « trahison » royale. La chute de la royauté va être facilitée et accélérée par la guerre.

50 La guerre. — L'Europe monarchique espère profiter de l'affaiblissement de la France révolutionnaire, mais elle craint la contagion. Les anciens régimes et les souverainetés sont menacés par l'affirmation d'un droit des peuples. À Londres, la majorité des *whigs* tourne au conservatisme. Le libéral Burke publie en 1790 ses *Réflexions sur la Révolution de France* où il critique vertement l'abstraction des droits de l'homme et l'obsession de vouloir faire « table rase » plutôt que de s'en remettre comme les Anglais à la sagesse de ce qui a été éprouvé par les siècles. L'ouvrage a un large écho, notamment en Allemagne, bien qu'au départ les intellectuels y aient été plutôt favorables à la Révolution (Kant, Hegel). Le 27 août 1791, l'empereur germanique Léopold II et le roi de Prusse se disent prêts à agir en faveur de Louis XVI s'ils sont suivis (déclaration de Pillnitz). L'effet en France est immédiat : exaltation du sentiment « patriotique », suspicion accrue.

Or la crise bat son plein. Commerce et industrie périclitent, l'assignat chute, la mauvaise récolte de 1791 suscite des violences. En région parisienne, on réclame un blocage des prix. Début 1792, dans le Sud, éclate une nouvelle guerre aux châteaux, très politisée. Les luttes religieuses s'exacerbent : à gauche, on dénonce la collusion entre « aristocrates » et prêtres réfractaires. C'est dans ce climat que la Législative vote trois décrets (octobre-novembre 1791) : le comte de Provence doit rentrer en France sauf à perdre ses droits à la Couronne, les émigrés en armes sont passibles de mort, les prêtres réfractaires déclarés suspects. Louis XVI oppose son veto mais invite ses frères à rentrer et se dit prêt à faire la guerre aux princes qui protègent les émigrés. Bonne volonté inutile : l'opinion révolutionnaire n'a retenu que l'usage du veto, inadmissible à ses yeux quoique rarissime et parfaitement constitutionnel.

Une guerre arrangerait beaucoup de monde. Louis XVI, malgré sa répugnance à la mener, pourrait espérer y rétablir une partie de son autorité. Les Brissotins, pour leur part, envisagent une croisade révolutionnaire européenne. Les ministres ayant démissionné après la mise en accusation de Delessart, leur collègue des Affaires étrangères (10 mars 1792), le roi nomme des ministres girondins, avec le général Dumouriez. Un ultimatum est adressé à l'Autriche. François II, fils de Léopold (†), répond sèchement. L'Assemblée lui déclare la guerre sur la proposition peu enthousiaste du roi (20 avril). L'armée française, en pleine désorganisation, recule. La Prusse se joint à l'Autriche.

51 La chute de la royauté. — À Paris les événements s'accélèrent. L'Assemblée a dissous la garde constitutionnelle du roi, voté la déportation des prêtres réfractaires et la formation d'un camp de gardes nationaux fédérés près de Paris. Louis XVI oppose son veto aux deux derniers décrets : il accepte de n'être plus protégé par une garde mais refuse d'être soumis à une pression armée et s'oppose à une persécution religieuse qui conduirait à la guerre civile. Dans la foulée, le roi renvoie ses ministres brissotins.

Le 20 juin, des émeutiers envahissent les Tuileries, mais « M. Veto » reste ferme. Cette agression provoque un mouvement de sympathie dans le pays. Louis XVI n'essaie pas d'en profiter ; l'opinion semble l'abandonner rapidement. Le 11 juillet, l'Assemblée proclame la « patrie en danger » (levée de volontaires, réquisitions, etc.). Même les Girondins sont dépassés. Un comité secret s'active dans les sections de Paris – unités de vote devenues de petites entités administratives et des tribunes politiques – qui s'ouvrent aux citoyens passifs et aux gens de métier, les futurs sans-culottes. Les fédérés accourus de province viennent en renfort. Les sections réclament, comme Robespierre, la déchéance du roi. Le fait déclencheur sera le Manifeste du duc de Brunswick, généralissime des armées coalisées, qui menace Paris d'une « exécution militaire ».

Une Commune insurrectionnelle s'organise dans la nuit du 9 au 10 août 1792. Les émeutiers marchent sur les Tuileries où ils se livrent au massacre et au pillage. Impuissante, la Législative, élue au suffrage censitaire, s'efface en décrétant le 11 août l'élection d'une nouvelle assemblée constituante, la Convention nationale, au suffrage très élargi (la majorité est abaissée à 21 ans, le cens aboli, mais l'exclusion des domestiques est maintenue). Le roi a été suspendu ; il va être confié à la garde de la Commune et interné au Temple. Un Conseil exécutif provisoire a été désigné, où figurent à l'Intérieur le Girondin Roland et à la Justice Danton, issu de la Commune et de l'émeute.

Le 10 août marque une nouvelle accélération du processus révolutionnaire. De nouveau la Révolution piétine sa propre légalité et se laisse dépasser par la rue.

Pour aller plus loin

52 Sur la période, aux références des n°s 41 et 42 on ajoutera J. Guilhaumou, *L'avènement des porte-parole de la République, 1789-1792,* Lille, Pr. univ. du Septentrion, 1998 ; M. Winock, *L'échec au roi, 1791-1792,* O. Orban, 1991 ; T. Tackett, *Le roi s'enfuit. Varennes et l'origine de la Terreur,* La Découverte, 2004. Sur les réformes administratives, M. Pertué, La réforme administrative de la Constituante, dans C. Le Bozec, É. Wauters (dir.), *Pour la Révolution française,* Publ. de l'Univ. de Rouen, 1998, p. 301 et s. ; A.-M. Patault, Les origines révolutionnaires de la fonction publique : de l'employé au fonctionnaire, *RHD,* 1986, p. 389 et s. ; M.-V. Ozouf-Marignier, *La formation des départements. La représentation du territoire français à la fin du XVIIIe siècle,* EHESS, 1992. Sur la constitution, J. Bart, J.-J. Clère, C. Courvoisier, M. Verpeaux (dir.), *1791, la première constitution française,* Economica, 1993 ; F. Furet, R. Halévi, *La monarchie républicaine. La constitution de 1791,* Fayard, 1996. Sur la souveraineté et la représentation, M. Gauchet, *La révolution des pouvoirs,* Gallimard, 1995 ; L. Jaume, Légitimité et représentation sous la Révolution. L'impact du jacobinisme, *Droits,* n° 6, 1987, p. 57 et s. ; P. Brunet, *Vouloir pour la nation. Le concept de représentation dans la théorie de l'État,* LGDJ, 2004. Sur le suffrage et la citoyenneté, P. Gueniffey, *Le nombre et la raison,* EHESS, 1993, et Participation électorale et abstention pendant la Révolution française, dans R. Dupuy (dir.), *Pouvoir local et Révolution,* Rennes, PUR, 1995, p. 209 et s. Sur la question religieuse, A. Latreille, *L'Église catholique et la Révolution française,* t. 1, rééd. Cerf, 1970 ; B. Plongeron, *Conscience religieuse en Révolution,* Picard, 1969 ; T. Tackett, *La Révolution, l'Église, la France, le serment de 1791,* Cerf, 1986 ; J. de Viguerie, *Christianisme et Révolution,* NEL, 1986.

Leçon 6

La République jacobine (1792-1794)

53 Moins de deux années séparent la chute de la royauté (10 août 1792) de celle de Robespierre (27 juillet 1794). La France devient vite une République, mais cette nouvelle formule politique va dégénérer en Terreur d'État (leçon 7).

Dans l'immédiat, en attendant l'élection de la Convention, on se dispute le pouvoir. Le Conseil exécutif provisoire, qui réunit les six nouveaux ministres, est animé par Danton dont la forte personnalité éclipse celle du Girondin Roland ; ses commissaires mettent la province au pas. La Législative moribonde, d'où ont fui les modérés, vote des mesures radicales (police politique confiée aux communes, vente des biens des émigrés) mais la situation lui échappe à Paris où la Commune confisque le pouvoir : perquisitions, rafles de prêtres, massacres de Septembre dans les prisons.

Aux frontières, La Fayette s'est rendu aux Autrichiens, mais le général Dumouriez arrête les Prussiens à Valmy (20 septembre) avant de contre-attaquer en Belgique (Jemmapes, 6 novembre).

I | La lutte de la Gironde et de la Montagne (1792-1793)

54 Élue moyennant une abstention massive (85 %) et de nombreuses pressions sur les électeurs, la Convention abolit aussitôt la royauté (21 septembre) et proclame la République (22 septembre) mais les conflits de personnes et de programmes font éclater une fois de plus la gauche jacobine : la Gironde s'oppose à la Montagne (ainsi nommée parce qu'elle siège sur les gradins les plus élevés, au-dessus de la « Plaine »).

Groupés autour de Brissot, Vergniaud, Gensonné, Buzot, Pétion, les députés girondins sont environ 160 (carte n° 60). Bourgeois provinciaux aisés, négociants, juristes ou journalistes, ils sont généreux, légalistes depuis peu, hostiles à la prépondérance de Paris, libéraux en économie, souvent incrédules. Eux qui venaient d'être les boutefeux de la Législative, ils s'attaquent à Robespierre, à Danton et à Marat, députés de Paris, qu'ils accusent de dictature, aux Jacobins « désorganisateurs » et socialement niveleurs, bref, aux Montagnards.

La Montagne, quant à elle, ne cessera de se renforcer (environ 270 députés en 1793, carte n° 61). Le groupe est également à dominante bourgeoise, mais on y compte des déclassés. Les Montagnards sont souvent plus jeunes que les Girondins, plus « religieux » (Robespierre) ou plus athées (Fouché). Devenus les maîtres du club des Jacobins, d'où ils expulsent les Girondins, eux marchent dans le courant de la Révolution. Leur volonté plus affirmée finira par entraîner la majorité des députés (la Plaine). C'est le cas lors du procès de Louis XVI.

La Convention avait-elle le droit de juger le roi ? L'Assemblée s'est interrogée, mais la vraie question est ailleurs. En la personne de Louis XVI, les Montagnards veulent tuer jusqu'au symbole de la royauté. « Louis Capet » est condamné à mort par 387 voix contre 334 (17 janvier 1793) et guillotiné (21 janvier). Cet acte fondateur de la République est un défi à l'Europe monarchique. Une coalition européenne se forme aussitôt autour de l'Angleterre (février). La France accumule les défaites, le général Dumouriez trahit (avril), tandis que l'insurrection vendéenne (mars) a créé un second front à l'intérieur.

La Convention réagit en votant des mesures de « salut public » : levée de 300 000 hommes (24 février), création d'un Tribunal révolutionnaire (10 mars), généralisation des comités de surveillance (21 mars), création d'un Comité de salut public élu par l'Assemblée et qui contrôle l'exécutif (6 avril). Les Girondins n'arrivent pas à freiner le mouvement. Ils sont des traîtres aux yeux de la Montagne qui leur reproche leur prétendue indulgence dans le procès de Louis XVI, leurs liens avec Dumouriez, leur « fédéralisme » destructeur de l'unité républicaine, leur complaisance pour les riches, leur modérantisme. La majorité des sections réclame l'expulsion des chefs de la Gironde.

Pour en finir, les Montagnards et la Commune organisent une « journée révolutionnaire ». La masse de manœuvre est fournie par les sans-culottes, militants issus du milieu des gens de métier. L'opération échoue le 31 mai 1793, elle réussit le 2 juin. Sous les ordres de Hanriot, la Garde nationale cerne la Convention. 29 députés sont décrétés d'arrestation ; presque tous périront, la plupart sur l'échafaud. La Gironde, ancienne extrême gauche, meurt de ses incohérences.

La Convention avait pour mission première d'adopter une nouvelle constitution, mais le débat avait été retardé par les Montagnards. Débarrassés de la Gironde, ils entendent s'imposer en calmant la contestation. Le projet constitutionnel de Condorcet et des Girondins est abandonné. Une nouvelle Déclaration des droits de l'homme et du citoyen affirme le droit-devoir d'insurrection (art. 35). L'égalité devient le premier droit « naturel » (art. 2), les secours publics une « dette sacrée » (art. 21), il faut « mettre l'instruction à la portée de tous » (art. 22). La constitution dite de l'an I (24 juin 1793), première constitution républicaine, se veut démocratique : mécanisme complexe d'intervention directe du peuple, suprématie du législatif, exécutif totalement soumis. Elle est adoptée par référendum (juillet) mais aussitôt suspendue. Il n'était pas question de l'appliquer : elle n'était qu'un manifeste. Elle restera une référence pour la gauche jusqu'au XXe siècle.

II | La République jacobine en danger (1793)

55 La Révolution au bord du gouffre. — Au début de l'été de 1793, la catastrophe menace la République jacobine dans tous les domaines : économique, politique et militaire.

La crise économique a entretenu les troubles sociaux et la tension politique. Les prix montaient, les salaires ne suivaient pas. En février, les épiceries parisiennes ont été pillées (« journée du savon »). Dans les sections, le « prêtre rouge » Jacques Roux et les Enragés, très influents chez les sans-culottes, réclamaient des mesures drastiques. La Convention a voté un Maximum des grains et un emprunt forcé sur les riches (mai 1793) mais l'assignat a perdu 60 % de sa valeur et les prix s'envolent (voir le schéma n° 62, qui montre le caractère éphémère du redressement financier opéré dans les derniers mois de 1793). À Paris, les Enragés ne se contentent pas de la chute des Girondins ; ils menacent les riches, jugés complices de la contre-révolution, réclament la taxation générale et une loi contre les accapareurs.

En Vendée, la colère paysanne a tourné à la contre-révolution. Les paysans y étaient exaspérés par la persécution religieuse, par la centralisation, par les villes et par leurs bourgeois mangeurs de biens nationaux, par la mort du roi. Insurgés contre la levée des 300 000 hommes, ils ont pris Saumur (9 juin). Le Comité de salut public, animé par Danton, a réagi avec retard. Même retard face aux « fédéralistes » girondins. Le coup de force du 2 juin a provoqué plusieurs insurrections. 60 administrations de département sont en révolte contre Paris, moyennant quelques alliances avec des contre-révolutionnaires (Lyon).

Pendant ce temps, les Anglais occupent Toulon, les Autrichiens le Nord, les Prussiens l'Alsace. Outre-mer, les colonies sont perdues au bénéfice de l'Angleterre.

56 Une nouvelle politique. — Le 10 juillet, Danton quitte le Comité de salut public. Le 27, Maximilien Robespierre y entre avec un programme de répression et d'hostilité aux riches. Cet avocat de 35 ans est un doctrinaire « incorruptible », fort d'une parfaite logique idéologique. Il va devenir le symbole d'une nouvelle politique d'un autoritarisme et d'un extrémisme inédits.

Sur le plan économique, l'abolition totale des droits « féodaux » (17 juillet) est suivie de diverses mesures sociales. Après l'émeute du 5 septembre, c'est, le 29, le Maximum général des prix et des salaires. La Montagne s'est convertie au dirigisme, mais elle ne veut pas aller plus loin. Elle n'entend plus céder à la pression de la rue (« journées révolutionnaires ») : Jacques Roux est emprisonné. Cette attitude traduit une nouvelle conception politique.

Le mandat impératif, prolongement de la souveraineté du peuple, aurait nui à l'unité et à l'efficacité des décisions. Quand il était dans l'opposition, le jacobinisme ne cessait d'invoquer la volonté du peuple contre le pouvoir en place. Désormais, compte tenu de l'urgence et des dangers que court la Révolution, le gouvernement jacobin prétend représenter souverainement le Peuple vertueux et s'identifier à lui. Un tel système exclut le pluralisme politique (destructeur de l'unité de la République), toute attitude individualiste (immorale), toute contestation (criminelle), même populaire (s'opposer au gouvernement, c'est s'opposer au peuple).

Contre l'ennemi intérieur, la Convention met la Terreur « à l'ordre du jour » (5 septembre) et ordonne l'arrestation immédiate de tous les suspects (« loi des suspects », 17 septembre). Des simulacres de procès éliminent Marie-Antoinette, les Girondins, le régicide Philippe Égalité (le ci-devant duc d'Orléans avait fait modifier son état civil en 1792), les Feuillants Bailly et Barnave. Les députés envoyés en province (représentants en mission) font des milliers de victimes.

L'aggravation progressive de la Terreur est contemporaine du redressement militaire. Le 23 août, la Convention a décrété la « levée en masse » des hommes de 18 à 40 ans. La France est soumise à un énorme effort de guerre : au total 750 000 hommes seront lancés dans l'offensive à outrance. Les généraux suspects ou hésitants sont guillotinés. Les résultats suivent : Marseille est reprise, puis Lyon, Toulon (19 décembre), les Vendéens anéantis à Savenay (23 décembre), les frontières dégagées. Ce redressement est l'œuvre du « gouvernement révolutionnaire ».

III | Le gouvernement révolutionnaire (1793-1794)

57 Le schéma institutionnel et idéologique. — D'octobre à décembre 1793, faute de constitution (suspendue) et pour « régénérer » le pays, on a mis en place un gouvernement révolutionnaire. La Convention, « centre unique de l'impulsion du gouvernement » (loi du 14 frimaire an II, 4 décembre 1793), s'accommode de la suprématie du Comité de salut public, secondé par le Comité de sûreté générale, artisan de la Terreur policière et judiciaire, organes dont l'élection mensuelle devient une formalité. Les membres du « grand » Comité de salut public – Robespierre, Couthon, Saint-Just, Barère, Billaud-Varenne, Carnot, Collot d'Herbois, Hérault de Séchelles, Lindet, Prieur de la Côte-d'Or, Prieur de la Marne, Saint-André – se répartissent le travail (diplomatie, guerre, approvisionnement, etc.) ; les ministres leur sont subordonnés.

Les Jacobins pratiquent la centralisation et l'inflation bureaucratique (+ 800 % à Paris) par nécessité, non par conviction car ils redoutent le « monarchisme » des bureaux. L'action révolutionnaire est distincte de l'administration. « Lois révolutionnaires » et « mesures de salut public et de sûreté générale » (arrêtés des Comités) supplantent les lois ordinaires ; instruments de gouvernement, elles doivent être exécutées par des organes « révolutionnaires ». À cette fin l'échelon départemental, souvent « girondin », est neutralisé au profit d'un agent du gouvernement (« agent national ») placé dans chaque district et commune. L'épuration est permanente. Dans les administrations locales, la nomination supplante l'élection : les clubs dénoncent les agents auprès des représentants en mission et proposent des remplaçants. Les comités de surveillance, organes locaux de la Terreur, se font envahissants.

Cette méthode de gouvernement est sous-tendue par l'idéologie. Pour les Jacobins, l'homme doit se réaliser dans la citoyenneté. Le citoyen doit tout à la patrie, laquelle, en révolution, est menacée par les factions. Pour sauver les citoyens « vertueux » et réaliser le salut du peuple « régénéré », le gouvernement, lui-même vertueux car il incarne le peuple, pratique une Terreur systématique contre tous ceux qu'il considère comme ses ennemis. L'obsession positive de l'Unité et celle, négative, de l'Ennemi conduisent la République dans une impasse.

58 L'IMPASSE. — La Révolution dévore ses enfants. Au sein de la Montagne, la suspicion, les conflits de personnes et de programmes, naguère atténués par la lutte contre la Gironde, s'étalent au grand jour. Les Enragés ayant été neutralisés (Roux se suicide en prison), Hébert et les Exagérés reprennent le flambeau et animent le mouvement de déchristianisation.

Le calendrier républicain (octobre 1793) indique que l'histoire a recommencé ; il modèle le temps nouveau contre le temps chrétien. La déchristianisation sévit partout. On s'attaque aux prêtres non émigrés, même aux jureurs, souvent déportés ou mis à mort. Des députés en mission président au vandalisme antireligieux. L'évêque de Paris et de nombreux prêtres jureurs se démettent, la Commune ferme les églises (novembre). D'où la rupture entre le gouvernement et les « Hébertistes ». La Convention réaffirme en vain le principe de la liberté des cultes, la vague déchristianisatrice continue de déferler sur le territoire.

Les Hébertistes veulent accélérer la Terreur, les « Dantonistes » la ralentir. Robespierre et Saint-Just dénoncent leur collusion contre-révolutionnaire : les deux « factions » sont censées tremper, l'une par l'outrance, l'autre par le modérantisme, toutes deux par la corruption, dans la « conspiration de l'étranger ». Après deux procès truqués, Hébertistes et Dantonistes montent à l'échafaud (24 mars, 5 avril 1794). Les sans-culottes sont désemparés : on guillotine de grands « patriotes ».

L'Incorruptible jouit alors d'une sorte de prééminence. La Commune épurée est à sa dévotion. Il impose le culte et préside à la fête de l'Être suprême (8 juin). Songe-t-il à exercer une dictature personnelle ? L'autorité reste collégiale ; c'est le Comité de salut public qui aggrave la Terreur en faisant voter la loi du 22 prairial an II (10 juin) qui réduit à sa plus simple expression la procédure devant le Tribunal révolutionnaire et supprime les peines autres que la mort. À la veille de la chute de Robespierre, on guillotinera à Paris 38 condamnés par jour.

Les raisons de ces exécutions sont de moins en moins claires aux yeux de l'opinion car la République l'emporte partout (victoire de Fleurus, 26 juin). Par contre, la situation économique reste mauvaise. Le Maximum des salaires est impopulaire. Les réquisitions sont lourdes. Le Maximum des prix a engendré à la campagne pénurie et flambée des prix au marché noir, mais il a permis de nourrir les villes : c'est pourquoi un léger assouplissement du dirigisme mécontente beaucoup de Parisiens... Il est vrai que le sans-culottisme ne menace plus guère le gouvernement. Il a perdu de sa vitalité. Les Comités ont supprimé à Paris les trois quarts des sociétés populaires. Robespierre le paiera cher le 9 thermidor.

En économie comme en politique, le gouvernement révolutionnaire est dans une impasse.

Pour aller plus loin

59 Sur la période, R. Dupuy, *La République jacobine,* Le Seuil, 2005. Sur ses débuts, Fréd. Bluche, *Septembre 1792,* R. Laffont, 1986 ; A. Soboul (dir.), *Actes du colloque Girondins et Montagnards,* Soc. études robespierristes, 1980 ; F. Furet, M. Ozouf (dir.), *La Gironde et les Girondins,* Payot, 1991. Sur le régicide, M. Walzer, *Régicide et Révolution,* Payot, 1989 ; A. Duprat, *Le roi décapité. Essai sur les imaginaires politiques,* Cerf, 1992 ; C. Goyard (dir.), *Le bicentenaire du procès du Roi,* F.-X. de Guibert, 1993 ; A. Soboul, *Le procès de Louis XVI,* Julliard, 1966 ; P. et P. Girault de Coursac, *Enquête sur le procès du roi Louis XVI,* Table ronde, 1982. Sur la souveraineté, G. Bacot, *Carré de Malberg et l'origine de la distinction entre souveraineté du peuple et souveraineté nationale,* CNRS, 1985. Sur la question constitutionnelle, O. Jouanjan, La suspension de la constitution de 1793, *Droits,* n° 17, 1993, p. 125 et s. ; *La constitution de 1793* (collectif), PU de Dijon, 1997. Sur les Jacobins, L. Jaume, *Le discours jacobin et la démocratie,* Fayard, 1989 ; J. Boudon, *Les Jacobins,* LGDJ, 2006. Sur le gouvernement révolutionnaire, R. R. Palmer, *Le gouvernement de la Terreur,* A. Colin, 1989 ; M. Bouloiseau, *Le Comité de salut public,* rééd. PUF, 1980 ; B. Gainot, *Dictionnaire des membres du Comité de salut public,* Tallandier, 1990 ; M. Biard, *Missionnaires de la République. Les représentants du peuple en mission, 1793-1795,* CTHS, 2002 ; R. Cobb, *Les armées révolutionnaires,* Mouton, 1961-1963 ; A. Soboul, *Les sans-culottes parisiens de l'an II. Mouvement populaire et gouvernement révolutionnaire,* rééd. Le Seuil, 2004. Pour clore le débat sur la Vendée, J.-C. Martin, *La Vendée et la France,* Le Seuil, 1987. Sur la déchristianisation, M. Vovelle, *Religion et Révolution,* Hachette, 1976 ; C. Langlois, L'inqualifiable et l'inévitable. La déchristianisation révolutionnaire, *Arch. des sc. soc. des religions,* 1988, p. 25 et s. Sur la justice révolutionnaire, G. Walter, *Actes du Tribunal révolutionnaire* (textes), Mercure de France, 1968 ; J.-F. Fayard, *La justice révolutionnaire,* R. Laffont, 1987 ; Fréd. Bluche, Le procès de Danton, *RDP,* 1984, p. 937 et s. Sur les factions, A. de Lestapis, *La « conspiration de Batz »,* Soc. études robespierristes, 1969. Voir aussi O. Blanc, *La corruption sous la Terreur,* R. Laffont, 1992.

60 Les Girondins à la Convention

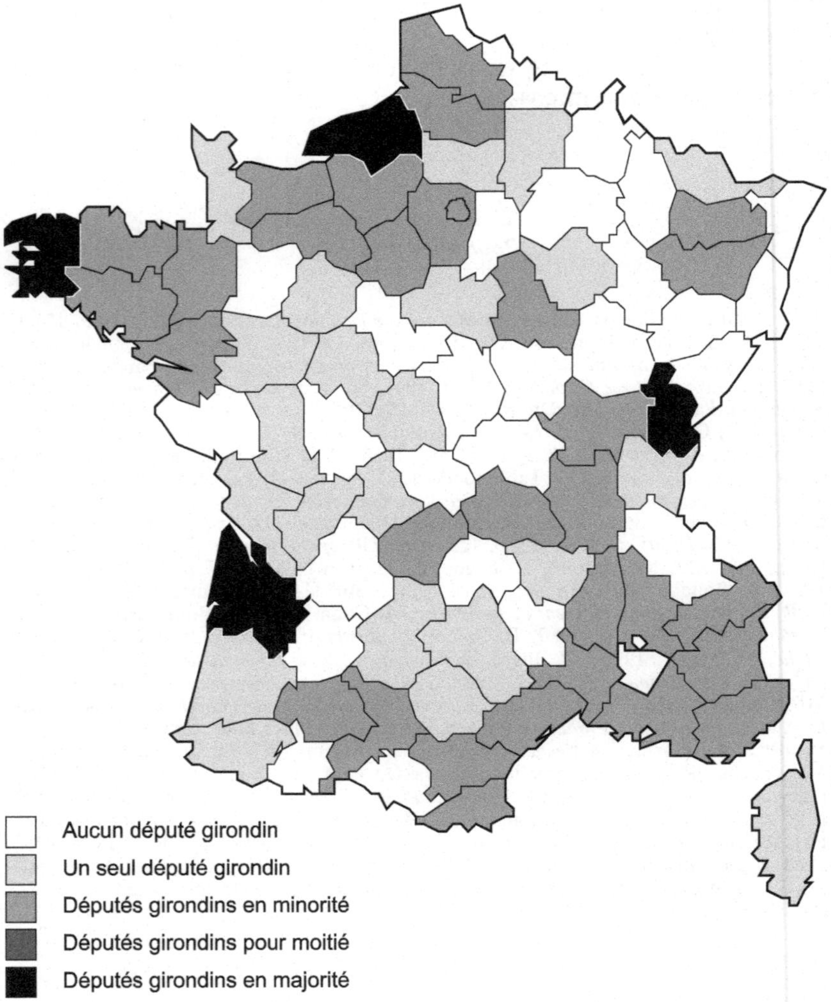

D'après J. Chaumié, Les Girondins, *Actes du colloque Girondins et Montagnards,* 1980.

61 Les Montagnards à la Convention

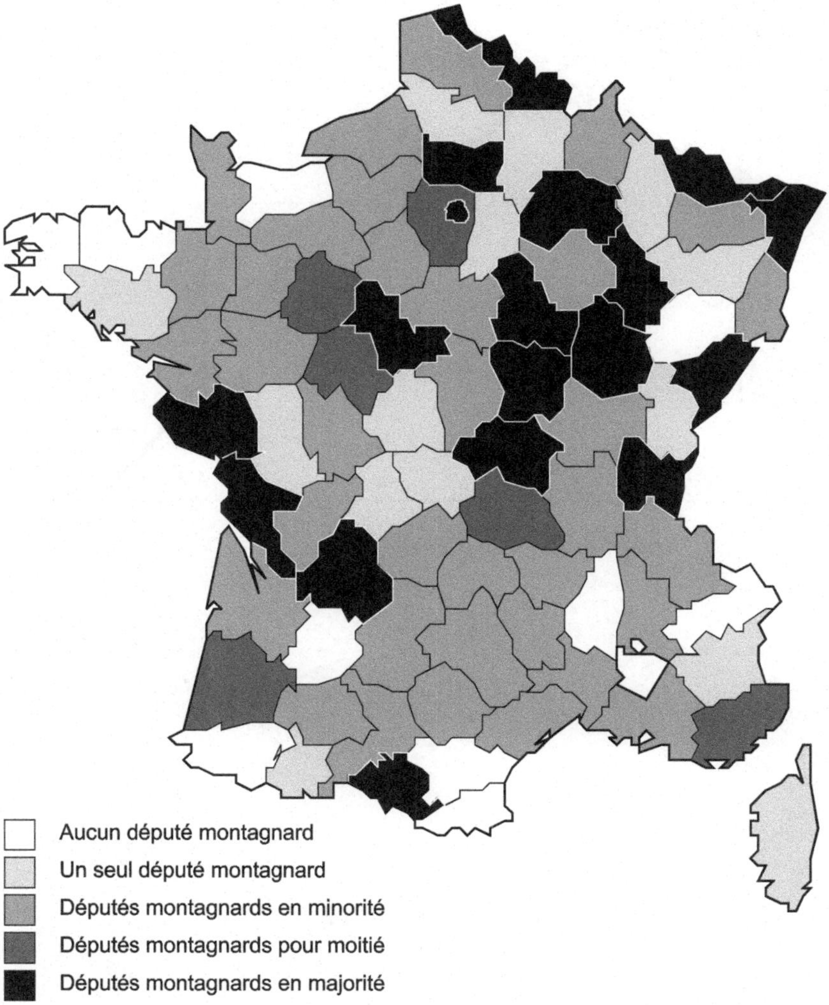

D'après F. Brunel, Les députés montagnards, *Actes du colloque Girondins et Montagnards,* 1980.

62 La dépréciation de l'assignat (schéma simplifié)

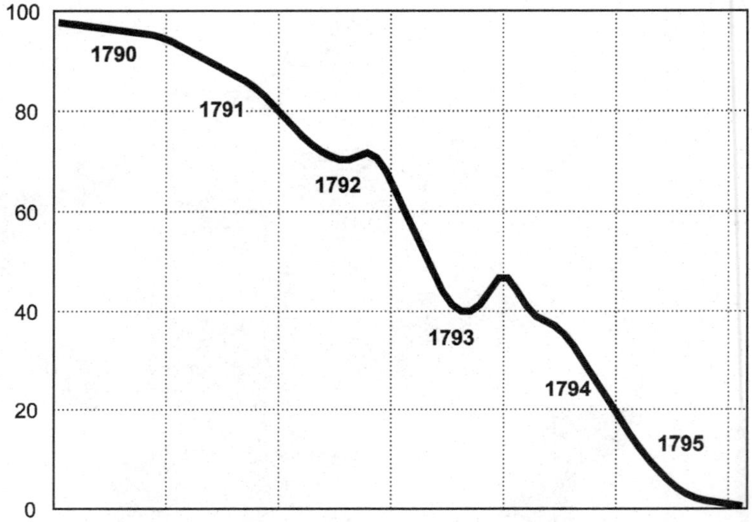

Valeur en numéraire d'un assignat de 100 livres.

Leçon 7
La Terreur

63 Bien que le mot Terreur désigne une période précise de la Révolution – des 5-17 septembre 1793 (mise de la Terreur à l'ordre du jour, loi des suspects) au 27 juillet 1794 (chute de Robespierre) – la Terreur était un climat et une pratique occasionnelle depuis 1792. Le phénomène est complexe, les typologies nombreuses : terreur spontanée ou Terreur d'État, terreur « bleue » ou terreur « blanche » (contre-révolutionnaire), etc. Les différentes facettes de la Terreur d'État peuvent être regroupées autour de deux caractères contradictoires mais complémentaires. La Terreur a un caractère rationnel comme instrument aux mains du gouvernement révolutionnaire et un caractère irrationnel en ce qu'elle permet de créer en permanence de la « réalité » révolutionnaire.

I | Une Terreur rationnelle, instrument de gouvernement

64 La logique qui a conduit à la Terreur pouvait être défensive, offensive ou constructive. La conjonction de ces trois aspects a donné au système terroriste une efficacité redoutable.

65 Une Terreur-riposte. — En 1793, pour sauver la République, des mesures énergiques s'imposent, mais la notion qui justifie la Terreur est ambiguë. L'expression « salut public » peut être entendue dans le sens étroit d'une défense républicaine à l'extérieur (aux frontières) et à l'intérieur (contre les insurrections). À cette idée peuvent adhérer des républicains relativement modérés. Ainsi l'entendent les députés de la Plaine et même certains Girondins qui votent depuis mars des mesures pré-terroristes. Le discours jacobin entretient parfois cette myopie. Le 10 octobre, Saint-Just parle de « punir », de « comprimer », non d'exterminer. En février 1794, Robespierre parle de « justice prompte, sévère, inflexible ». Les mots utilisés sont en deçà du contenu. Beaucoup de députés, qu'ils soient ou non paralysés par la peur, sont trompés par un vocabulaire mouvant ; ne percevant pas toutes les conséquences des principes proclamés et des mesures qui en découlent, ils votent mécaniquement les décrets qu'on leur propose.

Le « salut public » au sens étroit ne saurait expliquer pourquoi la Terreur est décrétée en septembre 1793 quand s'amorce un redressement qui sera effectif partout à la fin de l'année, ni pourquoi elle s'aggrave par la suite. L'armée des rebelles vendéens a été anéantie à Savenay le 23 décembre 1793, et c'est quinze jours plus tard que les « colonnes infernales » du général Turreau entreprennent de détruire méthodiquement la Vendée et sa « race de brigands ». De même, la « Grande Terreur » se déchaîne à Paris en juin-juillet 1794 au moment de la reconquête de la Belgique (Fleurus, 26 juin). L'hypothèse d'une Terreur-riposte n'a pas été plausible longtemps. Le phénomène est vite devenu indépendant des périls de type militaire.

66 UNE TERREUR SANS IDÉOLOGIE. — Il existe une conception plus simple encore de la Terreur, qu'incarne assez bien Danton. Ministre de la Justice après le 10 août 1792, Danton domine le Conseil exécutif. Il impose le changement de régime en forçant la main des autorités locales. Surtout il laisse faire le nettoyage sanglant des prisons de Paris par des groupes de « patriotes » survoltés (2-6 septembre). En privé, Danton endosse la responsabilité des massacres de Septembre. Pour la forme, il évoque l'idée de riposte, associée à celle de justice ou de vengeance du peuple. Sur le fond, il avoue : « Nous ne pouvons gouverner qu'en faisant peur. » La Terreur brute n'était-elle pas de bonne méthode pour imposer un pouvoir minoritaire dans l'opinion ?

Des terroristes plus notoires que Danton, des révolutionnaires opportunistes ou peu doctrinaires ont pu y voir un simple instrument de pouvoir au regard d'un rapport de force incertain, sans parler des particuliers qui pouvaient cyniquement y trouver leur intérêt. Nul besoin ici de justification doctrinale. Il n'en demeure pas moins que la Terreur est d'abord un instrument idéologique.

67 Un instrument de régénération. — Fin 1793, la Terreur se dégage de son ambiguïté. Si la situation militaire est rétablie, l'œuvre jacobine n'est pas accomplie. La Terreur, associée à la Vertu dont elle découle, doit être le ressort du gouvernement révolutionnaire, lui permettant de maintenir l'unité et de régénérer le peuple.

Le jacobinisme exalte le peuple Un et vertueux, tout en identifiant gouvernants et gouvernés, ce qui ne laisse aucune place au pluralisme. Or tout mouvement révolutionnaire tend à se diviser. Après l'été de 1793, l'unité de la Montagne, maintenue dans la lutte contre la Gironde, vole en éclats. La Terreur, qui avait permis d'éliminer des adversaires, va servir à une épuration interne : la destruction des « factions » qui divisent, corrompent et discréditent la Révolution. On élimine les Hébertistes puis les Dantonistes (mars-avril 1794). L'amalgame et le truquage utilisés pour ces procès seront désormais de règle. Les formes étaient inutiles : on était depuis longtemps dans une phase de régénération.

Au sens fort, le « salut du peuple » passe par une régénération complète qui constituera ce peuple et fondera là-dessus la vraie République. Régénération, salut du peuple, fondation de la République : le mythe jacobin est moderne et très mobilisateur. L'âge d'or annoncé est situé dans un avenir proche et non plus, comme autrefois, dans un passé idéalisé. Certes l'idée de régénération n'est pas nouvelle : en 1789, on voulait redécouvrir la nature de l'homme, retrouver par la Raison le bonheur de la Nature. Les Jacobins aussi veulent le bonheur par la Raison, mais leur « homme nouveau » n'a de sens que comme citoyen. L'individu doit se fondre dans une identité collective. Les droits naturels de l'individu s'effacent devant les droits d'un peuple de citoyens.

En outre, à la différence de 1789, il s'agit d'éliminer physiquement les exclus du corps civique. Seuls sont citoyens les hommes vertueux qui ont sacrifié leurs intérêts privés et poursuivent la Révolution en adhérant aux nouveaux principes. « Il n'y a de citoyens dans la République que les républicains », « le gouvernement [...] ne doit aux ennemis du peuple que la mort » (Robespierre) ; la mort pour ceux qui, par leur passé, leur opposition, leurs opinions, leurs intentions, participent du Vice. La Terreur, émanation de la Vertu, est la voie morale et rationnelle de la régénération. Socialement, le soupçon pèse sur les couches supérieures, prédisposées aux intérêts privés (immoraux). Si un riche n'a pas donné assez de gages à la Révolution, il bascule dans le Vice ; au moindre faux pas, il sera considéré comme ennemi du peuple. Les Jacobins rêvent d'une société égalitaire, d'un peuple de paysans et d'artisans frugaux où la propriété, selon Robespierre, ne serait qu'une institution sociale déterminée par la loi ; en attendant, le riche vit sous la surveillance des bons citoyens, frappé au mieux de taxes et d'emprunts forcés.

La régénération affecte aussi l'administration qui doit être purgée de ses agents vicieux. Or cette même administration, que les Jacobins jugent corruptrice par essence, ne va pas manquer de pervertir à leur tour les agents vertueux nommés en remplacement. D'où la spirale de l'épuration permanente, reflet d'une entreprise plus vaste qui conduit aux frontières de l'irrationnel.

II | Une Terreur irrationnelle, productrice de réalité

68 La doctrine jacobine et la dynamique de la Révolution mènent à la fabrication d'ennemis, avec pour résultat, vital pour entretenir cette dynamique, une re-création permanente de la réalité révolutionnaire.

69 La fabrication de l'Ennemi. — Le jacobinisme est une morale faite politique, fondée sur l'opposition entre le Bien et le Mal, la Vertu et le Vice, l'Ami et l'Ennemi. Une telle vision n'était pas incompatible avec le primat de la Raison, mais elle est outrée par sa logique propre. La doctrine des hommes de 1793 les conduit à se fabriquer des ennemis de plus en plus nombreux. « Vous avez à punir quiconque est passif dans la République » (Saint-Just). L'opposition stricte entre Vice et Vertu, sans état intermédiaire, rejette en bloc dans le Vice les individus réservés, réticents, conciliateurs, mous, tièdes, négligents, maladroits, bavards, pour en faire des ennemis du peuple. Le péril est partout. Aucune victoire ne saurait prouver que la situation s'améliore. « Qu'il y aurait de légèreté à regarder quelques victoires [...] comme la fin de tous nos dangers ! [...] Le crime intimidé n'a fait que couvrir sa marche avec plus d'adresse » (Robespierre, 5 février 1794).

Traquer des ennemis absents peut conduire à en inventer. Une loi aurait-elle pu, en précisant les notions, corriger ce dérapage ? Ce serait oublier que la « loi révolutionnaire » était l'arme par excellence du jacobinisme au pouvoir. Le couronnement du dérapage doctrinal sera donc légal. La loi du 22 prairial an II (10 juin 1794) ne parle plus de suspects à incarcérer mais d'ennemis du peuple à éliminer : « ceux qui cherchent à anéantir la liberté publique, soit par la force, soit par la ruse » (art. 5), entre autres « ceux qui auront répandu de fausses nouvelles pour diviser ou pour troubler le peuple » – intention comprise dans l'acte – et plus généralement « ceux qui [...] *par quelques moyens que ce soit et de quelques dehors qu'ils se couvrent*, auront attenté à la liberté, à l'unité, à la sûreté de la République, ou travaillé à en empêcher l'affermissement » (art. 6). Les procès seront plus expéditifs encore que naguère, sans « défenseurs officieux » (avocats). L'intime conviction du Tribunal dispensera de recourir aux témoins. Le jugement pourra être rendu sans débat. Une seule peine : la mort. Une caricature montrera bientôt Robespierre réduit à guillotiner lui-même le bourreau. Chacun peut craindre d'être broyé dans l'engrenage.

70 L'ENGRENAGE RÉVOLUTIONNAIRE. — Tout phénomène révolutionnaire emballe et simplifie les processus de représentation. Le soupçon réduit le nombre des amis à mesure que s'hypertrophie le concept d'Ennemi. Militants, meneurs et gouvernants diabolisent un Ennemi omniprésent et de plus en plus dangereux malgré ses défaites. L'Ennemi intérieur est plus facile à identifier (prêtre, homme d'affaires étranger) ; c'est sur lui que se concentre la vigilance terroriste. La tendance s'accentue en 1794 au moment de la reconquête de la Belgique ; l'impression d'encerclement ne dépend pas d'une réalité mais de la représentation qu'on s'en fait.

Déshumanisé, l'Ennemi doit être éliminé au nom de l'humanité. « C'est par principe d'humanité que je purge la terre de la liberté de ces monstres », déclare Carrier, l'organisateur des noyades de Nantes. Le jacobinisme donne un sens moral au massacre. En Vendée on extermine les femmes, les enfants, même des républicains ; ces tueries étant accomplies au nom des bons principes, sous l'égide d'un gouvernement vertueux et de ses agents, elles sont jugées morales. La logique idéologique des Jacobins va dans le même sens que celle, sociologique, de l'engrenage révolutionnaire : la mort de l'Autre est la condition du salut de Soi.

71 LA RÉVOLUTION RECRÉÉE. — La petite victoire remportée par les Vendéens le 19 mars 1793 a affolé les Jacobins. Elle *devait* être l'indice d'un immense complot qui avait ses ramifications partout. La Révolution est invincible puisqu'elle représente le Bien, or elle a été vaincue. Cette défaite étant inconcevable, il y a eu trahison. La collectivité révolutionnaire blessée se ressaisit en désignant des ennemis qui lui renouvellent négativement son statut. À l'inverse, si la Révolution a vaincu, c'est que l'Ennemi est allé refaire ses forces ailleurs. Défaite ou victoire, il faut continuer de traquer l'Ennemi là où nécessairement il se cache, de préférence à l'intérieur. L'âge d'or étant à portée de main, tout affrontement, toute divergence d'opinions deviennent autant d'épisodes d'un combat éternel du Bien et du Mal qui n'en finit pas de toucher à sa fin. Ils donnent toute sa signification à l'histoire que vivent les révolutionnaires. Chaque jour la Terreur relégitime la Révolution. Il s'agit de « produire, grâce à la mort des ennemis, la preuve de la réalité de la Révolution » (Claude Lefort).

Le militant, exaspéré par l'action révolutionnaire, a besoin de la Terreur. Elle chasse le doute sur l'opportunité de ses actes et de ceux du gouvernement ; elle évite de douter de la Révolution. L'Ennemi devient le représentant *nécessaire* du Mal, car sans lui la Révolution devrait s'arrêter. La Terreur n'est plus le ressort d'un gouvernement chargé de finir la Révolution mais celui d'une Révolution sans fin. La Terreur est interminable en théorie et condamnée en pratique, n'ayant plus pour fonction que de créer, par le massacre permanent de victimes quelconques, une réalité révolutionnaire permettant de continuer et d'aggraver... la Terreur. La boucle est bouclée.

72 Vendée comprise (250 000 morts ?), la Terreur a fait près de 300 000 victimes mais cette saignée brutale impressionne surtout par son caractère idéologique et étatique. Sans la morale manichéenne des Jacobins, il y aurait eu certainement des explosions de violence sanglante, « des » terreurs, mais pas « la » Terreur, cette Terreur d'État dont le modèle pourra resservir plus tard.

Pour aller plus loin

73 Analyses magistrales par C. Lefort, La Terreur révolutionnaire, dans *Essais sur le politique,* Le Seuil, 1986, p. 75 et s., et J.-C. Martin, La Vendée, moteur de la Révolution, dans Fréd. Bluche, S. Rials (dir.), *Les révolutions françaises,* Fayard, 1989, p. 257 et s. ; M. Ozouf, Guerre et Terreur dans le discours révolutionnaire, dans *L'école de la France,* Gallimard, 1984, p. 109 et s. ; Fréd. Bluche, La Terreur dans la Révolution jacobine, dans G. Sicard (dir.), *Justice et politique : la Terreur dans la Révolution française,* Toulouse, Pr. de l'Univ. des Sc. sociales, 1997, p. 29 et s. ; P. Gueniffey, *La politique de la Terreur,* Fayard, 2000 ; S. Wahnich, *La liberté ou la mort. Essai sur la Terreur et le terrorisme,* La Fabrique, 2003.

Leçon 8

La fin de la Révolution (1794-1799)

74 La Terreur n'aurait dû prendre fin qu'avec la mort du dernier « ennemi du peuple », c'est-à-dire jamais. Néanmoins la machine s'enraye. Une fois de plus, le mouvement révolutionnaire se divise. Tension et querelles s'aggravent entre les Comités et au sein même du Comité de salut public.

On soupçonne Robespierre d'aspirer à la dictature. Lui et le culte de l'Être suprême sont ridiculisés par le Comité de sûreté générale qui grossit l'affaire Catherine Théot (une illuminée qui annonçait un messie ressemblant à Robespierre). À la Convention, la majorité qui va se décider à le renverser est hétéroclite : 1 / le bloc des corrompus, des terroristes résolus et des athées – trois catégories non exclusives l'une de l'autre – qui tous peuvent craindre de subir les foudres de l'Incorruptible, 2 / Girondins et Dantonistes survivants, qui rêvent de revanche, 3 / la Plaine apeurée à qui les premiers ont fait d'hypocrites promesses d'arrêter la Terreur.

Le 8 thermidor an II (26 juillet 1794), Robespierre force le destin en réclamant, sur le ton de la menace, une épuration du gouvernement. Le lendemain, 9 thermidor, la Convention le décrète d'arrestation ainsi que ses amis (Saint-Just, Couthon, etc.). La Commune les fait délivrer, ce qui permet à l'Assemblée de les déclarer hors la loi. Une telle mesure autorise une exécution sans jugement. Les sectionnaires insurgés, impressionnés, n'ont ni chef ni volonté politique ; ils se dispersent. Les robespierristes sont arrêtés et exécutés (28-29 juillet). Pour des raisons variées, le soulagement est presque général.

Tournant majeur de la Révolution, le 9 thermidor ouvre une période de réaction et de compromis qui débouchera sur le régime du Directoire.

I | Réaction et compromis (1794-1795)

75 La réaction thermidorienne. — Chose nouvelle, l'opinion pèse d'un poids décisif. C'est elle qui contraint les terroristes à arrêter la Terreur. La période thermidorienne est marquée par une réaction politique, par une nouvelle politique religieuse et par une réaction économique, mais le mot « réaction » n'est en rien synonyme de contre-révolution : les Thermidoriens sont et demeurent des révolutionnaires.

Réaction politique : pendant quelques semaines, les structures de la Terreur servent à épurer l'État et l'administration de leur personnel terroriste. Ensuite, c'est le retour au régime d'assemblée qui avait été faussé par la prééminence du Comité de salut public. Renouvelé, le Comité voit son rôle amoindri. La justice révolutionnaire se calme. Les portes des prisons s'entrouvrent. Des terroristes qui n'ont pas choisi le bon camp sont guillotinés. Le club des Jacobins est fermé. À Paris, c'est au tour des « muscadins » de la « jeunesse dorée » de pourchasser les sans-culottes à coups de gourdin. Dans le Midi, la « Terreur blanche » tourne même à la contre-révolution.

Nouvelle politique religieuse : la Convention tranche la question religieuse, devenue insoluble, par une séparation de l'Église et de l'État (21 février 1795). Les prêtres jureurs, qui avaient lié leur sort à celui de la Révolution, sont abandonnés par elle. C'est à ce prix que la guerre de religion est suspendue. Dans l'Ouest, le général Hoche négocie avec les chouans.

Réaction économique : le dirigisme est atténué, le Maximum aboli (décembre 1794). L'économie reste désorganisée, avec des conséquences sociales dramatiques. À la mauvaise récolte de 1794 s'ajoutent un des hivers les plus rudes du siècle, l'effondrement total de l'assignat – les paysans refusent d'être payés en papier – et la flambée des prix. La pénurie s'accompagne d'une hausse brutale de la mortalité chez les humbles, tandis que les profiteurs de la Révolution, notamment les fournisseurs aux armées, affichent un luxe insolent : malgré la vertu officielle, la Terreur avait connu spéculation et corruption. C'est maintenant l'époque des « incroyables » et des « merveilleuses » aux mœurs relâchées.

Il est entendu que le social ne gouvernera plus le politique : les deux dernières « journées révolutionnaires », filles de la misère, sont sévèrement réprimées (avril-mai 1795). On déporte d'ex-terroristes, on désarme les sections. La sans-culotterie est morte.

76 LA CONSTITUTION DE L'AN III. — Les Thermidoriens ont définitivement abandonné la constitution de l'an I pour rédiger celle de l'an III (22 août 1795). Ils veulent protéger les acquis de la Révolution, dont ils sont les premiers bénéficiaires, mais l'expérience de la Terreur les a rendus pessimistes sur la nature humaine (Bonaparte saura bientôt en profiter). C'est pourquoi les principes de 1789, réaffirmés, n'ont plus l'éclat des idéaux de naguère. Il s'agit de contenir la démocratie, synonyme de désordre, en cessant d'exalter la vertu, synonyme de dictature. Comme d'autres avant eux, mais forts de l'expérience d'un passé récent et sanglant, les Thermidoriens veulent « finir » la Révolution.

La nouvelle Déclaration comporte un deuxième volet, consacré aux devoirs de l'homme et du citoyen, qui prend la forme d'un catéchisme un peu ridicule : « Nul n'est bon citoyen, s'il n'est bon fils, bon père, bon frère, bon ami, bon époux » (art. 4). L'individualisme optimiste de 1789 s'efface derrière un libéralisme froid : il n'est plus question de secours publics, l'égalité redevient une simple égalité en droit, la propriété est de nouveau exaltée, le droit-devoir d'insurrection, version outrée en 1793 de la résistance à l'oppression de 1789, a disparu.

Le texte constitutionnel est long, complexe, rigide, empreint de méfiance. On se méfie du « peuple » : la souveraineté réside dans l' « universalité des citoyens » mais le suffrage est censitaire (5 millions d'électeurs au premier degré, un peu plus que de « citoyens actifs » en 1791). On se méfie du régime d'assemblée : pour la première fois, le législatif est bicaméral. Le Conseil des Cinq-cents propose la loi, le Conseil des Anciens la vote. On recherche l'ordre et la stabilité : l'exécutif est réhabilité. Principe républicain oblige, cet exécutif est collégial. Le Directoire, composé de cinq membres nommés par les Conseils, dispose de prérogatives importantes (affaires étrangères, nomination des ministres et de nombreux fonctionnaires, pouvoir réglementaire naissant) ; il ne peut ni être démis, ni dissoudre les Conseils, mais les Cinq-cents peuvent le mettre en accusation. Aucun des organes ne doit dominer, mais aucun mécanisme juridique ne permet de résoudre un éventuel conflit politique entre eux.

Pour se maintenir en place et empêcher un retour en force des royalistes, un décret annexé à la constitution précise que les deux tiers des législateurs devront être choisis parmi les conventionnels sortants ! La constitution et le « décret des deux tiers » sont adoptés par référendum, la première largement, le second avec beaucoup plus de réticence, les deux moyennant une abstention énorme. L'opposition « de droite » profite du climat de réaction et de la montée des mécontentements ; les royalistes y côtoient des modérés (de son côté, Louis XVIII en exil se fige dans une attitude contre-révolutionnaire). Elle prétexte le décret des deux tiers, qui lui ferme la voie légale de l'élection, pour fomenter une insurrection à Paris. Barras et deux généraux jacobins, Brune et Bonaparte, écrasent les insurgés le 13 vendémiaire (5 octobre 1795). La République demeure, mais au prix d'entorses au principe républicain de la souveraineté du peuple qui compromettent dès le départ le destin du nouveau régime.

II | Le Directoire (1795-1799)

77 Les gouvernants de l'an III ont un programme ambitieux : réprimer les factions sans retomber dans la Terreur, restaurer l'économie, ramener la paix. Mais ils vont se trouver ballottés entre deux oppositions – l'une de droite, majoritaire en raison notamment du réveil religieux, l'autre néo-jacobine, de plus en plus active – et empêtrés dans des difficultés insurmontables. Seuls les succès militaires permettront de retarder la chute du régime.

78 L'État du pays. — Les caisses de l'État sont vides et la masse de papier-monnaie frôle les 40 milliards. L'assignat, qui n'a plus aucune valeur (voir n° 62), est abandonné en février 1796, remplacé en mars par un « mandat territorial » qui perd en un mois 90 % de sa valeur et sera abandonné à son tour (février 1797). La déflation succède à l'inflation. Le terrible hiver de 1796 – un de plus – n'a rien arrangé. La pénurie devient chronique. La misère populaire contraste plus que jamais avec la prospérité des nouveaux riches : les manieurs d'argent tiennent le haut du pavé. C'est dans ce contexte qu'un révolté idéaliste, « Gracchus » Babeuf, prône un communisme agraire (« l'égalité réelle ou la mort ») et forme avec d'anciens Jacobins une minorité agissante destinée à exercer une dictature provisoire ; cette « conjuration des Égaux » est écrasée en mai 1796, Babeuf guillotiné en 1797.

À partir de 1796-1797, les difficultés se transportent dans les campagnes. Le brigandage, souvent teinté de contre-révolution, prend une extension énorme, favorisée par le refus de la conscription : on compte environ 40 % de déserteurs.

Le régime a conçu une politique économique – encouragements à l'industrie, réfection du réseau routier (à l'abandon depuis 1789) et fluvial – mais la tentative était vaine dans le contexte du moment. Avec les victoires militaires et le pillage des pays occupés, la situation financière s'améliore, mais on ne peut éviter la banqueroute des deux tiers (30 septembre 1797) – l'État n'honorera qu'un tiers de sa dette – et un rétablissement impopulaire des impôts indirects.

79 LES COUPS D'ÉTAT. — Face à une droite plus ou moins royaliste, l'extrême gauche néo-jacobine ne cesse de renaître de ses cendres. Pour sauver le régime, les gouvernants se maintiennent en place au mépris du suffrage par des coups d'État qui ruinent ce qui leur reste de crédibilité.

Premier coup d'État le 18 fructidor an V (4 septembre 1797) : Barras et deux autres directeurs chassent leurs collègues modérés (Carnot), on annule les élections dans une cinquantaine de départements où ont été élus des royalistes et l'on revient pour un temps à des pratiques terroristes et antireligieuses. Deuxième coup d'État le 22 floréal an VI (11 mai 1798) en sens inverse : on annule l'élection des députés néo-jacobins. Troisième coup d'État les 29 et 30 prairial an VII (17-18 juin 1799) où les Conseils prennent leur revanche sur le Directoire. Les clubs renaissent, ainsi que les journaux jacobins. On vote un nouvel emprunt forcé sur les riches et une « loi des otages » qui permet de déporter quatre parents de nobles ou d'émigrés en cas d'assassinat d'un fonctionnaire ou d'un acquéreur de biens nationaux. Les gouvernants craignent le renouveau royaliste, lequel prend une forme insurrectionnelle dans l'Ouest et dans le Toulousain.

Cette série de coups de force est éclairante. Sans appuis solides, incapable de réconcilier les deux France nées de la Révolution, le régime flotte dans le vide politique. Sa longévité ne s'explique guère que par la situation aux frontières.

80 L'IMPÉRIALISME. — Après les succès militaires de 1794, la Prusse, la Hollande et l'Espagne ont traité avec la France (1795). Après les victoires du général Bonaparte en Italie (1796-1797), l'Autriche à son tour signe la paix (traité de Campo Formio, octobre 1797). Seule l'Angleterre continue la guerre.

La France révolutionnaire a annexé Avignon et le Comtat venaissin (1791), la Savoie (1792), Nice (1793), la Belgique (1793-1795), Maastricht et la Flandre hollandaise (1795), Montbéliard (1796), la rive gauche du Rhin (1797), Mulhouse et Genève (1798). La « libération » des peuples par les armées de la « Grande Nation » sert de paravent à une exploitation systématique des pays occupés. Outre les annexions, la France multiplie les « républiques sœurs » aux constitutions plus ou moins calquées sur la sienne : républiques batave (Hollande), italienne, helvétique, etc. Cet impérialisme inquiète l'Europe monarchique jusqu'à provoquer une deuxième coalition. Les armées françaises sont d'abord battues, mais les querelles entre alliés et la victoire du général Masséna sur les Russes à Zurich (septembre 1799) permettent de redresser la situation.

81 Les succès militaires du Directoire ne doivent pas masquer ses échecs. Pendant quatre ans, le jeu politique s'est déroulé dans un cadre institutionnel bancal et à l'écart des réalités, comme en témoignent les progrès de l'abstentionnisme et les résultats des élections. (La carte n° 83, qui donne en gros la couleur politique des élus de 1795 à 1798, ne rappelle ni n'annonce rien ; elle montre un pays politiquement déboussolé.) Un syndicat de « sortants » contrôlait le régime à son seul bénéfice, et sans doute les Français de tout bord en étaient-ils conscients.

Une certaine stabilisation du personnel politique à tous les niveaux a permis sa professionnalisation partielle et, partant, quelques réalisations (infrastructures améliorées, administration plus compétente) mais il a manqué au régime un soutien qui ne se décrète pas, la confiance. Celle-ci portera le nom d'un officier corse au passé jacobin, le « général Vendémiaire » Napoléon Bonaparte. C'est lui qui, d'Italie, avait fourni le bras armé du coup d'État du 18 fructidor (son lieutenant le général Augereau). L'expédition d'Égypte (1798-1799) avait permis d'éloigner ce chef de guerre populaire et soigneux de son image. Revenu d'Égypte, Bonaparte est au cœur des intrigues nouées par Sieyès et qui conduisent au coup d'État des 18 et 19 brumaire an VIII (9-10 novembre 1799). Bientôt il pourra annoncer aux Français, dans une proclamation fameuse : « Citoyens, la Révolution est fixée aux principes qui l'ont commencée : elle est finie. » Comme Robespierre l'avait pressenti, c'est le sabre d'un militaire qui finit la Révolution.

Pour aller plus loin

82 Parmi les études sur la période, D. Woronoff, *La République bourgeoise,* rééd. Le Seuil, 2004 ; B. Baczko, *Comment sortir de la Terreur ?,* Gallimard, 1989 ; F. Brunel, *Thermidor. La chute de Robespierre,* Complexe, 1989 ; P. Bourdin, B. Gainot (dir.), *La République directoriale,* Soc. études robespierristes, 1998, 2 vol. Voir aussi *Du Directoire au Consulat* (collectif), Centre de recherche sur l'histoire de l'Europe du Nord-Ouest / GRHIS - Univ. de Rouen, 1999-2001, 4 vol. Sur les acteurs, J.-P. Garnier, *Barras,* Perrin, 1970 ; J. Tulard, *Les Thermidoriens,* Fayard, 2005 ; F. Gendron, *La jeunesse dorée,* Pr. de l'Univ. du Québec, 1979 (résumé : *La jeunesse sous Thermidor,* PUF, 1983). Sur les questions constitutionnelles, *La constitution de l'an III, Boissy d'Anglas et la naissance du libéralisme constitutionnel* (collectif), PUF, 1999 ; *La constitution de l'an III ou l'ordre républicain* (collectif), PU de Dijon, 1999 ; M. Morabito (dir.), *Pour une République sans révolution, 1795,* Rennes, PUR, 1996. Sur l'économie et la société, G. Dejoint, *La politique économique du Directoire,* Rivière, 1951 ; L. Bergeron, *Banquiers, négociants et manufacturiers parisiens du Directoire à l'Empire,* rééd. EHESS, 2000 ; J. Godechot, *La vie quotidienne en France sous le Directoire,* Hachette, 1977. Sur les troubles politiques, M. Dommanget, *Sur Babeuf et la conjuration des Égaux,* Maspero, 1970 ; A. Maillard, C. Mazauric, É. Walter (dir.), *Présence de Babeuf,* Publ. Sorbonne, 1994 ; J.-R. Suratteau, *Les élections de l'an VI et le « coup d'État du 22 floréal »,* Belles Lettres, 1971. Sur le mouvement des idées, F. Azouvi, *L'institution de la Raison. La révolution culturelle des Idéologues,* Vrin, 1992 ; D. Margairaz, *François de Neufchâteau,* Publ. Sorbonne, 2005. Sur l'impérialisme, M. Vovelle, *Les républiques sœurs sous le regard de la Grande Nation,* L'Harmattan, 2000 ; J.-L. Harouel, *Les républiques sœurs,* PUF, 1997 ; J. Godechot, *La Grande Nation,* rééd. Aubier, 1983.

83 Orientation politique approximative des départements sous le Directoire (élections de 1795 à 1798)

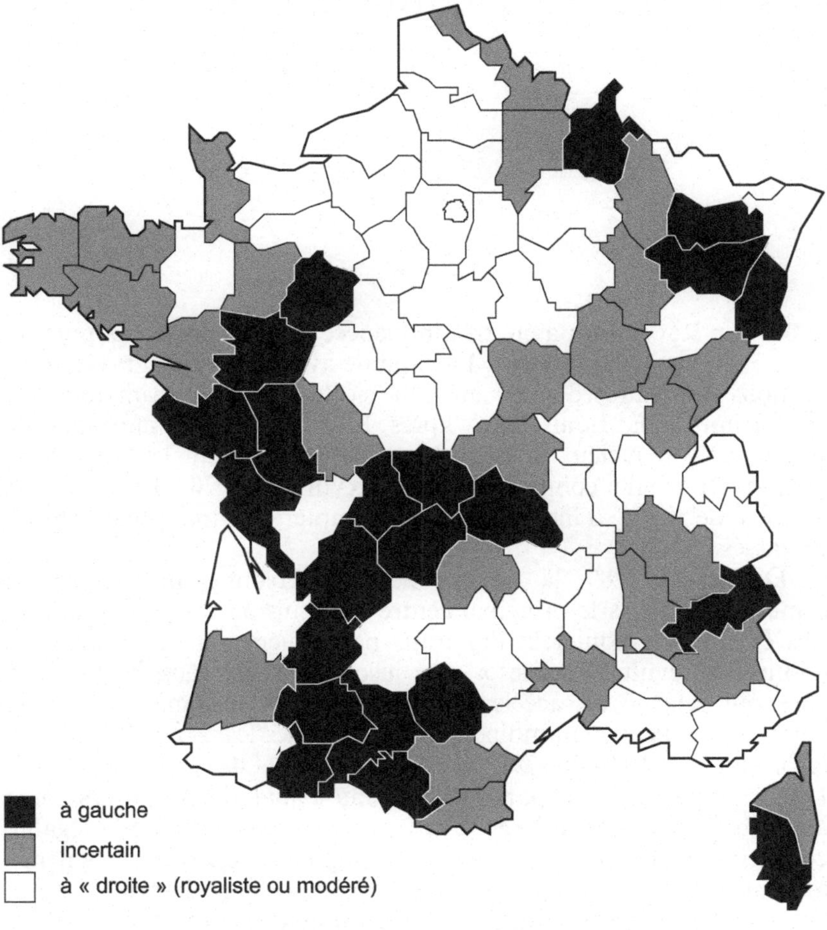

D'après les données fournies par J.-R. Suratteau, *Les élections de l'an VI et le « coup d'État du 22 floréal » (11 mai 1798)*, 1971.

Leçon 9

Les journées révolutionnaires

84 La Révolution a été très influencée par la pression populaire, en particulier à Paris. La capitale avait connu de graves commotions populaires du XIVe au XVIIe siècle, mais elle avait retrouvé son calme sous Louis XIV après la Fronde. Les ministres de Louis XVI, soucieux d'économies, avaient réduit les forces de l'ordre. Or la ville compte à la fin du XVIIIe siècle 700 000 habitants et plus de 10 % d'indigents, sans compter les marginaux et les déclassés.

Dès juillet 1789, la menace de son personnel insurrectionnel armé fait de Paris le principal centre d'impulsion de la Révolution. Les émeutes y acquièrent des traits particuliers : on les qualifie de « journées révolutionnaires » car, jusqu'en 1793, réussies ou non, elles ont relancé ou accéléré le processus révolutionnaire. On en compte une dizaine au moins, parmi lesquelles les 5-6 octobre 1789, le 20 juin et le 10 août 1792, les 31 mai-2 juin et 4-5 septembre 1793. Leur étude éclaire ce paradoxe devenu banal de nos jours : une majorité parlementaire large, disposant non seulement de la légalité constitutionnelle mais de la légitimité populaire, est souvent amenée à reculer devant une minorité dès lors que celle-ci descend dans la rue et/ou paralyse un secteur de l'économie. Aujourd'hui comme autrefois, on peut être tenté d'analyser ce type de pression comme un correctif « démocratique » aux défauts du système représentatif. N'est-ce pas le « peuple » qui est dans la rue ?

I | Le personnel des journées

85 Le personnel des journées semble assez homogène. On parle communément du « peuple ». Ce peuple qui est censé s'exprimer dans une journée n'est pas l'ensemble de la population. Même l'expression « peuple de Paris » est inadéquate puisque, le jour d'une émeute, la plupart des Parisiens vaquent à leurs affaires. Le mot « peuple » doit plutôt être pris ici dans le sens que les Jacobins lui donnent en 1793. Il s'agit de la partie « vertueuse » de la population, des vrais citoyens qui continuent la Révolution en sacrifiant leurs intérêts privés. En sont exclus ceux qui participent du « vice » par leur passé, leur opposition ouverte ou cachée, leurs actes, leur passivité, voire une situation sociale trop éminente. Cette définition politique a une traduction sociopolitique : les sans-culottes.

En 1789, au bas de l'échelle bourgeoise, on trouvait la « bourgeoisie populaire » des boutiquiers et des artisans, victime de la crise et inquiète du libéralisme économique ambiant. Ignorant les hautes Lumières, elle pouvait se nourrir d'une littérature pamphlétaire à sa portée. Après 1789, la persistance des difficultés économiques et leur interférence avec les luttes politiques ont produit le type du sans-culotte (le pantalon est préféré à la culotte « aristocrate »). Avant de devenir suspect au gouvernement jacobin quand celui-ci n'en aura plus besoin, le sans-culotte s'impose en 1793 comme le modèle du militant révolutionnaire. Ce n'est ni un gueux ni un délinquant. Il vient en général de la boutique, de l'artisanat, du salariat. Ses sentiments dominants sont la hantise du complot et la peur de manquer, assortie d'une aspiration au dirigisme. Crédule, souvent violent, le sans-culotte, s'il est encadré, se montre d'une remarquable efficacité révolutionnaire.

Quand il passe à l'action, le « peuple de Paris » demeure une minorité, même si l'on ajoute aux sans-culottes d'autres individus, tels les fédérés en 1792. La journée la plus massive est celle du 2 juin 1793 où Hanriot, nouveau chef de la Garde nationale, fait cerner la Convention et, canons braqués, exige l'arrestation des chefs girondins. Des dizaines de milliers d'hommes sont à l'œuvre : foule énorme pour l'époque, mais l'importance des effectifs n'est pas déterminante car l'ordre n'est guère maintenu.

La faiblesse des forces de l'ordre est une des clefs explicatives des journées. En juillet 1789, la concentration sur Paris de plusieurs régiments fait grandir l'émotion. Ces troupes sont peu sûres, mal commandées, inefficaces sur le terrain. En octobre 1789, à Versailles, la Garde nationale contribue au retour du roi qu'exigeaient les émeutiers. Dès 1791, les gardes nationaux se montrent craintifs ou favorables aux mouvements de foule, phénomène renforcé par le fait que beaucoup de ces « citoyens actifs », peu attirés par l'exercice, se font remplacer, en les rémunérant, par des « citoyens passifs » ; les sans-culottes noyautent la Garde avant même d'y être admis officiellement. Le 10 août 1792, la plupart des gardes nationaux abandonnent leur service aux Tuileries et certains participent à l'assaut. L'inversion des notions d'ordre et de désordre culmine le 2 juin 1793 quand les bataillons les plus radicaux de la Garde nationale sont aux premiers rangs de l'insurrection.

Il n'est donc pas étonnant qu'il n'y ait pas de véritable répression après l'émeute. La faiblesse des institutions et le malaise des forces de l'ordre n'expliquent pas tout. *Révolutionnaire*, une journée ne saurait être réprimée que par des procédés objectivement *contre-révolutionnaires*, d'où une assez large impunité. En 1795, on en reviendra à la tradition : c'est l'armée qui mettra fin aux journées.

II | Le fonctionnement d'une journée

86 L'initiative vient souvent de haut, bien que les élus évitent de participer aux journées. La journée du 20 juin 1792 est inspirée par les Girondins et leurs amis de la Commune. Celles du 10 août 1792 et du 2 juin 1793 sont patronnées par les chefs de la Montagne, celles des 4-5 septembre par la Commune. Pour espérer le succès, il faut des chefs d'une certaine envergure, bien placés dans les institutions, qui peuvent fixer les objectifs, voire donner le signal ; le relais est assuré par des meneurs.

Les thèmes mobilisateurs sont simples, diffusés par les sections, les clubs, la presse, le bouche-à-oreille. L'un d'eux, obsessionnel, n'est guère politique : c'est l'angoisse frumentaire, l'anxiété devant le prix des denrées de première nécessité, qui va de pair avec une dénonciation des spéculateurs et des « affameurs du peuple ». Ce facteur crée un climat favorable à une fermentation intense, nourrie de *faits* interprétés et de *rumeurs* manipulées qui donnent à ces faits une signification nouvelle. Le 11 juillet 1789, Louis XVI renvoie Necker ; ce fait se greffe sur la rumeur d'un complot destiné à affamer le peuple et massacrer les patriotes. En octobre 1789, le fait d'un banquet d'officiers trop arrosé donne consistance à la rumeur d'un complot contre la nation. En 1792, les thèmes se diversifient sur un tronc commun : le complot (complot aristocratique, complicité du roi avec les émigrés, avec l'Autriche, etc.). En août, un dernier fait, le Manifeste de Brunswick, vient renforcer toutes les rumeurs. (Du point de vue révolutionnaire, il peut y avoir « bonne » et « mauvaise » fermentation ou mobilisation. En 1793, les sans-culottes, poussés par les Enragés, en viendront à réclamer en matière économique et sociale plus que ce que les Jacobins au pouvoir ne seront prêts à leur concéder ; voir n° 87.)

Les meneurs, qu'il faut distinguer des têtes pensantes, interviennent à toutes les étapes du mouvement. Beaucoup sont des quasi-professionnels. Leur travail s'effectue en permanence dans les sections et les sociétés populaires. Certains ont une respectabilité sociale (le brasseur Santerre en 1792) mais la plupart sont obscurs. On les retrouve à l'œuvre lors de plusieurs journées : Rossignol, ancien compagnon orfèvre et futur général hébertiste, l'huissier Maillard, chef des « tape-dur », l'aventurier Fournier, dit l'Américain, autre chef de bande. Le jour venu, ils réunissent des groupes de citoyens armés, convaincus d'avance par une préparation psychologique.

Les groupes viennent souvent des mêmes quartiers. En 1789, le principal foyer d'agitation était le Palais-Royal où s'activaient les agents du duc d'Orléans. Très vite, aux quartiers du centre s'ajoutent ceux de l'est (faubourg Saint-Antoine). Certains lieux renouent avec un lointain passé émeutier (Hôtel de Ville). De même, il y a des parcours inévitables car on va faire pression sur des institutions situées. En cours de route, les groupes s'étoffent de sympathisants ou de curieux, préparés eux aussi par la diffusion des thèmes mobilisateurs. L'angoisse frumentaire peut faire basculer le citoyen moyen du côté de l'émeute ; il le fera d'autant plus facilement que la manifestation, dans sa phase initiale, aura été présentée comme pacifique.

Ici augmente la part de la spontanéité et du hasard. Par quels détours psychologiques untel va-t-il plonger dans la foule ou s'en écarter ? La foule en action est-elle un agrégat d'individus qui conservent leur personnalité propre, ou faut-il admettre une fusion, l'individu abdiquant une part de son identité pour s'intégrer au groupe et aux valeurs qu'il lui suppose, ce groupe devenant une sorte d'être collectif ? Le phénomène de foule aboutit souvent à la violence et à l'exaltation de sentiments irrationnels, mais les meneurs veillent à ce que l'action principale ne dévie pas de sa finalité rationnelle.

Dans la plupart des cas, il s'agit d'exercer une pression sur une institution. Le 6 octobre 1789, le 20 juin 1792, c'est l'institution royale qui est visée. Le 10 août 1792, par-delà la violence faite au roi, la pression s'exerce sur l'Assemblée législative. Les journées de 1793 visent la Convention, pour la forcer à s'épurer ou à voter des mesures plus révolutionnaires. La réussite d'une journée se mesure à la docilité de l'institution. Le 6 octobre 1789, Louis XVI rentre à Paris. Le 10 août 1792, la Législative suspend le roi et décrète l'élection de la Convention. En mars 1793, la Convention vote des mesures pré-terroristes ; en juin, elle se débarrasse des Girondins ; du 5 au 29 septembre, elle décrète la Terreur, la loi des suspects, le Maximum général. Si l'institution se cabre, une nouvelle journée s'impose – l'échec du 20 juin 1792 rend nécessaire le 10 août, celui du 31 mai 1793 conduit au 2 juin – à moins que l'institution, encouragée de l'intérieur par ceux de ses membres qui sont favorables au mouvement, donne satisfaction au « peuple » avec retard, quitte à effectuer un tri dans ses revendications (septembre 1793).

87 Ce schéma s'était appliqué pour agir contre des institutions réticentes ou des groupes ennemis. À l'automne de 1793, la perspective s'inverse. Les Jacobins sont aux commandes et le gouvernement révolutionnaire représente souverainement le peuple auquel il s'identifie. L'intervention d'éléments extérieurs dans le fonctionnement des pouvoirs devient criminelle ; idéologiquement, ces éléments ne sont plus considérés comme « populaires ». D'où la fin des journées révolutionnaires. On brise le mouvement sans-culotte qui réagit peu le 9 thermidor. Deux dernières journées ont lieu en 1795, les 12 germinal (1er avril) et 1er prairial an III (20 mai). Ces émeutes de la faim, néo-jacobines pour la forme, mal organisées, se heurtent à l'armée et servent de prétexte à un nouveau coup de barre antiterroriste. Le ressort insurrectionnel est cassé pour trente-cinq ans.

Pour aller plus loin

88 Pour le cadre d'ensemble, R. Cobb, *La protestation populaire en France, 1789-1820,* rééd. Calmann-Lévy, 1994. Sur le milieu, A. Soboul, *Les sans-culottes parisiens de l'an II,* rééd. Le Seuil, 2004. Sur le sujet proprement dit, G. Rudé, *La foule dans la Révolution française,* Maspero, 1982 ; G. Lefebvre, Foules révolutionnaires, *AHRF,* 1934, p. 1 et s. ; Fréd. Bluche, Les journées révolutionnaires parisiennes, dans Fréd. Bluche, S. Rials (dir.), *Les révolutions françaises,* Fayard, 1989, p. 227 et s. ; M. Reinhard, *Le 10 août,* Gallimard, 1969 ; R. Cobb, G. Rudé, Les journées de germinal et de prairial an III, *Rev. hist.,* 1955, p. 250 et s. ; D. Godineau, *Citoyennes tricoteuses. Les femmes du peuple à Paris pendant la Révolution française,* Alinéa, 1988. Sur le phénomène de foule, S. Moscovici, *L'âge des foules,* rééd. Complexe, 1985. Sur les forces de l'ordre, G. Carrot, *Révolution et maintien de l'ordre, 1789-1799,* SMP, 1995, et La police et la Révolution, dans M. Aubouin, A. Teyssier, J. Tulard (dir.), *Histoire et dictionnaire de la police,* R. Laffont, 2005, p. 219 et s.

Leçon 10

La stabilisation napoléonienne (1799-1814)

89 Pour Bonaparte, « la Révolution est fixée aux principes qui l'ont commencée : elle est finie ». *Fixée* et *finie* : le premier mot éclaire le second. D'une part, c'est la fin des désordres et des terreurs, d'autre part, les acquis sont considérés comme irréversibles (égalité civile, abolition du régime « féodal », propriété des biens nationaux). Le Consulat (1799-1804) et l'Empire (1804-1814) sont marqués par une concentration de l'autorité et par une remise en ordre générale. Napoléon favorise les notables à l'intérieur et exporte certains principes de 1789 dans une Europe mise au pas.

I | La concentration de l'autorité

90 Une monarchie légitimée. — La constitution du 22 frimaire an VIII (13 décembre 1799), remaniée par les sénatus-consultes du 16 thermidor an X (4 août 1802) et du 28 floréal an XII (18 mai 1804), établit en France une nouvelle monarchie. Ayant conquis le pouvoir par un coup d'État, Bonaparte a le souci d'asseoir son autorité sur des fondements légitimes aux yeux d'une large majorité de Français (légitimité populaire) et de l'inscrire dans la durée (restauration du principe dynastique et de droit divin).

La légitimité napoléonienne est d'abord populaire. Pourtant, le régime électif hérité de la Révolution – laquelle, il est vrai, l'avait elle-même bafoué – a été aménagé de manière à filtrer la volonté

« populaire ». Les citoyens d'un arrondissement (nouvelle circonscription) devront élire un dixième d'entre eux pour former une liste d'arrondissement ; de même seront constituées, par réductions successives de neuf dixièmes, les listes de département et la liste nationale où seront choisis les titulaires des diverses charges publiques, le Sénat élisant les membres des assemblées (Tribunat, Corps législatif) sur la liste nationale. Pour Sieyès, l'inventeur de ces listes de notabilités, la confiance vient « d'en bas » et le pouvoir « d'en haut ». En 1802, avant d'avoir été vraiment appliqué, ce système trop lourd est remplacé par des assemblées de canton et par des collèges électoraux d'arrondissement et de département, collèges élus à vie au suffrage quasi universel (mais l'éligibilité est soumise à un cens), tous organes chargés de présenter à la nomination par le chef de l'État ou à l'élection par le Sénat deux candidats par poste à pourvoir.

Néanmoins, parallèlement à cette astucieuse neutralisation du système électif, le peuple est amené à exercer sa souveraineté directement, quand son chef le consulte ; c'est l'appel au peuple (dit plus tard plébiscite). Le nom de Bonaparte figure dans la constitution de l'an VIII (art. 39) : c'est donc le peuple qui, en approuvant la constitution, l'a nommé premier consul. C'est le peuple qui le fait bientôt consul à vie (1802) et approuve ensuite l'hérédité impériale (1804). Ainsi Napoléon va pouvoir se prétendre le premier, puis le seul représentant du peuple ou de la nation. Par glissements progressifs, le principe révolutionnaire est vidé de son contenu habituel : « La souveraineté, déclare Bonaparte en 1804, réside dans le peuple français, en ce sens que tout, tout sans exception, doit être fait pour son bonheur et pour sa gloire. »

Par ailleurs, le premier consul veut inscrire le nouveau régime dans la durée et le faire admettre dans le concert des monarchies européennes. D'où le passage à l'Empire, dont l'acceptation en France est facilitée par la double crainte du jacobinisme (retour à la Terreur) et du royalisme (restauration des Bourbons et des privilèges). Couronné empereur en présence du pape à Notre-Dame de Paris (2 décembre 1804), Napoléon Ier se crée une légitimité de droit divin. L'accent n'est plus mis sur la désignation populaire originelle mais sur une désignation divine de Napoléon et de sa dynastie. En 1806, à l'époque où le vieux mot de « sujet » vient remplacer le titre de « citoyen », le nouveau *Catéchisme* affirme à la façon de Bossuet : « Dieu, qui crée les empires et les distribue selon sa volonté, en comblant notre empereur de dons, [...] l'a établi notre souverain, l'a rendu le ministre de sa puissance et son image sur la terre. Honorer et servir notre empereur est donc honorer et servir Dieu même. »

La synthèse des deux légitimités figure dans la titulature impériale : « Napoléon, par la grâce de Dieu et les constitutions de la République, Empereur des Français ». Le membre de phrase « de la République » va tomber en désuétude et Napoléon, au fil des années, tendre à devenir le Souverain à la place du peuple. Dérive comparable, dans une certaine mesure, à celle de l'an II, quand le groupe jacobin représentait souverainement le peuple jusqu'à l'incarner.

91 LE POIDS DU GOUVERNEMENT. — Dans la constitution de l'an VIII, le « gouvernement » – on ne parle plus d'exécutif – est confié à trois consuls inégaux : Bonaparte, le régicide Cambacérès et Lebrun, ancien secrétaire du chancelier Maupeou. Collégialité de façade, car seul le premier consul a le pouvoir de décision (art. 42). Parmi les prérogatives de ce chef de l'État, qui vont encore s'élargir par la suite, figurent la conclusion des traités et le monopole des projets de lois (art. 49 et 44). Le légicentrisme de 1789 et 1793 est moribond, le domaine de la loi rétréci, les assemblées désormais méprisées : le Tribunat discute sans les voter des projets que le Corps législatif vote sans les discuter. De surcroît, le gouvernement a un très large pouvoir réglementaire (art. 44) et Napoléon n'hésitera pas à « légiférer » sous l'Empire par simples décrets ou par sénatus-consultes du Sénat, organe docile censé être le « conservateur » et, depuis 1802, l'interprète de la constitution.

Napoléon reprend à son compte des pratiques monarchiques. Ses ministres sont de grands commis qui retrouvent prestige et stabilité. Un Conseil d'État assiste le gouvernement (par exemple pour l'élaboration du Code civil de 1801-1804), puis il devient juridiction administrative suprême (1806) ; sa jurisprudence va renouer avec celle du Conseil du roi et faire le pont avec le droit administratif moderne. Pour les décisions gouvernementales les plus importantes, Napoléon convoque un Conseil privé (1802) ; pour les simples décrets, c'est le Conseil des ministres hebdomadaire ; pour les questions techniques, l'Empereur réunira des Conseils d'administration où il s'informera de tout et donnera lui-même des directives détaillées.

92 LA FONCTION PUBLIQUE RÉHABILITÉE. — Le chef de l'État nomme de nombreux agents publics, soumis au gouvernement. Napoléon recherche la compétence, servi en cela par la désuétude du principe électif. Il rétablit certains corps spécialisés (Ponts et Chaussées). Le personnel du Conseil d'État est souvent détaché dans l'administration active : l'auditorat au Conseil d'État devient une sorte d'école pratique d'administration. La bureaucratie s'organise. Sous l'Empire, les administrations centrales emploient 4 000 agents, alors que le Directoire était parvenu, après la Terreur, à ramener leur nombre de 6 000 à 2 600 (moins de 700 en 1789). Une hiérarchie se rétablit dans les bureaux, indice de l'évolution vers une véritable fonction publique débarrassée de la patrimonialité d'Ancien Régime (par la Révolution) et de l'anarchie révolutionnaire (par le retour à un ordre monarchique).

Les fonctionnaires de Napoléon sont les meilleurs qu'on ait connus depuis longtemps. Le service de l'État retrouve son prestige. La sécurité des carrières est facilitée par la neutralité des agents inhérente à un système qui exclut les affrontements politiques. Sur ce point, le XIXe siècle marquera une régression (politisation, épurations, relative médiocrité).

93 L'ADMINISTRATION LOCALE. — Plutôt que de laisser les Français s'auto-administrer par le biais de leurs élus, idée dominante en 1789-1790, on donne maintenant la priorité à l'action du gouvernement. La fameuse loi du 28 pluviôse an VIII (17 février 1800) professionnalise et centralise l'administration locale.

Un agent unique du gouvernement (préfet, sous-préfet, maire) est présent dans chaque circonscription (département, arrondissement, commune). « Le préfet sera chargé seul de l'administration » (art. 3). Ses tâches sont plus lourdes qu'autrefois celles de l'intendant, mais elles sont plus faciles. Ses bureaux s'étoffent, il répercute les ordres d'un pouvoir central plus assuré et il n'y a plus de privilèges ni de corps intermédiaires pour le freiner dans son action. Cette centralisation autoritaire s'accompagne de la possibilité, pour les administrés, de se faire entendre devant un « conseil de préfecture », lequel, quoique présidé par le préfet, ne restera pas sourd aux réclamations des particuliers (les conseils de préfecture sont les ancêtres des tribunaux administratifs).

Nommés sur présentation, les conseils locaux (général, d'arrondissement, municipal) ont des attributions limitées, surtout financières, qui vont se réduire dans la pratique. Les agents municipaux sont en général d'un faible niveau dans les campagnes et les services de la préfecture sont souvent amenés à refaire le budget communal, ce qui alourdit encore la tutelle.

II | La remise en ordre

94 Pour restaurer l'ordre, relancer l'économie et assainir les finances, Napoléon Bonaparte rassemble toutes les énergies, quel que soit le passé politique de chacun, mais cette « fusion nationale » s'opère contre les libertés.

95 La fusion nationale. — « Je suis national », déclare volontiers Bonaparte. (En 1809, l'Empereur écrira à son frère Louis, roi de Hollande : « Depuis Clovis jusqu'au Comité de salut public, je me tiens solidaire de tout. ») Il ne veut plus de discordes et le fait savoir à gauche comme à droite. Main tendue à gauche : il rapatrie les déportés de 1795. Main tendue à droite : il abroge la loi des otages, rappelle les « fructidorisés », amnistie les émigrés (1802). Il accepte tous les concours sans exclusive de principe. Ses premiers préfets sont d'anciens révolutionnaires, quelques-uns d'ex-serviteurs du roi. À partir de 1809-1810, un rééquilibrage s'opère : on recrute de plus en plus dans l'ancienne noblesse (il en est de même pour le Conseil d'État). On a réintégré une partie du personnel subalterne qui avait été épuré pendant la Révolution.

La position officielle est l'équilibre, comme en témoigne le Concordat de 1801. Le pape Pie VII voulait voir renaître la vie religieuse en France ; il laisse donc Bonaparte mettre la main sur une Église renouvelée et fonctionnarisée. Cette victoire du catholicisme renaissant, devenu la « religion de la majorité des Français », est aussi une victoire de la Révolution.

La fusion recherchée ne saurait se faire qu'autour de Napoléon. Si Bonaparte cherche à séduire les individus, il sévit contre toutes les oppositions. Étant placé au centre de l'échiquier politique et au centre des intérêts sociaux nés de la Révolution, le régime peut se permettre d'écraser les minorités irréductibles coupées de l'opinion majoritaire. D'un côté, on déporte des Jacobins (1801), de l'autre, on exécute les conspirateurs royalistes, le chef chouan Cadoudal, même le duc d'Enghien enlevé au pays de Bade et sacrifié sur l'autel de la continuité révolutionnaire (1804). Plus en douceur, on neutralisera les « Idéologues » libéraux, adversaires du Concordat et du pouvoir personnel, en supprimant le Tribunat (1807) et en épurant l'Institut.

96 FINANCES ET ÉCONOMIE. — L'ordre, pour Napoléon, consiste dans la fin des désordres et dans la satisfaction des besoins élémentaires de la masse. Il passe par la réforme administrative (voir n°s 91-93) et financière. Enfin les impôts rentrent. Le budget est équilibré en 1802. La confiance, qui avait tant fait défaut au régime du Directoire, est retrouvée, le crédit de l'État restauré par la création et les réformes de la Banque de France (1800, 1803, 1806). Refus de la gabegie et des emprunts d'Ancien Régime : l'État doit être indépendant des intérêts privés. Refus de la gabegie révolutionnaire : les impôts seront levés par des fonctionnaires et non par des élus. On active la confection du cadastre, base de la contribution foncière. La fiscalité indirecte est d'autant plus impopulaire qu'elle s'alourdit, mais elle permet de protéger le profit industriel et commercial. Cependant les dépenses militaires ne cesseront de croître, jusqu'à atteindre 70 % de l'ensemble, couvertes par des expédients : la guerre nourrira la guerre, tant qu'elle sera victorieuse. Malgré tout, on a su créer un instrument administratif qui fonctionne avec assez de rigueur sous le regard de la Cour des comptes créée en 1807.

Soutenue par la confiance, l'économie se réveille sous le Consulat. Le brigandage est réprimé, l'agriculture encouragée (reboisements, assèchements). Avec Chaptal au ministère de l'Intérieur (1801-1804), l'industrie redémarre, notamment le textile. Le commerce profite de cette conjoncture, du marché européen et des grands travaux lancés par le gouvernement (routes, ponts, canaux). Tout un symbole : le « franc germinal », monnaie créée le 28 mars 1803, restera stable jusqu'en 1914.

La situation se détériore un peu sous l'Empire. Napoléon veut réserver à la France le commerce européen, d'où la pérennité du conflit avec l'Angleterre et le triomphe du dirigisme. Le Blocus continental (voir n° 104) favorise les produits de remplacement (lin, betterave à sucre), permet les progrès du textile et accélère les grands travaux. La crise de 1811 est surmontée grâce aux interventions du gouvernement, selon la règle « que le peuple ait du pain, qu'il en ait beaucoup, et du bon, et à bon marché ».

97 L'ORDRE ET LA LIBERTÉ. — L'ordre, pour Napoléon, ne va pas sans justice, sans police, sans contrôle de la culture et de la religion, bref, sans atteinte aux libertés.

La justice est modernisée, les magistrats un peu plus compétents, grâce notamment à la mise à l'écart d'une partie de l'ancien personnel révolutionnaire, plus « politique » qu'efficace. L'existence de « prisons d'État », de tribunaux d'exception et de polices parallèles fait souvent parler de régime policier, un régime symbolisé par la lourdeur maladroite de Savary, successeur de Fouché au ministère de la Police en 1810. Pour éviter tout jugement anachronique, il faut citer Stendhal : « La postérité admirera la police de Napoléon qui, avec si peu de sang, a su prévenir autant de conspirations. Durant les premières années qui ont suivi notre Révolution, une police était peut-être un mal nécessaire. »

Les libertés sont comprimées (on y était habitué), les assemblées muselées, le suffrage en partie escamoté (voir n° 90), la presse écrasée par étapes (limitation du nombre des journaux, présence d'un « censeur » impérial au sein de chaque rédaction), mais les atteintes à la liberté individuelle sont relativement bénignes. On est très loin de la Terreur. Dans l'esprit des Français, la « liberté » existe bel et bien, sous une forme élémentaire, matérielle et juridique (sécurité, propriété, égalité des droits). Reste que la littérature du temps se ressent du manque de liberté. Des ouvrages critiques sont saisis (*De l'Allemagne* de Mme de Staël en 1810). Le dirigisme intellectuel a ses inconvénients que Napoléon reconnaît avec humour : « J'ai pour moi la petite littérature et contre moi la grande. » Même sclérose pour le théâtre et la musique. Par contre, les sciences et les arts plastiques se portent bien.

Pour le pragmatique qu'est Napoléon, la religion est le ciment de l'ordre social, les prêtres des fonctionnaires presque comme les autres. C'est pourquoi il laisse une Église catholique apparemment docile contrôler en partie l'enseignement et reconquérir peu à peu les consciences. Or, en 1808, il entre en conflit avec le pape Pie VII qui l'excommunie (1809) ; le pape est arrêté, puis retenu en France, ses États annexés à l'Empire, le Concordat oublié. L'anticléricalisme renaît, le loyalisme du clergé tiédit, le renouveau catholique va tourner à l'opposition au régime. Au total, l'Empereur aura échoué dans son entreprise de gouvernement des esprits.

III | La société nouvelle

98 Bonaparte avait été un officier jacobin, inquiété après le 9 thermidor pour ses accointances avec Augustin Robespierre, frère de l'Incorruptible. En 1795, il mitraillait à Paris les insurgés royalistes du 13 vendémiaire. En 1797, d'Italie, il appuyait le coup d'État néo-jacobin du 18 fructidor. De ce passé politique de gauche, l'Empereur a conservé le goût de l'égalité. Il lui est plus favorable qu'aux libertés et pense, non sans raison, que les Français partagent cette préférence. Remettre en cause l'égalité, ce serait renier le Code civil, cette majestueuse synthèse dont il est si fier. Pour Napoléon, plus encore que pour les hommes de 1789, le ressort de l'ascension sociale doit être le mérite. C'est dans cet esprit que l'Empereur soigne « ses » élites. Cette faveur apparaît notamment dans sa politique en matière d'instruction et dans le peu de hardiesse de sa politique sociale.

99 La codification. — Pour parachever la rupture avec la société de privilèges d'avant 1789, consolider l'unité nationale en rejetant les particularismes locaux, donner une substance indiscutable à l'égalité juridique, il faut faire vivre tous les Français selon le même droit. Pour que ce droit soit accessible, connu et appliqué, il doit être codifié (un Code pénal avait été promulgué en 1791, un autre en 1795, mais la Révolution, faute de volonté politique ferme et malgré trois projets, n'avait pas codifié le droit civil). Il faut enfin que l'œuvre accomplie, pour n'être pas boudée par les juristes, soit de qualité.

Dans la rédaction des cinq codes – trois de droit (civil en 1804, commercial en 1807, pénal en 1810) et deux de procédure (civile en 1806, criminelle en 1808) – Napoléon bénéficie d'un contexte favorable. Les Français autant que les juridictions ne demandaient qu'à amender la législation civile révolutionnaire, jugée trop libérale (divorce par consentement mutuel) ou égalitariste (protection des enfants naturels) et un Code pénal jugé trop laxiste. La diversité des coutumes de l'ancien droit régnait encore dans les domaines que le législateur révolutionnaire n'avait pas abordés. Ces deux phénomènes ont favorisé la refonte du droit privé dans un moment de réconciliation. Pour la rédaction, Napoléon a su faire appel à des spécialistes de tout bord, s'entourer d'esprits avisés, contrôler la discussion des projets au Conseil d'État en alliant autorité et souplesse.

Outils juridiques, les codes napoléoniens ne sont pas dénués d'arrière-pensées politiques. L'ordre dans la société suppose l'ordre dans les familles (puissance paternelle et maritale renforcée), la protection de la propriété privée (immobilière surtout) et des sanctions exemplaires (restauration des peines corporelles). Rédigé dans un style remarquable, le Code civil, baptisé Code Napoléon en 1807, sera adopté par plusieurs pays d'Europe. Il fera l'objet d'un respect quasi religieux dans la France du XIXe siècle et ne sera pas remanié profondément avant la seconde moitié du XXe.

100 LES ÉLITES DU RÉGIME. — Si Napoléon utilise le personnel existant, il jette les bases d'un recrutement d'élites nouvelles. Après la Légion d'honneur (1802), on crée en 1804 de grands dignitaires de l'Empire aux titres surprenants pour un régime né de la Révolution (archichancelier, architrésorier).

Le pas décisif est franchi avec la noblesse d'Empire. En 1808, Napoléon crée des titres sans privilège, héréditaires à certaines conditions, destinés à récompenser selon un critère alternatif : 1 / le mérite et le service de l'État (militaire ou civil), 2 / au second plan, la fortune (foncière) si celle-ci est associée à la notoriété ou à la confiance publique (élections). Cette noblesse comptera 59 % de militaires, 22 % de fonctionnaires, 17 % de notables, la part du talent littéraire, artistique ou scientifique étant réduite à 1,5 %. Napoléon veut que « sa » noblesse réduise l'influence de celle d'Ancien Régime, supprimée en 1790 mais qui a relevé la tête depuis l'amnistie accordée aux émigrés (1802). La création de la noblesse d'Empire est un acte d'hostilité envers l'ancienne société. On y comptera 58 % de « bourgeois », 19,5 % de gens du « peuple » et 22,5 % d'anciens nobles. Très peu de membres de la noblesse ancienne figurent dans la nouvelle (les « comtes refaits »), mais cela suffit à inquiéter et à froisser certaines susceptibilités postrévolutionnaires. Les anciens nobles demeurent peu sûrs et les nouveaux insatisfaits. Les nobles les plus huppés fréquentent la Cour des Tuileries où Napoléon joue à Louis XIV pour des bourgeoisies rassurées par cette main tendue à la tradition et flattées par le retour d'une Cour à Paris. Il y a une Cour, avec son étiquette, mais l'Empereur demeure simple, voire grossier. Ce qui peut choquer, ce n'est pas l'existence d'une Cour aristocratique, car elle l'est assez peu, ce sont ses ridicules.

La noblesse d'Empire doit être jaugée selon le but recherché par son créateur, qui était de fondre des élites d'origines diverses dans une classe dirigeante nouvelle, elle-même fille de la Révolution. Peu de gens, à l'époque, ont reproché à la noblesse d'Empire de bafouer le principe d'égalité. Les privilèges nobiliaires étaient bien morts, l'égalité civile vécue au quotidien. Au demeurant, peu de titres seront héréditaires (200 sur 3 600).

La fusion des élites s'opère un peu mieux localement, de façon très progressive. Partout les préfets dressent la liste des 600 citoyens les plus imposés, éligibles au collège de département. Anciens et nouveaux riches s'y mêlent. Les propriétaires fonciers dominent, la fortune industrielle et commerciale commence sa percée. Dans l'esprit de Napoléon, ces notables doivent être l'armature de la société postrévolutionnaire, le support d'un Empire et d'une dynastie durables. Le résultat ne sera obtenu qu'en partie : les notables réunis par Napoléon seront bien à la tête de la société française au XIXe siècle, mais ils ne se seront pas sentis liés au régime impérial qu'ils n'auront pas hésité à abandonner le moment venu.

101 L'INSTRUCTION. — Étant donné les origines du régime et la conception napoléonienne du pouvoir, on aurait pu imaginer un enseignement primaire égalitaire, laïque, contrôlé, formant des masses de paysans instruits, voire endoctrinés, et de bons soldats. Il n'en sera rien. Il est vrai que la tâche était ardue, vu l'état pitoyable où cet enseignement avait été laissé par la Révolution. Que ce soit par mépris ou par pénurie de personnel, Napoléon néglige les 900 000 élèves du primaire et les laisse aux écoles privées catholiques ou communales.

Par contre, l'enseignement secondaire est en faveur, car il doit former les élites du régime. Les lycées sont créés en 1802 (les écoles centrales mises en place en 1795 étaient jugées trop scientifiques et surtout trop « libérales »). La création de l'Université impériale (1806-1808) donne aux lycées le monopole de l'enseignement secondaire. Monopole tout théorique : en 1813, plus de 40 % des élèves du secondaire étudient encore dans des établissements privés. Au lycée l'enseignement est d'abord littéraire. La discipline y est stricte, les élèves y portent l'uniforme et on y pratique le culte de l'Empereur. Peut-on parler d'endoctrinement de la jeunesse ? Il n'en restera guère de traces : quand ces lycéens auront atteint l'âge de trente ans, il n'y aura presque plus de bonapartistes en France.

L'enseignement supérieur est dispensé dans des « écoles » qui deviennent « facultés ». En 1813, on dénombre 4 000 étudiants en droit, 500 en sciences, 2 000 en lettres, 2 000 en médecine. Cela doit suffire, pense-t-on, aux besoins de l'Empire. L'enseignement scientifique de haut niveau est dispensé ailleurs : au Collège de France, au Muséum d'histoire naturelle, dans les écoles des Mines et des Ponts et Chaussées, à l'école Polytechnique (militarisée par Napoléon).

Dans l'ensemble, cette politique éducative est peu hardie. La conviction suffisait à Napoléon que les fils de notables seraient les cadres qui consolideraient sa dynastie.

102 La politique sociale. — On ne verra pas renaître sous l'Empire l'idée révolutionnaire d'un système national d'assistance (Déclaration de 1793, art. 21). On réintègre dans les hôpitaux le personnel religieux persécuté pendant la Révolution, on multiplie les ateliers de charité, on crée des « dépôts de mendicité ». Cette politique, contrôlée par les préfets, ne répond pas à une idée philanthropique ; il ne s'agit que de maintenir l'ordre.

Après les heures très sombres de la Révolution, le niveau de vie des ouvriers remonte nettement, en même temps que s'élargissent les possibilités d'emploi. De ce point de vue l'Empire est un âge d'or pour l'ouvrier français. Mais la législation est dans la ligne – durcie – de la loi Le Chapelier de 1791 : la loi protège d'abord le patron. Le « livret ouvrier » créé en 1803 permet d'assurer la stabilité des effectifs dans les entreprises et de contrôler les « classes dangereuses ».

Classes dangereuses ? La crainte est peu fondée. En général, Napoléon est apprécié des humbles. La principale question pour eux est d'échapper aux ravages grandissants de la conscription. Celle-ci a pour effet de faire remonter le taux de nuptialité, la conscription frappant en priorité les célibataires.

IV | Le système européen

103 Le Consulat s'était imposé à l'opinion en ramenant la paix civile et extérieure. La reprise de la guerre étrangère a rendu la présence de Bonaparte plus indispensable que jamais ; elle a facilité à la fois le passage à l'Empire-régime et le développement de l'Empire territorial. Le « Grand Empire » va reposer sur le succès des guerres et sur le Blocus continental. Sa démesure même conduira à l'écroulement du système.

104 La guerre et le Blocus continental. — L'Autriche a signé la paix à Lunéville (1801), l'Angleterre à Amiens (1802), ce qui met fin à dix années de guerre, mais la trêve est de courte durée. L'Angleterre reprend les hostilités dès 1803. Autour d'elle vont se nouer plusieurs coalitions, vaincues l'une après l'autre par Napoléon. L'Empereur, c'est un fait, est presque toujours l'agressé mais sa politique, c'est aussi un fait, contribue le plus souvent à relancer l'agression.

L'Angleterre est l'âme des coalitions. L'idée est répandue que sa puissance repose sur ses exportations. L'effondrement militaire de la Prusse (1806) et la défaite de la Russie (1807) rendent possible la fermeture du continent aux produits d'outre-Manche. Napoléon signe le décret de Berlin (novembre 1806) qui met les îles britanniques en état de blocus, interdisant l'Europe à tout ce qui est anglais, hommes, navires et marchandises. L'Angleterre, maîtresse des mers depuis sa victoire navale à Trafalgar (1805), répond à ce blocus par un contre-blocus : elle interdit l'accès aux ports des pays qui appliqueront le décret et n'autorise que les navires qui lui auront payé des droits sur leur cargaison. Napoléon riposte par le décret de Milan (décembre 1807) : tout navire ayant payé des droits aux Anglais sera réputé britannique et de bonne prise. Du côté français, on espère une crise de surproduction en Angleterre, le chômage, l'effondrement de la livre sterling.

La France doit imposer son blocus à l'Europe. D'où l'intervention française au Portugal, qui dégénère en mainmise sur l'Espagne (1808). Mais cette fois l'Empereur se heurte à toute une population dont la résistance est nourrie par un sentiment religieux proche du fanatisme. La guerre d'Espagne s'enlise, guerre atroce où vont fondre les meilleures troupes de Napoléon. Quant au blocus, il sera tourné de part et d'autre par divers moyens, mais à la longue le commerce anglais se ralentit. L'Angleterre aurait-elle fini par céder ? Ce n'est pas à exclure. En tout cas, le Blocus continental était indispensable à la cohésion du Grand Empire, et réciproquement.

105 LE GRAND EMPIRE. — Le Saint-Empire romain germanique a disparu en 1806 après la défaite de l'Autriche à Austerlitz (2 décembre 1805). Napoléon, roi d'Italie (du Nord-Est), annexe à la France le reste de la péninsule jusqu'à Rome (1809), la Hollande, le Valais suisse et une partie de l'Allemagne du Nord avec Hambourg (1810). Au total, l'Empire français couvre 750 000 km^2 environ ; il regroupe 43 millions d'habitants et 130 départements, sans compter les provinces illyriennes (1809) puis la Catalogne (1812) divisées en « intendances ».

Le reste de l'Europe occidentale est composé d'États vassaux, gouvernés souvent par des parents de l'Empereur : ses frères Joseph (roi de Naples puis d'Espagne), Louis (roi de Hollande) et Jérôme (roi de Westphalie), son beau-frère Murat (grand-duc de Berg puis roi de Naples). Napoléon redécoupe les territoires et jongle avec les couronnes sans s'inquiéter des sentiments des peuples (carte n° 108). Les petits États d'Allemagne forment une Confédération du Rhin dont il est le « protecteur ».

En bonne logique impérialiste et révolutionnaire, les États placés dans l'orbite française devraient abolir le régime « féodal », adopter le Code Napoléon et la laïcité de l'État. Le Code s'applique en Italie, en Hollande, dans plusieurs États allemands. Par la suite, Napoléon se montre plus arrangeant : l'application des lois françaises est partielle (Naples, grand-duché de Varsovie) ou nulle (Bavière). On impose souvent la division en départements et l'adoption de constitutions. Une telle uniformisation doit faciliter la levée des impôts et des troupes. Idéologiquement, la majeure partie de l'Europe est submergée par un torrent révolutionnaire. Par un choc en retour, cette politique favorise les réveils nationaux.

106 L'ÉCROULEMENT DU SYSTÈME CONTINENTAL. — Pour réussir, le Blocus devait être étendu à toute l'Europe unie et solidaire face à l'Angleterre. La rupture avec la Russie, en principe alliée de la France depuis la paix de Tilsit (1807), marque le « commencement de la fin » (Talleyrand). En 1812, Napoléon s'aventure jusqu'à Moscou, mais il est terrassé par l'hiver russe tandis que ses maréchaux sont battus par les Anglais en Espagne. Le nationalisme allemand s'éveille. La Prusse et l'Autriche se joignent à une coalition européenne quasi générale. Napoléon succombe sous le nombre à la bataille de Leipzig (16-19 octobre 1813). Trahi par ses alliés saxons puis bavarois, il se replie sur la France sans évacuer ses garnisons d'Allemagne. Le pays est envahi. L'Empereur accomplit des prodiges pendant la campagne de France, mais l'entrée des Alliés à Paris le force à abdiquer (6 avril 1814).

Napoléon a été abandonné par ses notables et par ses maréchaux cousus d'or. Avec la défaite, on feint soudain de découvrir en lui le despote. Les franges inférieures de la population, qui lui seraient plutôt favorables, n'ont pas leur mot à dire. Les Alliés vainqueurs sont perplexes. Par qui remplacer Napoléon ? Son fils le « roi de Rome », né en 1811 de son remariage avec l'archiduchesse Marie-Louise d'Autriche (1810), n'a que trois ans. Les royalistes, peu nombreux mais redevenus actifs, vont profiter du vide politique. Talleyrand intrigue habilement : le Sénat impérial « rappelle » Louis-Stanislas-Xavier (Louis XVIII), frère cadet de Louis XVI. On l'avait presque oublié.

L'effondrement de l'Empire en 1814 est dû, pour l'essentiel, à l'obstination britannique et à la mégalomanie de Napoléon. La France va se retrouver amputée de ses conquêtes révolutionnaires et réduite à ses frontières de 1792. Pis, elle redécouvre le risque – anachronique – d'un retour à l'Ancien Régime, risque que Napoléon semblait avoir écarté par une œuvre de synthèse globalement équilibrée.

Pour aller plus loin

107 Classiques, J. Tulard, *Napoléon,* rééd. Hachette, 2002, et L. Bergeron, *L'épisode napoléonien. Aspects intérieurs,* Le Seuil, 1972. Voir aussi J. Tulard (dir.), *Dictionnaire Napoléon,* Fayard, 1989 ; A. Fierro, A. Palluel-Guillard, J. Tulard, *Histoire et dictionnaire du Consulat et de l'Empire,* rééd. R. Laffont, 1995 ; J.-O. Boudon, *Histoire du Consulat et de l'Empire,* Perrin, 2003 ; J.-P. Bertaud, *Histoire du Consulat et de l'Empire. Chronologie commentée,* Perrin, 1991. Sur la naissance du régime, J.-O. Boudon (dir.), *Brumaire. La prise de pouvoir de Bonaparte,* SPM, 2002 ; J.-P. Bertaud, *Bonaparte prend le pouvoir,* Complexe, 2000 ; C. Langlois, Le plébiscite de l'an VIII ou le coup d'État du 18 pluviôse an VIII, *AHRF,* 1972, p. 43, 231, 390 et s. ; B. Gainot, *1799. Un nouveau jacobinisme ?,* CTHS, 2001 ; T. Lentz, *Le grand Consulat,* Fayard, 1999. Sur le pouvoir, C. Durand, Le pouvoir napoléonien et ses légitimités, *Annales de la Fac. de droit et de sc. politique d'Aix-Marseille,* 1972, p. 7 et s., et *L'exercice de la fonction législative de 1800 à 1814,* Aix-en-Provence, Pensée universitaire, 1955. Sur les élections, J.-Y. Coppolani, *Les élections en France à l'époque napoléonienne,* Albatros, 1980. Sur les institutions, M.-L. Moquet-Anger (dir.), *Les institutions napoléoniennes,* L'Harmattan, 2006 ; J. Godechot, *Les institutions de la France sous la Révolution et l'Empire,* rééd. PUF, 1985. Deux lectures du Code civil : A.-J. Arnaud, *Les origines doctrinales du Code civil français,* LGDJ, 1969, et X. Martin, *Mythologie du Code Napoléon,* Bouère, D. Martin Morin, 2003. Sur le personnel, T. Lentz, *Dictionnaire des ministres de Napoléon,* Christian/JAS, 1999 ; L. Chatel de Brancion, *Cambacérès, maître d'œuvre de Napoléon,* Perrin, 2001 ; H. Leuwers, *Un juriste en politique, Merlin de Douai,* Arras, Pr. de l'Univ. d'Artois, 1995 ; V. Azimi, *Les premiers sénateurs français,* Picard, 2000 (ne remplace pas J. Thiry, *Le Sénat de Napoléon,* rééd. Berger-Levrault, 1949) ; J. Tulard, *Napoléon et la noblesse d'Empire,* rééd. Tallandier, 1986. Sur l'essor des sciences morales et sociales, F. Azouvi, *L'institution de la Raison. La révolution culturelle des Idéologues,* Vrin, 1992. Sur l'Église et le Concordat, A. Latreille, *L'Église catholique et la Révolution française,* t. 2, rééd. Cerf, 1970, et *Le Catéchisme impérial de 1806,* Belles Lettres, 1935 ; J.-O. Boudon, *Napoléon et les cultes,* Fayard, 2002. Sur la presse, A. Cabanis, *La presse sous le Consulat et l'Empire,* Soc. études robespierristes, 1975. Sur les oppositions, L. de Villefosse, J. Bouissounouse, *L'opposition à Napoléon,* Flammarion, 1969. Sur le système continental, J. Lovie, A. Palluel-Guillard, *L'épisode napoléonien. Aspects extérieurs,* Le Seuil, 1972 ; A. Latreille, *L'ère napoléonienne,* A. Colin, 1974 ; J. Tulard, *Le Grand Empire,* A. Michel, 1982.

108 L'EMPIRE NAPOLÉONIEN EN 1812

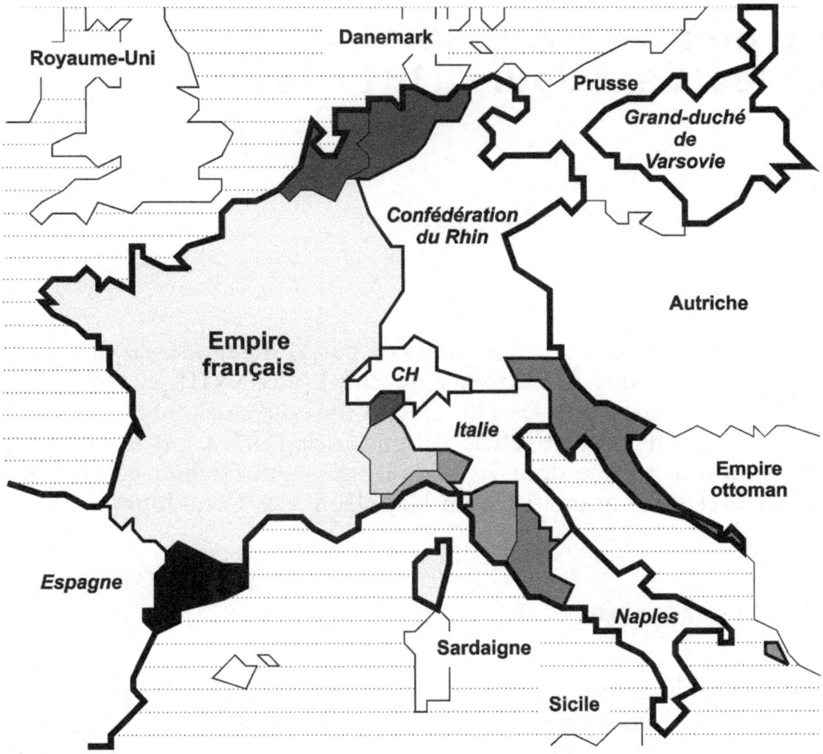

La République en 1799

Annexions :

- 1802 (Piémont)
- 1805 (Gênes)
- 1807 (Corfou), 1808 (Toscane, Parme)
- 1809 (Rome, Provinces illyriennes)
- 1810 (Hollande, Valais, Allemagne du Nord)
- 1812 (Catalogne)

Le royaume d'Italie et les États vassaux figurent en italique.

Leçon 11

La première Restauration et les Cent-Jours (1814-1815)

109 En 1814, la France anesthésiée par la défaite se découvre un roi, le comte de Provence devenu Louis XVIII, et apprend à connaître les serviteurs les plus fidèles du nouveau monarque, ceux des émigrés qui avaient refusé l'amnistie de 1802. C'est la première Restauration, régime dont les maladresses vont faciliter en 1815 un retour bref mais dramatique de Napoléon : les Cent-Jours.

I | La première Restauration (1814-1815)

110 Sauf la courte parenthèse de la paix d'Amiens (1802-1803), la France était en guerre depuis 1792. Excédés, les Français et les coalisés vainqueurs aspirent à une paix durable. Le retour des Bourbons apparaît comme une solution politique de nature à la garantir, à condition – vu du côté français – que Louis XVIII s'engage à ne pas ignorer les changements sociaux et politiques intervenus depuis 1789. C'est chose faite avec la déclaration de Saint-Ouen (2 mai 1814), mais le roi ne transige pas sur les principes : souverain issu d'une dynastie huit fois centenaire, il ne saurait être une créature de la nation.

Dans ces conditions, les Alliés décident de ne pas trop humilier le pays. Le traité de Paris (30 mai 1814) ramène la France à ses frontières de 1792, légèrement arrondies dans l'Ardenne et en Savoie. La France récupère les colonies qui avaient été perdues de fait sous Napoléon. Son territoire est évacué par les troupes étrangères. On ne lui réclame aucune indemnité de guerre. Elle réintègre le concert des monarchies et sera représentée au Congrès des puissances qui va se réunir à Vienne pour remodeler la carte de l'Europe.

111 RESTAURATION ET INSTAURATION. — Comment restaurer la royauté sans restaurer l'Ancien Régime ? Comment faire une place aux principes de 1789 sans ruiner le principe de légitimité dynastique ? Louis XVIII, revenu de ses positions réactionnaires d'autrefois (Proclamation de Vérone, juillet 1795), et ses conseillers parviennent à une synthèse subtile : la « Charte constitutionnelle » du 4 juin 1814.

Ce texte invoque la Providence divine et l'histoire pour soutenir la légitimité du roi. Louis XVII, fils de Louis XVI, était mort au Temple en 1795. En vertu des lois fondamentales du royaume, la Couronne était détenue dès cette date par son oncle, devenu Louis XVIII ; la Charte est donc datée de la dix-neuvième année de son règne. Juridiquement, la Révolution et l'Empire sont ignorés. Par ailleurs, le préambule de la Charte rappelle que, depuis le Moyen Âge, les monarques, aidés de leurs conseillers, ont su s'adapter « suivant la différence des temps » et ne pas figer la forme de leur autorité, laquelle autorité ne saurait être contestée dans son principe. Dans cet esprit, puisqu'une Charte constitutionnelle est « sollicitée par l'état actuel du royaume », le roi l'octroie à ses sujets unilatéralement et s'engage à « l'observer fidèlement » (art. 74). Bien qu'elle soit dite « constitutionnelle », qu'elle fonctionne dans les faits comme une constitution et qu'elle soit considérée comme telle par une partie de l'opinion, la Charte n'est pas une constitution au sens moderne du mot : le roi n'est pas *constitué* par la nation, il est *souverain*. Cela ne préjuge pas du « libéralisme » des dispositions du texte.

Les articles 1 à 12 de la Charte confirment les droits, les libertés et les situations acquises, notamment la propriété des acheteurs de biens nationaux. Le catholicisme devient la « religion de l'État ». Deux assemblées participeront à l'exercice de la fonction législative. Une Chambre des pairs (viagers ou héréditaires, nommés par le roi) est censée renouveler la pairie d'Ancien régime ; une Chambre des députés des départements, élus au suffrage censitaire (moins de 100 000 électeurs) est supposée remplacer les « anciennes Assemblées des Champs de Mars et de Mai, et [les] Chambres du tiers état ». Ces références à l'époque franque et à l'Ancien Régime indiquent qu'il n'est pas question pour la Chambre basse de représenter la nation. Le roi, qui choisit librement « ses » ministres, a seul la « puissance exécutive » (art. 13), le pouvoir réglementaire (art. 14), l'initiative des lois (art. 16) et le droit de dissoudre la Chambre des députés (art. 50).

Ce texte peut satisfaire autant les libéraux, qui voient en gros leurs revendications acceptées, que les royalistes dont il n'ébranle pas trop les convictions. S'il y a bien restauration de la monarchie, il y a instauration d'une monarchie autolimitée qui tourne le dos à l'absolutisme et à la société de privilèges.

112 LES ERREURS. — Une fois bâti l'édifice juridique, le plus difficile restait à accomplir. Obèse, impotent mais intelligent, cultivé, mûri par vingt-trois années d'émigration, Louis XVIII allie à un sens aigu de la majesté royale un souci réel d'apaiser les discordes. Poussé sur sa droite par des émigrés qui ignorent tout de la France de 1814 – les plus vieux l'ont quittée en pleine Révolution, beaucoup de leurs enfants ne l'ont jamais connue – et qui haïssent indistinctement les anciens révolutionnaires et les anciens féaux de Napoléon, il a conscience que seule est praticable une politique équilibrée. Il écarte les ex-conventionnels régicides mais ne procède pas à une épuration politique de l'administration. La Charte rétablit les titres nobiliaires anciens (sans les privilèges afférents) tout en maintenant les titres d'Empire. Mais il faut redresser une France éprouvée par la guerre, assainir les finances, dégraisser l'armée et l'administration hypertrophiées pour un pays désormais réduit et en paix : autant de mesures propres à éveiller les mécontements.

S'il est logique que le roi avantage ses fidèles, cela froisse les exclus. Dans l'armée, où les réductions d'effectifs sont sévères (officiers en « demi-solde »), on intègre des émigrés avec les grades acquis dans les armées coalisées : la troupe doit obéir à des officiers contre lesquels elle s'est battue. La presse, quoique soulagée de la censure impériale, est un peu moins libre qu'on ne l'avait espéré. En outre, les partisans du régime ne lui rendent pas que des services. Des cérémonies expiatoires des crimes de la Révolution heurtent les incroyants et les anticléricaux, inquiètent ceux qui ont profité de cette Révolution. Certains royalistes, à fin d'intimidation, menacent les paysans d'un retour aux droits seigneuriaux et à la dîme. Les acquéreurs de biens nationaux craignent pour leur propriété. Les rumeurs prospèrent.

Les erreurs commises sont d'abord psychologiques, le plus souvent extérieures à l'action du gouvernement, mais la Restauration devient impopulaire dans des franges assez larges de la population. Cela concourt à expliquer le succès initial du retour de Napoléon.

II | Les Cent-Jours (mars-juin 1815)

113 Napoléon n'accepte pas le ridicule de régner sur l'île d'Elbe avec le titre d'empereur. Il s'informe de la situation intérieure de la France et des difficultés qui se font jour au Congrès de Vienne entre puissances alliées. Il craint une déportation plus lointaine ; on parle de le reléguer à Sainte-Hélène dans l'Atlantique-Sud. Forçant le destin, il débarque près d'Antibes avec 900 hommes (1er mars 1815). En cas d'échec, probable, il se peut que l'effondrement soit plus « glorieux » qu'en 1814. L'Empereur aspire à une sorte de « crépuscule des dieux ». Les Cent-Jours sont d'abord une aventure personnelle, mais des mouvements révolutionnaires contribuent à faire de ce bref changement de régime un événement majeur.

114 Des mouvements révolutionnaires. — Des ralliements contagieux donnent au « Vol de l'Aigle » une réalité politique. Les soldats entraînent leurs officiers, puis des chefs de corps, tel le maréchal Ney qui avait imprudemment parlé de ramener Napoléon dans une cage de fer. Une partie des civils, ruraux surtout mais aussi citadins (Grenoble, Lyon), fraternisent avec la troupe : çà et là des minorités s'emparent des pouvoirs locaux.

Napoléon peut apparaître comme un antidote aux craintes suscitées par la Restauration. Avec lui, plus de risque d'un retour à l'Ancien Régime. Par endroits, la haine du noble et du prêtre se réveille avec une violence surprenante. Dans un premier temps, Napoléon flatte les populations qui l'acclament, il réutilise le mot « citoyen », il parle de « lanterner » nobles et prêtres, mais il ne voudra pas être le « roi d'une jacquerie ». Parvenu à Paris le 20 mars, il cherche à maîtriser les mouvements populaires. S'il s'en sert pour intimider les royalistes et mater leurs résistances (tentative du duc d'Angoulême, fils du comte d'Artois, dans le Midi), il entend prendre ses distances.

À l'inverse de ce qui s'était produit en 1789-1792, il y a décélération rapide du processus révolutionnaire. L'enthousiasme retombe. Les effectifs sont faibles, les anciens de 1793 trop vieux, les jeunes peu politisés, difficiles à embrigader. Et cette fois l'opposition est forte. Malgré les erreurs commises, les royalistes ont accru partout leur audience. Ils représentent l'autorité rassurante de Louis XVIII, réfugié à Gand en Belgique, contre un fauteur de guerre civile. Enfin, les cadres d'une vie politique révolutionnaire, clubs et autres, ont disparu depuis longtemps. L'élection, rétablie pour les petites communes, confirme les deux tiers des maires. La seule organisation significative est celle des « fédérations », mises sur pied par des notables patriotes. Comme en 1790-1792, citoyens et gardes nationaux des villes se jurent assistance contre l'ennemi intérieur et extérieur ; les tendances républicaines sont canalisées par les préfets dans le sens de la loyauté envers Napoléon. Il est difficile aux « révolutionnaires » de s'opposer à l'Empereur en lézardant le front commun face aux menaces royaliste et étrangère ; mieux vaut voir en Napoléon un dictateur de salut public qui donnera – plus tard – satisfaction aux revendications démocratiques.

On a parlé de « rechute de 93 ». Le personnel est assez comparable, mais il n'y a ni Terreur ni Jacobins au pouvoir, et en fait de programme égalitaire on exige le maintien d'un *statu quo* qu'on croyait menacé. Faut-il faire remonter la comparaison à 1792 ? Malgré des échauffourées et des châteaux incendiés, la violence de 1815 est plus verbale que physique. Manque aussi le bellicisme. Après vingt-deux ans de guerre, beaucoup de Français veulent croire à la paix. Moindre violence, moindre ardeur à combattre. Au demeurant, les mouvements révolutionnaires n'affectent qu'un tiers du territoire, du Centre à l'Est. Le reste est d'un royalisme actif ou passif. Cette « révolution » n'a pas la dynamique de la Révolution. C'est une ébauche de révolution, peu pensée, non réalisée, autolimitée, essoufflée dès le départ.

115 UNE RÉVOLUTION POLITIQUE ÉPHÉMÈRE. — Le roi a quitté Paris le 19 mars, Napoléon y rentre le 20. À la royauté restaurée succède un régime fils – plus que jamais – de la Révolution. On assiste à la première grande épuration administrative du XIXe siècle : l'Empereur entend punir ceux qui l'ont « trahi » en 1814.

De nouveau se pose la question constitutionnelle. Les notables et les milieux d'affaires ne veulent plus de l'autoritarisme impérial ni des guerres, mais la liberté et le calme, facteurs de prospérité. Le nom du monarque leur importe moins qu'un régime libéral et représentatif. À l'instar de Louis XVIII qui feignait d'ignorer la Révolution et l'Empire, le Napoléon des Cent-Jours passe sous silence la Restauration quand il propose aux Français un « Acte additionnel aux constitutions de l'Empire » (22 avril 1815). La continuité proclamée ménage l'orgueil impérial et dissimule l'ampleur du changement. En effet, l'Empereur semble s'être converti au libéralisme : « Notre but n'est plus désormais que d'accroître la prospérité de la France par l'affermissement de la liberté publique. » Le principal rédacteur du texte est Benjamin Constant, le grand libéral qui avait férocement écorché Napoléon un an plus tôt dans son pamphlet *De l'esprit de conquête et de l'usurpation.*

Par sa physionomie d'ensemble (garantie des droits, bicaméralisme), l'Acte additionnel est assez proche de la Charte, mais, contrairement à elle, il proclame que le peuple délègue ses pouvoirs. C'est le peuple qui est le souverain, non l'Empereur. Les antiroyalistes doivent être rassurés par l'article 67 qui interdit de proposer le retour des Bourbons, de l'ancienne noblesse, des dîmes, des droits féodaux, d'un culte privilégié, et de remettre en cause la vente des biens nationaux. Mais il ne faut pas s'y tromper, le nouveau régime est favorable aux notables. Pour la désignation des députés, l'élection a remplacé la présentation, mais les collèges électoraux n'ont pas été renouvelés. Surtout la pairie est héréditaire. C'est de nouveau le pouvoir par le peuple mais sans lui, avec une monarchie tempérée cette fois par une sorte d'oligarchie. La « base » est déçue, même si, dans certains milieux populaires, on pense que l'Empereur a été trompé par son entourage et qu'il demeure le défenseur du peuple. L'Acte additionnel est adopté par 1 500 000 *oui*, contre 5 700 *non*, mais il y a six millions d'abstentions. La carte du *oui* (n° 118) n'est pas sans analogie avec celle des régions « patriotes » en 1793.

La greffe libérale n'a pas pris. La défaite de Waterloo (18 juin) met fin à l'expérience. Les libéraux qui peuplent la nouvelle Chambre des représentants abandonnent Napoléon qui abdique le 22 juin en faveur de son fils. Nouvelle invasion, nouvelle humiliation nationale, infiniment plus dures et durables qu'en 1814. Louis XVIII rentre le 8 juillet 1815 « dans les fourgons de l'étranger ».

116 Les Cent-Jours sont le dernier épisode de la Révolution. Insignifiant socialement mais crucial politiquement, il provoque une « Terreur blanche » qui va faire de l'opposition droite-gauche une fracture profonde. Par ailleurs, le drame de Waterloo, la mort lente de Napoléon à Sainte-Hélène et le « martyre » des victimes de la Terreur blanche contribueront au succès de la légende napoléonienne et, à beaucoup plus long terme, du bonapartisme.

Pour aller plus loin

117 Tableau détaillé dans G. de Bertier de Sauvigny, *La Restauration,* rééd. Flammarion, 1993. Sur le premier artisan de la Restauration, J. Orieux, *Talleyrand,* Flammarion, 1970. Sur les officiers réduits à l'inaction, J. Vidalenc, *Les demi-soldes,* Rivière, 1955. Sur la question constitutionnelle, 1 / Essai sur le concept de monarchie limitée, 2 / La question constitutionnelle en 1814-1815, dans S. Rials, *Révolution et Contre-révolution au XIXe siècle,* DUC/Albatros, 1987. On mesure le retournement de B. Constant à la lecture de son pamphlet *De l'esprit de conquête et de l'usurpation,* rééd. Flammarion, 1986, et de ses *Mémoires sur les Cent-Jours,* rééd. Pauvert, 1961. Sur les Cent-Jours, É. Le Gallo, *Les Cent-Jours,* Alcan, 1924 ; J. Tulard, *Les Vingt Jours, 1er-20 mars 1815,* Fayard, 2001 ; Fréd. Bluche, *Le plébiscite des Cent-Jours,* Droz, 1974. Sur Waterloo, A. Barbero, *Waterloo,* Flammarion, 2005. Sur la légende et l'histoire, J. Tulard, *Le mythe de Napoléon,* A. Colin, 1971 ; N. Petiteau, *Napoléon, de la mythologie à l'histoire,* Le Seuil, 1999.

118 Le plébiscite de 1815

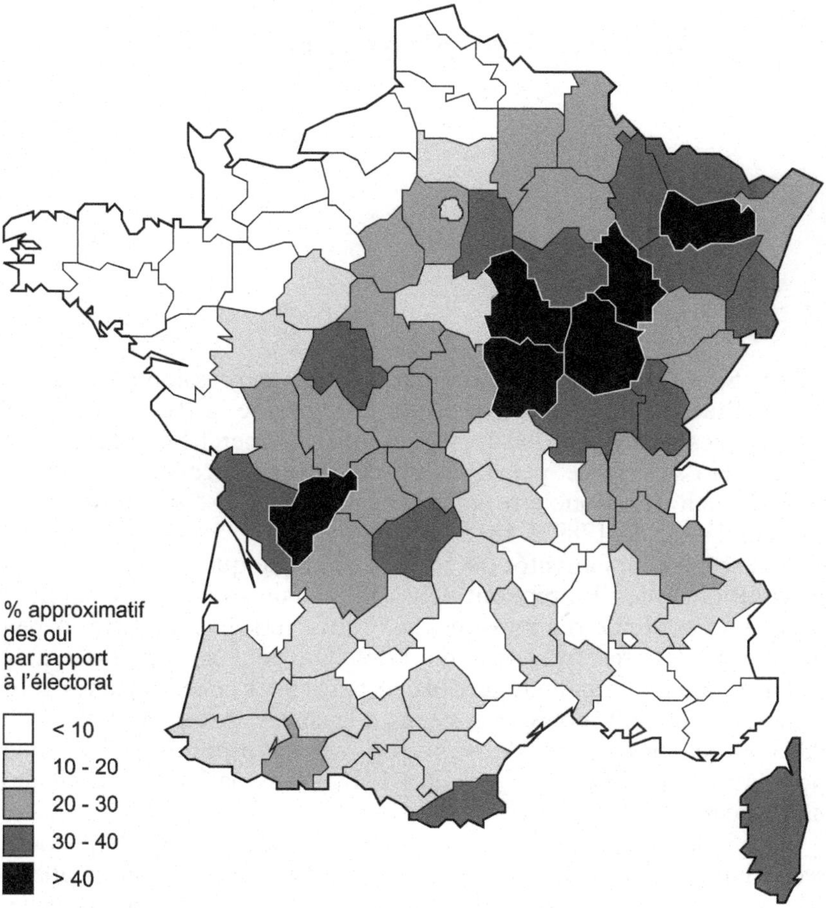

D'après F. Bluche, *Le plébiscite des Cent-Jours,* 1974.

Leçon 12

Bilan de l'ère révolutionnaire

119 Sans être un « Robespierre à cheval » (expression de Mme de Staël), Napoléon est le fils et l'héritier de la Révolution. Les monarchies ne s'y sont pas trompées, qui ont cherché obstinément à se débarrasser de ce perturbateur de l'ordre européen. L'apport napoléonien doit donc être intégré au bilan de l'ère révolutionnaire au sens large, de 1789 à 1815.

On songe alors aussitôt au constat classique que les guerres de la Révolution et de l'Empire ont débouché sur un solde territorial nul ; après une boulimie d'annexions, la France retrouve en 1815, à peu de chose près, ses frontières de 1789. On peut songer aussi à la saignée humaine, qui a été terrible en particulier chez les jeunes gens – près de 700 000 morts (massacres et guerres) entre 1792 et 1799, 900 000 pour les guerres de Napoléon – et correspond à 5,7 % de la population de 1789 (3,5 % en 1914-1918), sans parler du déficit des naissances.

Quoique impressionnantes, de telles approches sont relativement secondaires. L'ère révolutionnaire a eu bien d'autres conséquences. Les gouvernants successifs ont beaucoup innové et souvent saccagé, beaucoup entrepris mais souvent sans lendemain. Des intentions généreuses et contradictoires ont laissé des fractures persistantes dans la vie politique et dans la société. Il y a eu des conquêtes durables, mais beaucoup de rêves brisés.

I | Les rêves brisés

120 Les révolutionnaires n'ont pas tous caressé les mêmes rêves mais ils ont tous rêvé : d'une société politique respectueuse des droits (1789), d'une République vertueuse et égalitaire débarrassée de ses ennemis (1793), d'une nation glorieuse et organisée diffusant ses lumières en Europe. Ces idéaux se sont contredits et succédé, conduisant à des violences et, à court terme, à l'échec.

121 La spirale révolutionnaire. — Entre juin et août 1789, l'édifice social et juridique de l'Ancien Régime est anéanti. La Révolution a triomphé en quelques semaines. Une majorité s'est dégagée concernant le volet destructeur de l'œuvre révolutionnaire (la « table rase » dénoncée par Burke), mais les divergences entre projets ont fait naître partout des tensions.

L'Assemblée constituante, qui connaît les Lumières, et la France profonde, qui les ignore, les foules parisiennes, les masses paysannes s'agitent dans des sphères mentales et dans des temps différents. Les risques d'embardée sont permanents. Des fossés se creusent entre 1 / une bourgeoisie aisée, majoritaire à l'Assemblée, qui souhaite le libéralisme économique, 2 / la toute petite bourgeoisie citadine et les acteurs des journées révolutionnaires qui réclament un interventionnisme social, 3 / les paysans qui veulent l'abolition des droits féodaux mais restent attachés à la religion et souvent aux anciennes élites locales. Dans les premiers temps, tous se reconnaissent dans la Révolution et agissent pour concrétiser leurs espoirs, mais le petit peuple et la paysannerie le font en marge de la légalité. La Constituante, qui doit contenir ces agitations, se trouve emportée dans une spirale qu'elle ne contrôle pas. Après elle, les différentes équipes au pouvoir ne vont pas mieux y parvenir ; en témoignent les radicalisations successives de la Révolution. En outre, la question politique et la question religieuse se sont entremêlées jusqu'à donner à la Révolution des allures de guerre de religion. Le rêve d'une unité proche de l'unanimité s'est brisé devant des clivages qui resteront profonds.

122 LES FRACTURES POLITIQUES. — Sur le long terme, ni les tentatives de synthèse (Monarchie de Juillet, Second Empire) ni les unions sacrées (Grande Guerre, Résistance) ne parviendront à réduire les fractures politiques nées du traumatisme révolutionnaire. La coupure gauche-droite, née en la forme du débat sur le veto royal (septembre 1789), s'est prolongée en lutte à mort de la Révolution et de la Contre-révolution. Bonaparte a su dépasser ce conflit, mais de façon temporaire et peut-être superficielle. Louis XVIII le voulait aussi, mais l'aventure des Cent-Jours a réveillé les haines. Le combat a continué. Entre royalistes et républicains, Église et État, catholiques et anticléricaux, école privée et école publique, sans parler des querelles de clocher devenues insolubles parce qu'habillées d'idéologie, c'est presque toujours le souvenir des fractures révolutionnaires qui oriente le débat.

D'où une longue période d'instabilité : au XIXe siècle, un régime dure une quinzaine d'années en moyenne. La Révolution n'a su imposer aucune de ses formules politiques. Sauf une courte parenthèse républicaine (1848-1851), la France demeure pendant soixante-dix ans (1799-1870) un pays de monarchie. Monarchie forte ou limitée, populaire ou libérale, mais monarchie, un régime comparable à celui des pays d'Europe contre lesquels la Révolution avait lancé sa croisade de libération des peuples.

123 ASPECTS SOCIAUX ET ÉCONOMIQUES. — Les clivages sociaux de l'ancienne France ont disparu, du moins dans leur dimension juridique. Des fortunes se sont faites, d'autres se sont défaites, mais la redistribution s'est opérée sans nivellement des écarts de richesse et – les privilèges en moins – dans une certaine continuité. Les notables du XIXe siècle prolongent les élites nobles et bourgeoises que l'Ancien Régime finissant n'avait pas su réunir. Il faudra attendre les années 1880-1900 pour que commence à craquer le tissu social de cette « France des notables », et la guerre de 1914 pour qu'il se déchire. Les pays d'Europe occidentale ont tendu à s'aligner sur un modèle social assez homogène. La modernisation de la société française s'est effectuée à peu près au même rythme qu'ailleurs.

En termes économiques, le bilan de la Révolution proprement dite est négatif, avec quelques phénomènes locaux de désindustrialisation et un désastre pour le commerce extérieur. En 1815, malgré le rattrapage napoléonien, l'écart s'est largement creusé entre la France et une Angleterre maîtresse des mers, dominante dans tous les circuits commerciaux. La révolution juridique a libéré certaines forces économiques, entravées par le régime des corporations (aboli en mars 1791), mais au prix d'une misère accrue pour les humbles. Les ouvriers ont vu leur niveau de vie s'améliorer nettement sous l'Empire, mais, suspectés d'être des fauteurs de désordre, ils demeurent subordonnés. Depuis juin 1791 (loi Le Chapelier) et dans le Code civil, l'ouvrier, comme le domestique face à son maître, est quasi nu juridiquement face à son patron ; la première « loi sociale » ne sera votée qu'en 1841.

La Révolution a entraîné un développement considérable de la petite propriété agricole, dû pour une part seulement à la vente des biens nationaux, mais cette tendance à la parcellisation allait à rebours d'une économie moderne. Enfin, dans la ligne de l'Ancien Régime, la période révolutionnaire et impériale a enraciné des comportements peu favorables au développement économique, tel le goût des élites pour les carrières de l'administration et de l'armée. Chez les notables le critère de l'argent a remplacé le privilège, mais longtemps cet argent s'investira dans la terre aux dépens des secteurs les plus productifs de l'industrie et du commerce.

124 UNE JACHÈRE CULTURELLE. — En vers ou en prose, la création littéraire militante de la Révolution est indigente, comparée à celle du XVIIIe siècle. La flagornerie à l'égard de Napoléon ne pouvait guère non plus engendrer des chefs-d'œuvre. La littérature de qualité est le plus souvent d'opposition (le poète André Chénier pendant la Terreur, Chateaubriand et Benjamin Constant sous l'Empire). Malgré les généreux projets des révolutionnaires en matière d'instruction publique, l'analphabétisme a progressé ; quant aux lycées de Napoléon, ils n'ont été créés que pour les fils de notables. Les apports artistiques de la Révolution, académiques (le peintre David) ou populaires (images naïves, assiettes peintes, etc.), ne compensent pas les destructions massives dont a souffert le patrimoine artistique et architectural, le plus souvent du fait d'un vandalisme déchristianisateur.

Au XVIIIe siècle, une bonne partie de l'Europe était culturellement française. Elle a cessé de l'être à cause de la Révolution, malgré l'exportation des idées et des lois françaises.

II | Les conquêtes durables

125 Les Lumières se voulaient éclairées par la Raison. De ce point de vue, la Révolution et l'Empire, par-delà leurs échecs, laissent une œuvre considérable.

126 Rationalisations. — La Révolution a connu des progrès scientifiques. La guerre a encouragé les inventions. La réaction thermidorienne et le Directoire ont donné de l'impulsion à l'enseignement scientifique. Raison mathématique oblige, le système décimal uniforme des poids et mesures, adopté par étapes depuis 1791 et entré définitivement en vigueur sous le Consulat, est une réforme d'une portée majeure à terme, y compris à l'échelle mondiale. Par contre, la décade du calendrier républicain n'a pas eu de succès ; elle faisait perdre un jour de repos par mois.

La rationalisation a triomphé aussi en matière juridique. Grâce à l'unification du droit, l'égalité civile n'a pas été remise en cause (en France métropolitaine ; voir n° 127). Au moins en principe, car les privilèges ont pu renaître sous d'autres formes : droits sociaux « acquis », statuts territoriaux dérogatoires, particularismes divers. Si les principes de la Révolution intégrés dans les codes napoléoniens n'ont jamais été officiellement abandonnés (droit pénal, procédure), le contenu qu'on leur donnait a varié sensiblement au gré des régimes politiques et des majorités (juridictions spéciales, épurations) : la raison d'État n'a pas les mêmes contours que la Raison des Lumières.

Rationalisation en matière administrative : le découpage territorial en départements (1790) a favorisé l'homogénéisation du pays. Comme l'a montré Tocqueville dans *L'Ancien Régime et la Révolution* (1856), la centralisation jacobine et impériale a poursuivi, en l'accélérant, l'œuvre entamée sous l'Ancien Régime ; elle n'est sérieusement battue en brèche que depuis 1982 et le renouveau de l'échelon régional, abandonné par la Révolution pour casser les anciennes provinces, est également récent. (En matière militaire, la loi Jourdan de 1798, qui établissait la conscription universelle et obligatoire, a renforcé le caractère national et civique des forces armées. La « mort pour la patrie » a mélangé et uni dans le sang versé des générations de Français de toutes origines, leur faisant oublier pour un temps leurs divisions politiques. Aux nécessités de la guerre de masse ont succédé celles, également rationnelles, de la guerre moderne qui rendent obsolète l'armée de conscription et avec elle une certaine forme de société.)

La plupart des monuments qui ont survécu à l'ère révolutionnaire doivent cette survie à l'œuvre de Napoléon. L'Empereur a consolidé des édifices ou achevé des chantiers de la Révolution, et ce autoritairement, mais il n'a pas ignoré l'héritage d'un Ancien Régime qui s'était montré incapable de se renouveler. C'est la rupture révolutionnaire qui a rendu possible ce renouvellement. Comme antithèse à l'Ancien Régime, la Révolution a permis la synthèse napoléonienne, laquelle a dépassé dialectiquement l'Ancien et le Nouveau. Dans des domaines majeurs, c'est sur des formules napoléoniennes que la France va vivre pendant cent cinquante ans : Code civil, organisation administrative, judiciaire, fiscale, Conseil d'État, etc. Napoléon a propulsé la France dans le monde moderne et réintégré la Révolution dans l'Histoire, même si, comme la Révolution avant lui, il a bousculé certains droits de l'homme.

127 LES DROITS DE L'HOMME ET DU CITOYEN. — Après avoir déclaré les droits le 26 août 1789, la Constituante avait escamoté la douloureuse question de l'esclavage dans les colonies. Aboli par la Convention en février 1794 après bien des hésitations, l'esclavage a été rétabli en 1802 : cette violation brutale des droits de l'homme, elle, appartient en propre au régime napoléonien. L'abolition définitive de l'esclavage n'interviendra qu'en 1848.

Jusqu'à la seconde guerre mondiale, la Déclaration de 1789 a essuyé de sévères critiques de la part des droites (abstraction, ignorance du passé, porte ouverte à la violence politique, mépris des « droits de Dieu », négation de l'inégalité naturelle entre les hommes) et de la gauche socialiste puis marxiste (hypocrisie d'un texte profitant à la seule bourgeoisie dominante, ignorance des droits du prolétariat).

Depuis les expériences nazie et stalinienne, le monde occidental voue aux droits de l'homme un respect quasi religieux. Or c'est grâce à la Révolution que la France a pu acquérir aux yeux de certains – quelle que soit la naïveté d'une telle croyance – le titre de « pays des droits de l'homme ». Doublée aujourd'hui d'une Déclaration universelle (1948) sans valeur contraignante, la Déclaration de 1789 appartient depuis 1971 au droit positif. Son contenu, qui évolue au fur et à mesure que le Conseil constitutionnel en « révèle » le sens, est l'objet de combats politico-juridiques visant à un émiettement de droits catégoriels aux antipodes de l'universalisme de 1789. Le geste accompli par les Constituants n'en conserve pas moins une grandeur hors du temps.

128 Reste à savoir si les conquêtes de la Révolution devaient nécessairement, pour s'imposer, s'accompagner de tant de violence meurtrière. Une chose est de reconnaître que la situation de l'Ancien Régime en 1788 rendait quasi impossible une évolution sans révolution, autre chose est de s'en réjouir.

Pour aller plus loin

129 R. Sédillot, *Le coût de la Révolution française,* Perrin, 1987, traite la question de manière polémique. En dernière analyse, le bilan de l'ère révolutionnaire relève de l'appréciation individuelle. Voir *Pour ou contre la Révolution,* textes présentés par A. de Baecque, Bayard, 2002 ; J. Solé, *La Révolution en questions,* Le Seuil, 1988 ; F. Hamon, J. Lelièvre (dir.), *L'héritage politique de la Révolution française,* Lille, PUL, 1993 ; A. Forrest, *La Révolution française et les pauvres,* Perrin, 1981 ; J.-P. Bertaud, *Le Premier Empire, legs de la Révolution,* PUF, 1973. Sur la question de l'esclavage, Y. Bénot, *La Révolution française et la fin des colonies,* La Découverte, 1988 ; F. Gauthier, *Triomphe et mort du droit naturel en Révolution,* PUF, 1992 ; Y. Bénot, M. Dorigny (dir.), *1802, rétablissement de l'esclavage dans les colonies françaises,* Maisonneuve & Larose, 2003. Sur l'économie, F. Aftalion, *L'économie de la Révolution française,* Hachette, 1987 ; F. Hincker, *La Révolution française et l'économie,* Nathan, 1989. Pour une vision positive du bilan artistique, E. Pommier, *L'art de la Liberté. Doctrines et débats de la Révolution française,* Gallimard, 1991 ; D. Poulot, *Musée, nation, patrimoine, 1789-1815,* Gallimard, 1997 ; A. Jourdan, *Les monuments de la Révolution,* Champion, 1997. Sur le bicentenaire, S. Kaplan, *Adieu 89,* Fayard, 1993 ; P. Garcia, *Le bicentenaire de la Révolution française,* CNRS, 2000.

DEUXIÈME PARTIE

LES HÉSITATIONS DU XIXe SIÈCLE

Leçon 13

La Restauration (1815-1830)

130 Les divers régimes qu'avait connus la France depuis 1789 n'avaient pas réussi à concilier leur pérennité avec les renversements de tendance politique. Soit ils avaient sombré, soit ils s'étaient maintenus par la force, et le Premier Empire avait fait l'économie d'une vie politique. La Restauration, elle, voit se succéder plusieurs équipes au gouvernement sans que ces changements compromettent l'équilibre fragile que permettaient les circonstances et la Charte de 1814.

Néanmoins les deux frères de Louis XVI n'ont pas la même conception de la Restauration. C'est en voulant ignorer le rôle de la Chambre des députés – donc de l'électorat censitaire – dans la marche du régime que Charles X tombera en 1830. Avant lui, Louis XVIII († 1824) a renoué avec une pratique de la monarchie limitée abandonnée depuis la fin du XVIe siècle, en l'acclimatant aux schémas politico-juridiques de l'après-Révolution.

Section I
Le règne de Louis XVIII (1815-1824)

131 On doit à Benjamin Constant l'expression de « pouvoir neutre ». Le théoricien libéral voit dans le chef de l'État une force capable de rétablir l'équilibre lorsque cesse l'harmonie entre les différents organes : « L'intérêt véritable de ce chef n'est aucunement que l'un des pouvoirs renverse l'autre, mais que tous s'appuient, s'entendent et agissent de concert » pour préserver la liberté et assurer la durée du régime. Louis XVIII n'applique évidemment pas à la lettre cette recette moderne, mais il s'adapte aux évolutions de l'opinion et aux changements de majorité à la Chambre. Lui et les différentes familles politiques favorisent une lecture équilibrée – quoique ambiguë – de la Charte, laquelle lecture permet que ces changements de majorité n'aient pas de conséquences fatales. Juridiquement autolimité, politiquement hétérolimité, Louis XVIII assiste à l'apprentissage de l'alternance sans renier le principe de légitimité monarchique ni froisser les adeptes modérés du constitutionnalisme révolutionnaire.

I | La seconde Restauration

132 La partie n'était pas gagnée d'avance. Le drame de Waterloo, une nouvelle invasion et une « Terreur blanche » n'étaient pas la meilleure entrée en matière pour le second retour des Bourbons.

133 La punition. — En 1814, les intrigues de Talleyrand avaient permis à Louis XVIII de bénéficier du vide politique où Napoléon laissait le pays. Les Alliés s'étaient convertis à la solution bourbonienne comme compatible avec le nouvel équilibre européen. Le Congrès réuni à Vienne en 1814-1815 a défini cet équilibre, régi par l'idée durable d'une « Sainte-Alliance » des rois contre les principes issus de la Révolution. Dans cette perspective, la France ne devait pas être trop affaiblie. Après les Cent-Jours, au contraire, les Alliés veulent faire payer le prix fort à une France suspecte : ils ne lui pardonnent pas de s'être jetée dans les bras de Napoléon.

Aux termes du second traité de Paris (20 novembre 1815), le pays se voit reprendre le dernier tiers de la Savoie et les places fortes qui lui avaient été laissées en 1814 ; le découpage dentelé de la frontière pourra faciliter d'éventuelles invasions. Le Nord-Est sera occupé pendant une période de trois à cinq ans aux frais de la

France qui devra payer dans ce délai, entre autres, 700 millions de dommages de guerre et restituer les œuvres d'art raflées – en Italie notamment – pendant la Révolution et l'Empire (coût total : un milliard et demi). Le duc de Richelieu, ministre de Louis XVIII et ami du tsar Alexandre Ier, a essayé de négocier, mais, gêné par les concessions de son prédécesseur Talleyrand, il n'a pas pu atténuer la dureté du traité. Beaucoup de Français patriotes n'en tiennent pas moins le roi, revenu « dans les fourgons de l'étranger », pour responsable de l'humiliation nationale. Le règne de Louis XVIII a repris dans les pires conditions, d'autant plus que la situation intérieure est explosive.

134 La réaction. — Ce sont les intrigues de Fouché, ancien terroriste régicide et ministre de la Police de Napoléon, qui ont activé le retour du roi. Cependant la majorité des royalistes est animée par un sentiment de revanche contre tous ceux qui ont participé à l'aventure des Cent-Jours. Le châtiment des principaux responsables est encadré par une ordonnance du 24 juillet 1815. L'épuration administrative, en réponse à celle que vient de pratiquer Napoléon, est des plus vigoureuses.

De manière plus générale, une sévère répression contre-révolutionnaire s'abat sur le pays. Les historiens la qualifient de « Terreur blanche », mais elle est très éloignée de la Terreur d'État des années 1793-1794 qui avait été soutenue par un système idéologique et avait fait un nombre énorme de victimes. La violence blanche est d'abord populaire et spontanée. Elle sévit surtout dans le Midi. S'y mêlent des vengeances personnelles et le désir chez certains catholiques d'apurer quelques vieux comptes avec les protestants, jugés révolutionnaires.

La volonté de représailles est ensuite assumée par la majorité ultra-royaliste de la nouvelle Chambre des députés. Dès août 1815, quelques semaines après le départ de Napoléon pour Sainte-Hélène, les collèges électoraux – les mêmes qui venaient de désigner la Chambre libérale des Cent-Jours – ont élu une Chambre « ultra » à 85 %. C'est le premier vrai renouvellement politique depuis la Révolution. Les ultras sont des hommes nouveaux, souvent jeunes, hostiles aux Lumières, aux principes de la Révolution, à l'idée d'une souveraineté de la Nation (le Souverain est le roi). Alors que certains ne l'ont pas connu, ils rêvent d'un Ancien Régime idéalisé, mythique parfois, religieux, paternaliste, où se mêlent les références à deux figures emblématiques de la dynastie : saint Louis et le « bon roi Henri » (Henri IV).

Cette Chambre, « introuvable » selon le mot ironique de Louis XVIII, peuplée de députés « plus royalistes que le roi », pousse à la réaction et à la Terreur blanche. On lui doit un train de mesures répressives : une loi de sûreté générale (octobre), une loi draconienne sur les discours et écrits séditieux (novembre), la loi « d'amnistie » du 12 janvier 1816 qui ne joue pas pour les poursuites en cours et bannit diverses personnalités et les régicides de 1793 ayant servi l'Usurpateur. On comptera au total 6 000 condamnations politiques. Parmi les exécutions capitales, la plus fameuse est celle du maréchal Ney, condamné à mort par la Chambre des pairs.

Réactionnaire, la Chambre introuvable n'est en rien absolutiste. À l'instar des aristocrates libéraux de 1789, les ultras entendent que le roi infléchisse sa politique en fonction de leurs vues ; ils se considèrent comme les conseillers nés du monarque. Ils font pression sur lui pour qu'il renvoie le ministère Talleyrand-Fouché ; c'est chose faite en septembre 1815. Le roi fait appel au duc de Richelieu, un émigré modéré, entouré d'une équipe prudente où figure un libéral aussi intelligent qu'arriviste, Élie Decazes, ancien conseiller de Louis Bonaparte et de la reine Hortense, un royaliste de fraîche date (Cent-Jours) mais protégé de Louis XVIII.

Le roi donne quelques satisfactions à la Chambre – telle l'abolition du divorce le 8 mai 1816 (institué en septembre 1792, le divorce avait été soumis par le Code civil à des conditions restrictives) – mais, agacé d'avoir à subir sa pression, il finit par la dissoudre (septembre 1816).

II | La monarchie selon la Charte

135 *La monarchie selon la Charte* est le titre d'un essai publié par Chateaubriand en 1816. Selon l'interprétation que le grand écrivain ultra y donne de la Charte, « le ministère doit sortir de la majorité de la Chambre des députés, puisque les députés sont les principaux organes de l'opinion publique ». Cette conception hardie, soutenue par une bonne partie de la majorité à la Chambre introuvable, préfigure l'idée d'une responsabilité politique des ministres, fondement du futur régime parlementaire. Paradoxale à première vue chez des royalistes, elle s'explique par leur anti-absolutisme et surtout par leur suprématie du moment : plus tard, sous Charles X, devenus minoritaires mais épaulés par un roi qui partagera leurs opinions contre-révolutionnaires, ils s'accommoderont d'une lecture plus monarchique de la Charte.

Le texte de 1814 organisait non un régime parlementaire mais une monarchie limitée. Le roi est libre de révoquer un ou plusieurs ministres indépendamment des forces en présence au sein des Chambres. Les députés sont impuissants à faire tomber le ministère par un vote de défiance. Par contre, ils peuvent bloquer ses initiatives en rejetant ses projets de loi. C'est dans cette brèche que vont s'introduire les différentes majorités pour développer des *pratiques* préparlementaires, avec l'assentiment de la presse – notamment de la presse ultra en 1815-1816 – et d'une grande partie de l'opinion publique. Ainsi vont apparaître les questions au gouvernement et l'adresse, texte voté chaque année en réponse au discours du Trône et qui prend le sens d'une approbation ou d'un blâme politique. La Chambre des pairs, pour sa part, tentera de modérer les ardeurs libérales (1818-1820) ou ultra-royalistes (1822-1827) du ministère ; quand la Chambre haute fait trop d'opposition, le roi peut changer sa majorité en nommant une fournée de pairs (ainsi en 1819).

L'équilibre qu'assure le gouvernement entre le roi et les Chambres suppose une relative cohésion des gouvernants, laquelle implique l'exclusion des masses de la participation politique. Le régime est étroitement censitaire. Pour appartenir au cercle fermé des électeurs (moins de 100 000, nombre qui tombera à 90 000 grâce à d'astucieux dégrèvements d'impôts), il faut avoir 30 ans et payer 300 F de contribution directe ; le cens d'éligibilité (1 000 F, 40 ans) donne environ 17 000 éligibles. La Restauration est donc aussi le règne des notables que vient de consacrer Napoléon. En majorité, ces notables ne veulent ni réaction aristocratique ni démocratie égalitaire mais en gros l'héritage « modéré » de 1789 : propriété et libertés. Les circonstances, les retournements d'opinion et le jeu des abstentions pourront bien donner à la Chambre, selon les cas, une majorité modérée, voire de centre-gauche, ou une majorité de droite, ces revirements conserveront un caractère pacifique.

136 Parmi les notables, la noblesse retrouve un rôle majeur. L'épreuve de la Révolution lui a fait surmonter ses divisions. Les titrés d'Empire sont tenus à l'écart ou noyés dans la masse. Les nobles dominent le parti ultra, les Chambres, les préfectures, les ambassades. Ils vivent une partie de l'année sur leurs terres, veillant à leur exploitation ; d'où une influence locale, sociale autant que politique. Certains renouent avec les activités économiques (houillères, sidérurgie). Intellectuellement, ils brillent, quelle que soit leur couleur politique, avec Bonald, Chateaubriand, Lamennais, Saint-Simon, Vigny, etc.

Ce rôle moteur de la noblesse ne doit pas faire oublier la prépondérance numérique des bourgeoisies. À une époque où se développe la révolution industrielle (transports, système bancaire, production), on voit s'enrichir – sauf faillite – les banquiers (Laffitte, Rothschild) et les industriels. Éclipsée par la noblesse, la grande bourgeoisie d'affaires, souvent libérale, verra son heure arriver en 1830.

137 La monarchie de la Restauration, monarchie limitée et censitaire, vit sous le regard critique de la presse. En jugeant le régime et son gouvernement, parfois avec véhémence, les journaux contribuent à la vivacité du débat politique. Il s'agit d'une presse « élitiste » par abonnement : le journal le plus diffusé, *Le Constitutionnel*, feuille libérale d'esprit petit-bourgeois et voltairien, compte environ 20 000 abonnés. (Le nombre des lecteurs est beaucoup plus élevé, car les exemplaires circulent et on peut les consulter au café ou dans un cabinet de lecture.)

Il n'y a pas encore de presse d'information ; les journaux véhiculent surtout des opinions. D'où une législation abondante et en dents de scie, libérale ou répressive au gré des événements. Certains ultras, notamment Chateaubriand, seront de grands défenseurs de la liberté de la presse qui est, pour eux aussi, un moyen de conquête de l'opinion, mais la plupart des ultras se déchaîneront contre elle en 1830 quand les libéraux voudront faire plier Charles X.

III | L'APPRENTISSAGE DE L'ALTERNANCE

138 LES FAMILLES POLITIQUES. — Sous la Restauration, le pays renoue avec l'apprentissage de la vie politique. Il n'existe pas de véritables « partis » dotés de programmes, mais des familles politiques dont les membres se rapprochent en telle ou telle occasion (élection, débat). Celle des ultras recule nettement lors des élections générales de 1816 qui suivent la dissolution de la Chambre introuvable, ne recueillant qu'une centaine de sièges. Les ultras acceptent l'alternance ; ils tenteront de reconquérir leur audience par la voie électorale.

La gauche – les libéraux qui prendront bientôt le nom d' « Indépendants » – demeure très minoritaire même si elle progresse à la faveur des élections partielles (25 députés en 1817, 45 en 1818, 90 en 1819). Elle n'a pas d'unité, sinon son hostilité au régime. On y trouve des figures comme La Fayette ou Benjamin Constant, le banquier Laffitte, l'industriel Casimir Perier, l'avocat Manuel. Cette opposition patriote, tricolore, rationaliste, hostile à l'Église, se dit « libérale » ; il y a en son sein des républicains, mais qui ne peuvent s'avancer à visage découvert sauf à s'exclure du jeu politique.

La majorité, qui dispose de près de 150 députés en 1816, est formée d'une coalition également hétéroclite mais plus fragile de modérés, les « Constitutionnels ». À cette mouvance appartiennent de grands seigneurs (Richelieu), des grands bourgeois, des serviteurs de l'Empire ralliés à la royauté (Decazes, Molé), des universitaires (le « doctrinaire » Royer-Collard), partisans d'une application équilibrée de la Charte. Cette majorité soutient les ministères modérés de Richelieu (1815-1818) et Decazes (1818-1820).

139 L'ÉPOQUE DES CONSTITUTIONNELS. — Sous le ministère Richelieu est votée la loi Gouvion-Saint-Cyr (1818) qui rétablit, avec tirage au sort, la conscription supprimée en 1814, porte les effectifs de l'armée de 150 000 à 240 000 hommes et réserve les grades d'officiers aux sous-officiers et aux élèves sortis des écoles militaires, ce qui exclut en principe le favoritisme à l'ancienne. Au Congrès d'Aix-la-Chapelle (octobre-novembre 1818), Richelieu obtient la libération du territoire et une réduction de la dette de guerre (des emprunts réussis ont permis d'en payer le plus gros avant terme, formule que reprendra Thiers au début de la IIIe République). La France s'efforce de rentrer dans le concert européen.

De 1818 à 1820, le ministère est animé puis dirigé par Decazes, favori de Louis XVIII, qui entend « royaliser la nation et nationaliser le royalisme ». Decazes écarte nombre d'ultra-royalistes de l'administration préfectorale, du Conseil d'État, de l'armée ; symétriquement, il obtient le rappel en France de 52 conventionnels régicides et de personnalités exilées après les Cent-Jours. Le régime de la presse est très adouci (lois de Serre, mai 1819). Cette politique ne désarme en rien la gauche – les élections partielles de septembre 1819 sont un succès pour les Indépendants – et la droite ultra accuse Decazes de faire le jeu de la Révolution. L'expérience prend fin le 13 février 1820, lorsque Louvel, un déséquilibré aux idées libérales fumeuses, poignarde à mort le duc de Berry, fils cadet du comte d'Artois et seul membre de la famille royale à pouvoir procréer (la veuve du prince, enceinte, accouchera du duc de Bordeaux, futur comte de Chambord, le « Henri V » des légitimistes ; voir n° 213). Les ultras réclament à grands cris le départ de Decazes, leur bête noire, qu'ils jugent moralement responsable de cet assassinat. La mort dans l'âme, le roi congédie son ministre.

140 LE RETOUR DES ULTRAS. — Le duc de Richelieu accepte de présider un ministère de transition. Le primat de la politique politicienne va l'empêcher de réaliser son programme de redressement du pays. Dans la foulée de l'assassinat du duc de Berry, la censure est rétablie (31 mars 1820) et la loi dite « du double vote » (29 juin) favorise les plus riches propriétaires fonciers qui voteront deux fois, élisant séparément 172 députés supplémentaires. Censée affaiblir la gauche, cette loi peut aller un jour contre les intérêts des ultras. Elle est d'ailleurs contraire au programme d'une bonne partie d'entre eux, favorables à un élargissement du corps électoral : le mouvement ultra a d'assez larges assises populaires, tandis que beaucoup de riches propriétaires ne sont pas « de droite ».

Cette réaction pousse une bonne partie de la gauche, des libéraux aux républicains en passant par une poignée de bonapartistes, dans les complots civils et militaires qui se multiplient sous l'influence de la Charbonnerie, une société secrète imitée du carbonarisme italien. La répression est dure en 1822. La gauche en sort provisoirement discréditée et profondément aigrie.

Dépassé sur sa droite, Richelieu a cédé la place sans regret au comte de Villèle (décembre 1821). La presse demeure sous contrôle (mars 1822). En 1823, Villèle neutralise l'agitation dans l'armée en envoyant un corps expéditionnaire français rétablir sur son trône le roi d'Espagne Ferdinand VII, un Bourbon. La France essaie de redevenir une puissance en Europe et y parvient à moitié. Villèle en profite pour obtenir du roi une fournée de « bons » pairs et lui faire dissoudre la Chambre des députés (décembre 1823). Dans un climat politique favorable, les ultras triomphent aux élections (février-mars 1824). En juin, la « Chambre retrouvée » supprime les élections annuelles par cinquième, qui bénéficiaient à l'opposition, et porte le mandat des députés à sept ans au lieu de cinq. On veut se donner le temps de mettre en œuvre une véritable politique ultraroyaliste.

Section II
Le règne de Charles X (1824-1830)

141 Déception, apathie, santé déclinante : après la chute de Decazes et le départ du duc de Richelieu, Louis XVIII s'est tenu en retrait de la politique et même du gouvernement. C'était son frère Charles, comte d'Artois, qui apparaissait comme l'inspirateur du ministère Villèle. Quand Louis XVIII meurt le 16 septembre 1824, la succession s'opère d'autant plus aisément que le pays est prospère et le climat politique apparemment calme.

Au risque de s'exposer personnellement, Charles X ne conçoit pas de rester à l'écart du gouvernement. Dans un premier temps, servis par une majorité ultra, le roi et ses ministres vont mener une politique conservatrice, quitte à affronter une opinion et une presse qui ne ménageront pas leurs critiques. Dans un second temps, lorsque les oppositions seront majoritaires à la Chambre, il ne restera à Charles X que l'arme ultime d'une lecture monarchique de la Charte. Attitude inadmissible pour les libéraux, à laquelle répondra la révolution de 1830.

I | L'HOMME ET LA FONCTION

142 Né en 1757, le comte d'Artois avait eu une jeunesse dissipée.

Sous le règne de son frère Louis XVI, il se distinguait par son arrogance, son goût pour le jeu, pour le vin, pour les femmes, mais il a eu la lucidité et le courage de soutenir les réformes de Calonne en 1787. On lui reproche d'avoir donné en juillet 1789 l'exemple de l'émigration, entraînant dans son sillage plusieurs grands seigneurs. Ses frères Louis XVI et le comte de Provence (futur Louis XVIII) supportent malgré eux la Révolution, lui la rejette de tout son être et restera fidèle à ce principe. Avec Robespierre, son cadet d'un an, Charles X est peut-être le seul homme d'État de l'ère révolutionnaire à n'avoir jamais transigé sur ce qu'il jugeait essentiel.

En émigration, Artois se montre actif mais maladroit et indécis. En 1814, il retrouve la France avec une profonde émotion. Mince, bon cavalier, séduisant, il a beaucoup plus d'allure que le ventripotent Louis XVIII, ce qui lui attire des sympathies. Peu favorable à la Charte, il fait bientôt figure de chef du parti ultra. Devenu roi, il a la volonté de « fermer les plaies de la Révolution », à sa façon qui n'est ni celle de Napoléon ni celle de Louis XVIII. Les mesures, gestes ou symboles qui auraient pu être acceptés de la part d'un homme jeune et au passé moins chargé vont être mis sur le compte d'une sénilité capricieuse et bornée (il a 67 ans à son avènement). On le dit souvent sot et inculte. Ces épithètes font oublier ses qualités d'honnêteté, de sincérité, de cohérence avec soi-même.

En mai 1825, le roi se fait sacrer à Reims, à la différence du prudent Louis XVIII qui n'avait pas voulu prendre ce risque politique. L'anachronisme est plus flagrant que pour le sacre de leur frère Louis XVI (1775), cérémonie au cours de laquelle le jeune comte d'Artois s'était fait remarquer par son manque de sérieux. Un demi-siècle plus tard, c'est un autre homme, converti à la piété, qui reçoit l'onction sainte et que moque une opposition libérale en plein réveil.

Le prince n'est pas en phase avec le siècle. C'est sous son règne que le romantisme, ce courant intellectuel multiforme qui au départ, en réagissant contre le rationalisme hérité des Lumières, avait pu faire assez bon ménage avec le royalisme, va tourner au libéralisme tout en intégrant, dans l'exaltation de la Grande Nation, une légende napoléonienne distincte du bonapartisme depuis la mort de l'Empereur à Sainte-Hélène (1821).

Que faire après dix ans de lecture tempérée de la Charte ? Pour Charles X, certes le roi est au-dessus des partis et des combinaisons politiciennes et parlementaires, mais sa conception de la dignité royale l'empêche d'admettre qu'il puisse avoir un jour à reculer devant une Chambre « révolutionnaire » : « J'aimerais mieux scier du bois que régner comme le roi d'Angleterre. » En d'autres termes, les Chambres ne sauraient être des contre-pouvoirs ; il faut gouverner avec elles si possible, sans elles si nécessaire. Ce parti pris anachronique va provoquer la chute de la branche aînée des Bourbons.

En dernière analyse, la greffe « constitutionnelle » n'a pas pris sur un tronc qui ne l'était pas. Le règne de Charles X a rendu explosive la contradiction interne du régime : monarchie de droit divin autolimitée (selon la lettre de la Charte) ou royauté hétérolimitée par l'opinion et l'électorat (selon sa pratique).

II | Une politique « ultra »

143 La politique intérieure de Charles X fait oublier sa politique méditerranéenne. Les flottes française, russe et britannique détruisent la flotte turco-égyptienne à la bataille de Navarin (1827), ce qui permet à un corps expéditionnaire français de libérer la Morée (Péloponnèse) de la domination ottomane (1828) et fait de Charles X l'un des parrains de l'indépendance grecque (1829). En Afrique du Nord, la prise d'Alger (5 juillet 1830) sera le dernier succès du régime, prélude involontaire à la colonisation de l'Algérie, mais la France aura alors d'autres sujets de préoccupation.

La situation est moins brillante à l'intérieur. Quoique honnête et bon gestionnaire, Villèle finit par se heurter à une coalition négative et hétéroclite de toutes les oppositions : républicains, Constitutionnels, ultras dissidents, plus libéraux (Chateaubriand) ou plus durs (société secrète des Chevaliers de la Foi), gallicans hostiles aux jésuites (Montlosier), etc. Les funérailles des personnalités d'opposition – le général Foy (1825), l'avocat et député Manuel (1827) – sont l'occasion de manifestations de masse à Paris. Dans la montée des oppositions, il faut faire la part de la crise de 1825 et de la mauvaise récolte de 1826, mais aussi celle de la maladresse royale et ministérielle.

À son avènement, Charles X s'est essayé pour un temps au libéralisme en matière de presse. En vain. Les libéraux lui ont déclaré la guerre et il se défend mal. Dans les années 1825-1827, on voit s'enchaîner, sur fond de politique conservatrice, plusieurs mesures ou initiatives « réactionnaires » qui focalisent l'attention de l'opinion et nuisent gravement à l'image du gouvernement et du régime.

Sans vouloir rétablir le clergé et la noblesse dans toutes leurs fonctions dirigeantes d'avant 1789, Charles X entend renforcer leur poids. Du côté de l'Église, c'est une loi de 1825 qui favorise les congrégations religieuses. C'est aussi le retour en France, illégal mais toléré, des jésuites, l'introduction d'ecclésiastiques dans le contrôle de l'enseignement, la multiplication des missions de rechristianisation destinées à expier les crimes de la Révolution déchristianisatrice. C'est enfin la « loi du sacrilège » (avril 1825) qui, entre autres dispositions, punit de mort les profanateurs intentionnels d'hosties consacrées. Ce souci de protéger le culte catholique a été critiqué avec violence, comme si la loi du sacrilège avait été appliquée ; or elle ne l'a pas été. Mesure symbolique, mais résultat mécanique : face à ce qu'on appelle le « parti-prêtre », l'anticléricalisme se renforce, avant de triompher en 1830.

Du côté des émigrés, c'est le fameux « Milliard des émigrés ». La question des biens nationaux continuait de diviser l'opinion ; on l'avait bien vu aux Cent-Jours. Les victimes des confiscations révolutionnaires ou leurs héritiers réclamaient une restitution de leurs biens, ce qui inquiétait les acquéreurs. C'est pourquoi une autre loi d'avril 1825 ordonne le versement d'une indemnité aux émigrés et aux condamnés spoliés pendant la Révolution. La loi ne spolie pas en retour les acquéreurs de biens nationaux ; au contraire, leurs titres de propriété sont définitivement inattaquables, tandis que le « Milliard » (moins de 630 millions) est très loin de compenser les pertes subies par les anciens propriétaires. Mais le résultat est là. Cette mesure de réconciliation, qui aurait pu être applaudie si elle avait été prise par un Bonaparte sous le Consulat, soulève un tollé du centre à la gauche.

Du côté de la noblesse, un projet de loi de 1826 rétablissait un privilège d'aînesse sous forme d'une double part pour les grosses successions, mais il est rejeté par la Chambre des pairs. Du côté des libertés, c'est un projet restrictif de la liberté de la presse, également rejeté par les pairs (avril 1827), puis le rétablissement de la censure (juin). Parmi les maladresses qui coupent Charles X de larges fractions des bourgeoisies, il y a la dissolution de la Garde nationale de Paris dont certains membres avaient poussé des cris désobligeants (avril 1827). Fatal coup de tête : le gouvernement oublie de récupérer les fusils des gardes nationaux, qui serviront à faire la révolution en 1830.

Pour faire face aux oppositions, Villèle fait nommer une fournée de pairs et dissoudre la Chambre des députés (novembre 1827). Les élections consacrent son échec : il n'y a plus que 180 députés « ministériels » pour le soutenir, contre 180 à leur gauche et 70 à leur droite. Usé, Villèle a épuisé tous les moyens en sa possession. Il se retire.

III | Vers la révolution

144 De Martignac à Polignac. — En janvier 1828, Charles X nomme au ministère un avocat modéré, le comte de Martignac. Celui-ci tente d'apaiser la gauche en faisant fermer des collèges de jésuites et en supprimant la censure (juillet), mais il se heurte à une coalition de la gauche et de la droite qui pratique la politique du pire. Martignac se retire en 1829.

À une opposition systématique, Charles X répond en demandant à son vieil ami le prince Jules de Polignac de former un ministère à dominante « ultra » ; ministère selon son cœur, mais dont la vocation est d'être mis en minorité à la Chambre. La presse d'opposition se déchaîne. « Coblentz, Waterloo, 1815 : voilà les trois principes, voilà les trois personnages du ministère » (*Journal des Débats*, 14 août 1829). Polignac symbolise l'émigration irréductible (Coblentz, en Rhénanie, avait été un nid d'émigrés) ; au ministère de la Guerre, on trouve le général de Bourmont, un ancien chouan passé à l'ennemi à la veille de Waterloo ; le ministère de l'Intérieur est confié à La Bourdonnaye, homme de la Terreur blanche qui réclamait en 1815 « des fers, des bourreaux, des supplices ».

Dès l'ouverture de la session (mars 1830), Charles X fait part aux Chambres de ses intentions sur un ton de fermeté très monarchique : « Si de coupables manœuvres suscitaient à mon gouvernement des obstacles [...] que je ne veux pas prévoir, je trouverais la force de les surmonter. » À ce qui est vécu par eux comme un affront, 221 députés répondent dans une adresse hostile : « La Charte [...] consacre comme un droit l'intervention du pays dans la délibération des intérêts publics. Cette intervention [...] fait du concours permanent des vues politiques de votre gouvernement avec les vœux de votre peuple la condition indispensable de la marche régulière des affaires publiques. Sire, notre loyauté, notre dévouement nous condamnent à vous dire que ce concours n'existe pas. » Les ultras ironisent : « La Convention et l'Empire vont parler au roi. » La Chambre est dissoute (mai). De nouvelles élections (juin-juillet) ramènent 274 opposants à Polignac contre 143. La conciliation s'annonce impossible.

145 LES ORDONNANCES ET LA RÉVOLUTION. — Le roi pourrait s'incliner devant le verdict des urnes, mais il ne le veut pas. Il se croit soutenu par l'opinion – une opinion plus large que celle de l'électorat censitaire – en raison notamment du récent succès de l'expédition d'Alger. Le préfet de police le rassure : Paris est calme. C'est donc l'esprit tranquille que Charles X utilise l'article 14 de la Charte qui lui permet de prendre des ordonnances pour la sûreté de l'État.

Quatre ordonnances sont signées à Saint-Cloud le 25 juillet 1830 : 1 / la presse est muselée, 2 / la nouvelle Chambre est dissoute avant de s'être réunie, 3 / le double vote est supprimé mais le cens électoral sera calculé sur le seul impôt foncier, ce qui vise à exclure les commerçants, présumés mal pensants, 4 / de nouvelles élections auront lieu en septembre. Pour le roi, la sûreté de l'État étant en péril, la validité de ses ordonnances ne fait pas de doute. Conviction et confiance partagées par ses fidèles : « Jamais nous n'avons témoigné ni éprouvé la moindre inquiétude sur l'issue de la lutte que la faction révolutionnaire avait eu l'insolence d'établir entre ses prétentions et les droits du pouvoir légitime » (*Le Drapeau blanc*, 27 juillet). Quelle que soit leur validité, les ordonnances sont politiquement suicidaires. Pour l'opposition, majoritaire à la Chambre, c'est la Charte qui est en danger et le recours à l'article 14 dissimule une tentative de coup d'État : « Le gouvernement a perdu aujourd'hui le caractère de légalité qui commande l'obéissance. Nous lui résisterons pour ce qui nous concerne. C'est à la France à juger jusqu'où doit s'étendre sa propre résistance » (*Le Constitutionnel*, 27 juillet).

Une émeute éclate à Paris. Elle est très mal organisée – la tradition des « journées » s'est perdue – mais la carence étonnante des forces de l'ordre et le souci de Charles X de ne pas faire verser le sang, souci comparable à celui de son aîné Louis XVI, assurent le succès de la révolution des 27, 28 et 29 juillet 1830, qu'on appellera les « Trois Glorieuses » (l'adjectif fait référence à la *Glorious Revolution* anglaise de 1688-1689 qui avait permis de remplacer Jacques II par Guillaume III d'Orange-Nassau dans des circonstances politiques autorisant l'analogie).

Cette révolution parisienne, assez largement républicaine, populaire et étudiante, va-t-elle déboucher sur une seconde République, voire un second Empire (on a crié « vive Napoléon II » dans les rues) ? Va-t-elle faire tache d'huile en province ? Elle va être habilement récupérée par les députés et par les journalistes, notamment le jeune Marseillais Adolphe Thiers, au profit du duc d'Orléans, fils du régicide Philippe Égalité guillotiné en 1793. Charles X abdique le 2 août, oublieux des lois fondamentales, avant de partir pour l'exil. Le 7, à la grande colère des émeutiers républicains, 219 députés (sur 430) et 89 pairs (sur 364) appellent au trône le duc d'Orléans. Le 9, Louis-Philippe, roi des Français « par la volonté nationale », prête serment à une « Charte révisée ».

146 On avait vu apparaître depuis quelques mois, autour du vieux Talleyrand et de Thiers, une sorte de parti orléaniste qui prônait une révolution en douceur : il s'agissait de remplacer la branche aînée des Bourbons par une de leurs branches cadettes, celle des Orléans (voir n° 213). « La France voulait une révolution qui ne fût pas révolutionnaire et qui lui donnât, du même coup, l'ordre avec la liberté », écrira Guizot. Mais ce « parti », peu nombreux, était relativement isolé. Si la majorité du personnel politique s'opposait, parfois violemment, à un ministère ultra, elle cherchait plus à faire plier le roi qu'à le chasser de son trône. Quant aux paysans (la grande majorité du pays), plutôt conservateurs des acquis de la Révolution, ils étaient politiquement passifs. C'est sans doute Charles X qui, par ses maladresses, a tué la Restauration.

Pour aller plus loin

147 Sur la période 1815-1848, A. Jardin, A.-J. Tudesq, *La France des notables,* Le Seuil, 1973, 2 vol. ; P. Bastid, *Les institutions politiques de la monarchie parlementaire française,* Sirey, 1954 ; P. Rosanvallon, *La monarchie impossible. Les chartes de 1814 et de 1830,* Fayard, 1994 ; I. Backouche, *La monarchie parlementaire, 1815-1848,* Pygmalion G. Watelet, 2000 ; J.-C. Caron, *La France de 1815 à 1848,* A. Colin, 1993 ; A. Daumard, *La bourgeoisie parisienne de 1815 à 1848,* A. Michel, 1996 ; B. Gille, *La banque et le crédit en France de 1815 à 1848,* PUF, 1959 ; A. L. Dunham, *La révolution industrielle en France, 1815-1848,* Rivière, 1953 ; P. Bénichou, *Le temps des prophètes. Doctrines de l'âge romantique,* Gallimard, 1977 ; A. Martin-Fugier, *Les romantiques,* Hachette, 1998 ; C. Ledré, *La presse à l'assaut de la monarchie,* A. Colin, 1960. Sur la période 1815-1830, G. de Bertier de Sauvigny (n° 117) est inégalé ; voir aussi E. de Waresquiel, B. Yvert, *Histoire de la Restauration,* Perrin, 1996. Parmi les biographies, P. Mansel, *Louis XVIII,* rééd. Perrin, 2004. Sur le régime, S. Rials (n° 117) renouvelle l'interprétation ; voir aussi A. Laquièze, *Les origines du régime parlementaire en France,* PUF, 2002. Autour de la presse, F. Parent-Lardeur, *Les cabinets de lecture. La lecture publique à Paris sous la Restauration,* Payot, 1982 ; E. Harpaz, *L'école libérale sous la Restauration,* Droz, 1968 ; J.-J. Goblot, *La Jeune France libérale,* Le Globe *et son groupe littéraire,* Plon, 1994. Sur les idées politiques, D. Bagge, *Les idées politiques en France sous la Restauration,* PUF, 1952. De Chateaubriand, *Grands écrits politiques,* présentés par J.-P. Clément, Impr. Nat., 2003, 2 vol. Sur la pensée libérale, S. Holmes, *Benjamin Constant et la genèse du libéralisme moderne,* PUF, 1994 ; M. Gauchet, *De la liberté chez les modernes. Écrits politiques de Benjamin Constant,* Hachette, 1980. Sur les complots, P.-A. Lambert, *La charbonnerie française,* Lyon, PUL, 1995. Sur la chute, D. H. Pinkney, *La révolution de 1830 en France,* PUF, 1988 ; analyse juridique dans F. Saint-Bonnet, *L'état d'exception,* PUF, 2001.

Leçon 14

La Monarchie de Juillet (1830-1848)

148 Née de la révolution parisienne de juillet 1830, la monarchie de Louis-Philippe correspond aux aspirations économiques et politiques des milieux d'affaires et de la haute bourgeoisie qui prennent leur revanche sur une noblesse désormais en relatif déclin. Une fois le régime affermi, son conservatisme va aboutir, sous le ministère Guizot (1840-1848), à un immobilisme qui causera sa perte.

I | La monarchie nouvelle

149 Louis-Philippe. — La personnalité de Louis-Philippe n'est pas étrangère à l'ambiguïté du régime de Juillet.

Né en 1773, le duc d'Orléans a 56 ans en juillet 1830. En 1793, à l'époque où son père Philippe Égalité, député à la Convention, avait voté la mort de son cousin Louis XVI, Louis-Philippe, ci-devant duc de Chartres, était un général « patriote » de 19 ans, ancien combattant de Valmy et de la campagne de Belgique (1792). Compromis dans la défection de son chef Dumouriez (avril 1793), il a dû émigrer, mais, en général, il s'est tenu à l'écart des activités contre-révolutionnaires. Sous la Restauration, il a patronné des menées d'opposition libérale, ce qui ne l'a pas empêché d'être le plus gros bénéficiaire du « Milliard des émigrés ». En 1830, il représente un recours pour ceux qui veulent changer de régime sans rompre avec la forme royale.

La simplicité apparente du comportement de Louis-Philippe et le calme de sa vie familiale sont trompeurs. Les politiques matrimoniales respectives des Bourbons et des Orléans ont fait que ce prince, qualifié un peu vite de « roi bourgeois », descend quatre fois de Louis XIV et a quatre fois plus de sang capétien que son cousin Charles X sur le trône duquel il vient de s'installer. Il sera un roi autoritaire, aimant le pouvoir et son exercice. Loin d'être un « roi-citoyen », il entend régner *sur* les citoyens.

150 UN RÉGIME AMBIGU. — Louis-Philippe règne-t-il quoiqu'il soit un Bourbon ou parce qu'il est un Bourbon (d'une branche cadette, voir n° 213) ? Dans le second cas, il disposerait d'une « quasi-légitimité » provenant de son appartenance à la dynastie ; cette thèse conservatrice, destinée à inscrire le régime dans une forme de continuité, relevait du bricolage.

Le « roi des Français par la volonté nationale » n'a pas de légitimité d'origine. Son pouvoir ne résulte ni de l'hérédité dynastique, moins encore du droit divin, ni d'un vote populaire, ni même de l'insurrection – aux yeux des monarchies européennes, il est le « roi des barricades » – car ce n'est pas en son nom que la foule parisienne a pris les armes en juillet 1830. La « volonté nationale » dont il se réclame a été interprétée par la moitié d'une Chambre censitaire dissoute par Charles X et qui, selon la Charte de 1814, ne représentait pas la nation. Indice significatif : les soutiens du régime, conscients de la charge symbolique et politique du mot « nation », préféreront souvent, à la suite de Guizot, invoquer une souveraineté abstraite de la « raison », supposée fonder la plus incontestable des légitimités. Bref, Louis-Philippe ne disposera au mieux que d'une légitimité d'exercice, résultant du consentement tacite de la majorité de la population à l'exercice du pouvoir par son titulaire du moment.

Comme l'Empire napoléonien, la Monarchie de Juillet se veut une synthèse centriste qui intègre les acquis de 1789 (propriété, liberté, égalité civile). Tricolore, elle revendique elle aussi l'héritage de la Révolution « modérée ». Elle flatte les anciens fidèles de Napoléon, elle encourage le développement de sa légende, mais elle diffère profondément de l'Empire sur trois points au moins.

1 / Sauf l'entreprise de colonisation de l'Algérie, la Monarchie de Juillet est pacifique. D'abord très isolée diplomatiquement en Europe, elle recherchera non une revanche sur le traité de Paris de 1815 mais l'entente avec l'Angleterre.

2 / Contrairement à l'Empire, qui pouvait se targuer d'une quadruple adhésion du peuple (plébiscites de 1799-1800, 1802, 1804, 1815), cette monarchie qui se veut « nationale » tient le peuple à l'écart de la politique. Elle n'a pour assise qu'un électorat censitaire doublé par rapport à celui de la Restauration : le cens est abaissé à 200 F d'impôts directs au lieu de 300. L'électorat ne va s'accroître que par l'enrichissement individuel : en dix-sept ans, on passera de 166 000 électeurs à plus de 240 000, soit 3 % des adultes mâles. (L'électorat n'est élargi que pour les élections municipales – trois millions d'électeurs – et pour celles des officiers de la Garde nationale – quatre millions.) Le régime trouvera ses principaux appuis dans la bourgeoisie terrienne, industrielle et commerçante qui s'accommodera aisément d'un conservatisme social auquel elle aura contribué.

3 / Il s'agit encore d'une monarchie limitée. Dans la « Charte révisée », fruit cette fois d'un « pacte » entre le roi et les Chambres et jurée par Louis-Philippe le 9 août 1830, le très monarchique préambule de 1814 a disparu. Le catholicisme n'est plus la religion de l'État ; les protestants seront souvent de fidèles soutiens du régime, et réciproquement. L'article 13 (ex-art. 14) accorde au roi le pouvoir de faire des règlements et ordonnances, mais « sans pouvoir jamais ni suspendre les lois elles-mêmes ni dispenser de leur exécution ». L'initiative des lois est partagée avec les Chambres. Celle des pairs devient viagère (décembre 1831), ce qui la met à la main du gouvernement et renforce d'autant le poids politique de la Chambre des députés.

Les pratiques préparlementaires vont continuer de se développer (interpellations) et le pays de s'acheminer vers le parlementarisme, mais Louis-Philippe lui-même a du parlementarisme une conception toute personnelle. Il joue de l'instabilité ministérielle (sept ministères de 1834 à 1837) et exerce systématiquement son droit de dissolution, en 1831 (ce qui donne lieu aux premières élections du nouveau régime), 1834, 1837, 1839, 1842 et 1846 ; aucune des législatures de la Monarchie de Juillet n'ira à son terme. Louis-Philippe voudrait une Chambre sur mesure qui le soutienne à travers un président du Conseil effacé et/ou partageant ses vues ; d'où le nombre croissant des députés appartenant à la fonction publique, patronnés par le gouvernement qui peut faire pression sur eux. On a donc tort de prétendre, à la manière des *whigs* anglais, comme le faisait Thiers : « Le roi règne et ne gouverne pas. » Louis-Philippe règne et il gouverne.

II | Installation et affermissement

151 Par comparaison avec celle de 1789-1793, la révolution de 1830 est une révolution « douce », mais elle n'est pas exempte de violences. Les troubles ont perduré – à Paris surtout où les combattants de juillet ont le sentiment de s'être fait voler les Trois Glorieuses – retardant la stabilisation d'un régime soumis dès l'origine à la dialectique du Mouvement et de la Résistance.

152 Le Mouvement et la Résistance. — Il apparaît très vite que la mouvance orléaniste a une aile gauche et une aile droite. Pour les hommes du « Mouvement » – le banquier Laffitte, l'avocat Odilon Barrot, Dupont de l'Eure, La Fayette, etc. – le roi règne « quoique Bourbon » et la révolution de 1830, considérée comme un point de départ, doit être poursuivie. Cet orléanisme de gauche veut une royauté démocratisante qui développe et approfondisse les grandes libertés. Tel n'est pas l'avis de l'aile droite de l'orléanisme. Pour les hommes de la « Résistance » – le richissime industriel Casimir Perier, le duc de Broglie, l'universitaire François Guizot – le roi règne « parce que Bourbon » ; le changement dynastique et le triomphe du « juste milieu » sont moins une révolution qu'un aboutissement historique ; il est hors de question d'aller plus loin que 1830.

La démission de plusieurs ministres de la Résistance (Guizot, Broglie, Molé) ouvre la voie au ministère Laffitte (novembre 1830 - mars 1831). Homme du Mouvement, Laffitte tolère l'agitation antiroyaliste que suscite le procès des ministres de Charles X devant la Chambre des pairs – condamné le 21 décembre 1830 à la prison à vie, Polignac sera libéré en 1836 – et les violences anticléricales en province et à Paris (pillage de l'archevêché, février 1831). Il recherche la popularité et souhaiterait une politique étrangère risquée de soutien aux nationalismes polonais et italien. Louis-Philippe ayant compromis son aile gauche, laquelle lui a servi à canaliser le mouvement révolutionnaire de 1830, il renvoie Laffitte. Peu à peu, les hommes du Mouvement vont se détacher de l'orléanisme proprement dit pour former une « gauche dynastique » d'opposition.

Le ministère de mars 1831 est présidé par Casimir Perier, aussi anticlérical que son prédécesseur mais homme de la Résistance et de la manière forte. Suite au vote d'une loi impitoyable sur les attroupements (10 avril 1831), les forces de l'ordre répriment à Paris les manifestations ouvrières ; l'armée mate la révolte des canuts de Lyon (décembre). Perier applique strictement les lois qui favorisent la liberté économique et les patrons. Ses préférences vont au parlementarisme, avec un président du Conseil fort, ce qui aurait pu engendrer des frictions avec le roi, mais il meurt du choléra (mai 1832).

Après plusieurs combinaisons ministérielles et la fin des désordres populaires, liée en partie à la reprise économique de 1834-1835, Louis-Philippe a enfin, avec Molé, un ministère selon ses vues (1836-1839). Il est vrai que Molé est renversé par une coalition parlementaire et que les élections de 1839 sont un échec pour le gouvernement, mais en 1840 le régime est assez solidement installé.

153 L'AFFERMISSEMENT DU RÉGIME. — L'affirmation de l'autorité du roi face aux pressions parlementaires – de mai à octobre 1832, Louis-Philippe a gouverné sans président du Conseil – n'a pas été le seul élément de consolidation du régime.

Au départ, le pays a connu la plus rude épuration administrative du XIXe siècle, en attendant celles de la IIIe République. Beaucoup de royalistes fidèles à Charles X (légitimistes) l'ont devancée en démissionnant ou en refusant de prêter serment à l'« usurpateur ». On a récupéré en partie le personnel napoléonien qui avait été mis à l'écart sous la Restauration. Dans un second temps, en sens inverse, Perier a écarté des hauts fonctionnaires trop marqués à gauche.

Il faut noter ensuite toute une œuvre de construction législative. La loi Guizot (28 juin 1833) impose l'entretien d'une école, laïque ou non, par chaque commune ; on espère, sous la coupe des maires et des préfets, « moraliser » la jeunesse et les classes populaires en évitant le double danger catholique-légitimiste (clergé) et républicain. Les conseils locaux étant désormais élus au suffrage censitaire (1831-1833), les lois municipale (1837) et départementale (1838) introduisent une dose de décentralisation.

Enfin et surtout, le régime a réussi à vaincre ses oppositions sur trois fronts. Beaucoup de légitimistes se sont mués en « émigrés de l'intérieur », souvent réfugiés sur leurs terres où ils renforcent leurs liens avec la paysannerie. En 1832, la duchesse de Berry a tenté en vain de soulever la Vendée en faveur de son fils, petit-fils de Charles X (voir n° 213) ; les mesures policières qui ont suivi (arrestations, perquisitions) ont choqué nombre de catholiques sympathisants, mais depuis lors, comme courant politique, le légitimisme est inoffensif.

Le bonapartisme est quasi inexistant. Louis-Napoléon Bonaparte, neveu de Napoléon Ier, en fait l'expérience quand avortent ses tentatives de coup de force à Strasbourg en 1836, puis à Boulogne en 1840, l'année même du retour triomphal des cendres de Napoléon en France, organisé par le gouvernement Thiers : ce contraste montre toute la distance séparant la légende napoléonienne (sentimentale, littéraire, artistique) du bonapartisme (politique).

Les républicains sont plus dangereux, avec leur presse (journaux, brochures, pamphlets), leurs associations (telle la « Société des amis du peuple » créée en juillet 1830 par Godefroy Cavaignac, Buchez, Blanqui et Raspail), leurs sociétés secrètes (il s'agit de tourner des lois restrictives). Dans les premières années, les républicains déçus par 1830 ont renoué avec la tradition insurrectionnelle. Ils ont profité du choléra pour tenter de soulever Paris en arborant le drapeau rouge (obsèques du général Lamarque, juin 1832). L'insurrection a été matée par la troupe, mais leur propagande a repris, d'où le vote de lois d'exception sur la presse et les associations (1834) qui provoquent des émeutes à Lyon et à Paris (avril), noyées dans le sang. Les élections de juin 1834 consomment la déroute des républicains. L'aventurier Fieschi ayant tenté d'assassiner le roi en juillet 1835, de nouvelles lois répressives durcissent le fonctionnement des cours d'assises et le régime de la presse (« lois de septembre ») ; on n'a plus le droit de parler de la République ; les républicains vont se dire « démocrates » ou « radicaux ». En mai 1839, Armand Barbès et Auguste Blanqui fomentent une ultime insurrection à Paris. Son écrasement rapide n'a rien d'étonnant : l'opposition républicaine avait subi des coups d'arrêt décisifs dans les années 1832-1835.

154 RÉPUBLICANISME ET IDÉES SOCIALES. — Provisoirement discrédité, le camp démocrate et républicain est en pleine mutation. Marginalisé, il devient plus révolutionnaire. La chose est évidente pour un insurgé de profession comme Blanqui, héritier de la tradition babouviste, qui prône la lutte des classes et la « dictature du prolétariat », mais elle est vraie aussi des républicains légalistes. La mouvance la plus solide après 1840, celle des « radicaux », se détourne du libéralisme, officiellement au pouvoir, pour renouer avec le jacobinisme et rêver d'un 1793 modernisé, édulcoré de ses aspects terroristes : revanche internationale sur 1815, nationale sur l'escamotage politique de 1830, suffrage universel, instruction du peuple.

Parallèlement, au contact des socialismes naissants, lesquels ne constituent pas un mouvement politique mais une nébuleuse idéologique autour de thèmes dominants (association ouvrière, propriété collective des moyens de production et d'échanges, etc.), le programme des républicains intègre des préoccupations sociales de plus en plus affirmées : dignité de l'ouvrier, organisation du travail, droit au travail. Ce phénomène est favorisé par une politique gouvernementale qui laisse se détériorer la condition ouvrière (stagnation ou baisse des salaires liée à la baisse des prix industriels, alors que le protectionnisme maintient les prix des denrées de première nécessité) et réprime indistinctement menées républicaines et flambées sociales (les grèves sont illégales depuis 1791). Avant de trouver sa consécration dans l' « esprit de 1848 » et dans l'idée d'une « République sociale », l'osmose partielle entre républicanisme et socialisme est illustrée par la personnalité de Louis Blanc, à la fois républicain « radical » et adepte d'un socialisme réformiste d'État : par le suffrage universel, la démocratie politique permettrait à l'État de développer la démocratie sociale en finançant et organisant des coopératives de production.

Au-delà des cercles républicains, les diverses pensées socialistes (saint-simonisme, fouriérisme, etc.) peuvent nourrir une philanthropie généreuse, socialisante plus que socialiste, par exemple celle d'un Louis-Napoléon Bonaparte.

III | LE « MOMENT GUIZOT » (1840-1848)

155 Le long ministère Guizot marque le triomphe de la Résistance. Cette stabilité institutionnelle est trompeuse. La ligne de fracture politique ne sépare plus une majorité et une opposition au sein des Chambres, mais la classe gouvernante et les exclus du pouvoir. Aveugle ou indifférent au danger, Guizot se satisfait d'un immobilisme contre lequel on va passer de la contestation à la révolution.

156 LE TRIOMPHE DE LA RÉSISTANCE. — Après la chute de Molé, un ministère Soult (1839) et un ministère Thiers (1840) se débattent dans des difficultés de tout ordre. La crise économique internationale (1836-1839) a fait croître le chômage et baisser les salaires, d'où une multiplication des grèves (1840), tandis que monte le désir d'une réforme élargissant le corps électoral, désir auquel Louis-Philippe reste sourd, au risque de s'aliéner les classes moyennes pourtant conservatrices (petite bourgeoisie des commerçants et artisans, petits paysans propriétaires).

Le ministère Soult-Guizot d'octobre 1840 est l'aboutissement des combinaisons du roi. Guizot, sans le présider encore (il faudra attendre septembre 1847), domine ce ministère ; c'est la première fois depuis Necker qu'un protestant occupe cette place. L'homme est très intelligent et volontaire mais il ne porte pas ombrage au roi car il agit en harmonie avec lui. Si Guizot est un historien brillant, conscient de l'inscription d'un régime politique dans l'histoire, il voit dans la Monarchie de Juillet un équilibre à conserver strictement. À l'extérieur, la paix est maintenue, mais l' « entente cordiale » signifie souvent effacement de la France derrière l'Angleterre. À la Chambre, la stabilité politique est retrouvée, mais au prix d'une corruption des députés fonctionnaires dévoués au gouvernement.

À la stagnation politique correspond un immobilisme social rendu possible par une conjoncture économique redevenue favorable. Déjà Perier disait des ouvriers : « Il n'y a de remède pour eux que la patience et la résignation. » On assiste pourtant à une double tentative de sensibilisation de l'opinion à la misère des humbles : 1 / par les enquêtes d'inspiration catholique de Villeneuve-Bargemont, un ancien préfet royaliste, et du docteur Villermé (*Tableau de l'état physique et moral des ouvriers employés dans les manufactures de coton, de laine et de soie*, 1840), 2 / par les courants socialistes. Or l'État libéral a accompagné la révolution industrielle en mettant en œuvre une politique économique (grands travaux, débuts du chemin de fer) génératrice de prospérité, mais il se méfie des « classes dangereuses » et intervient peu en matière sociale : une loi de 1841 a bien interdit le travail des enfants avant l'âge de 8 ans et limité à huit heures par jour celui des enfants de moins de 12 ans, mais elle n'est guère appliquée.

157 DE LA CONTESTATION À LA RÉVOLUTION. — Après un triomphe artificiel aux élections de 1846, la mécanique s'enraye. La disette de 1846, la dernière de l'histoire française, et la crise de 1847 perturbent l'économie. La conséquence la plus grave est la montée d'un chômage qui, au total, en raison notamment des progrès du machinisme, aura doublé (1 300 000).

Le régime n'a pas su créer de toutes pièces un sentiment monarchique et les oppositions vont en profiter. Le débat politique se concentre sur le désir d'une réforme électorale, relayé par la presse : *Le Constitutionnel* (journal nationaliste, anticlérical, favorable à Thiers), *Le Siècle* de la gauche dynastique (Odilon Barrot), *Le National* (auréolé de la gloire acquise lors de la révolution de 1830, devenu républicain modéré), *La Réforme* des « radicaux » (Ledru-Rollin, Louis Blanc), etc. L'abaissement du cens était réclamé depuis longtemps. On connaît la réponse de Guizot en 1843 : « Enrichissez-vous par le travail, par l'épargne et la probité. » En quinze ans le nombre des électeurs a augmenté de moitié, mais mécaniquement.

Louis-Philippe ne voit pas de raisons de s'inquiéter : à 74 ans, il ne se montre pas plus lucide que Charles X (72 ans en 1830). Il est vrai que les oppositions parlementaires sont divisées. Il est vrai aussi que les campagnes sont calmes et les paysans, dans l'ensemble, politiquement passifs ; ils se sont souvent endettés pour accéder à la propriété ou arrondir leur patrimoine mais se satisfont d'une politique protectionniste qui soutient les prix ; les ouvriers agricoles, à la différence de ceux de l'industrie, ont bénéficié d'une hausse des salaires. Une fois de plus, le danger est à Paris, ville dont la population a beaucoup augmenté (plus de 1 050 000 habitants *intra muros*) sans qu'un urbanisme archaïque ait permis aux immigrés de province d'y vivre autrement que dans la misère : *Les Mystères de Paris* d'Eugène Sue ont paru en feuilleton dans *Le Siècle* en 1842.

Pour tourner les lois restreignant la liberté de réunion, les oppositions organisent en 1847 des banquets où l'on réclame l'abaissement du cens ou, plus rarement, le suffrage universel. Cette campagne a une audience assez limitée, mais l'interdiction d'un banquet à Paris tourne mal. Le 22 février 1848, des manifestations sont dispersées par la police. Le 23, la Garde nationale reprend les slogans hostiles à Guizot. Louis-Philippe se sépare de son ministre, mais c'est pour rappeler Molé. Le soir venu, les républicains relancent l'agitation. Des soldats perdent leur sang-froid et ouvrent le feu ; on compte 16 morts. Le 24, Paris se couvre de barricades. Louis-Philippe abdique et s'enfuit, répétant : « Pire que Charles X ! Cent fois pire que Charles X ! » (Il mourra en Angleterre le 26 août 1850.)

À l'Hôtel de Ville s'est formé un gouvernement provisoire qui se prononce pour la République.

158 Moment historique majeur dans la marche du pays vers le parlementarisme, la Monarchie de Juillet illustre aussi l'importance du hasard dans l'histoire. Ce régime sans légitimité aurait pu ne pas voir le jour en 1830 : l'hypothèse d'une République modérée présidée par un La Fayette n'était pas plus absurde qu'une autre. Aussi bien il aurait pu ne pas tomber en 1848 si le sang n'avait pas coulé et surtout si la monarchie avait évolué à l'écoute des franges inférieures de la classe moyenne et en tenant compte des nouvelles sensibilités du siècle.

Pour aller plus loin

159 Pour comprendre le régime, G. Antonetti, *Louis-Philippe,* Fayard, 1994, et A.-J. Tudesq, *Les grands notables en France,* PUF, 1964, 2 vol. ; voir aussi H. Robert, *La Monarchie de Juillet,* PUF, 1994, et les ouvrages généraux signalés au n° 147. Sur la représentation, L. Jaume, Guizot et la philosophie de la représentation, *Droits,* n° 15, 1992, p. 141 et s., et G. Bacot, La représentation politique. Le tournant de la Monarchie de Juillet, *Droits,* n° 6, 1987, p. 69 et s. Sur deux caractéristiques du régime, F. Julien-Laferrière, *Les députés fonctionnaires sous la Monarchie de Juillet,* PUF, 1970, et P. Albertini, *Le droit de dissolution et les systèmes constitutionnels français,* PUF, 1977. Sur la vie politique, P. Vigier, *Paris pendant la Monarchie de Juillet,* Hachette, 1991 ; C. Guionnet, *L'apprentissage de la politique moderne. Les élections municipales sous la Monarchie de Juillet,* L'Harmattan, 1997. Sur l'opposition légitimiste, H. de Changy, *Le soulèvement de la duchesse de Berry,* DUC, 1986. Sur l'opposition républicaine et les pensées socialistes, I. Tchernoff, *Le parti républicain sous la Monarchie de Juillet,* Pedone, 1901 ; J. Gilmore, *La République clandestine, 1818-1848,* Aubier, 1997 ; G. Perreux, *Aux temps des sociétés secrètes. La propagande républicaine au début de la Monarchie de Juillet,* Hachette, 1931 ; J. Beecher, *Fourier. Le visionnaire et son monde,* Fayard, 1993 ; A. Picon, *Les saint-simoniens,* Belin, 2002 ; P. Haubtmann, *Pierre-Joseph Proudhon,* Desclée de Brouwer, 1988 ; G. Hourdin, *Lamennais,* Perrin, 1982. Sur le grand penseur libéral de la période, très en marge du régime, P. Manent, *Tocqueville et la nature de la démocratie,* Julliard, 1982 ; A. Jardin, *Tocqueville,* Hachette, 1984 ; F. Mélonio, *Tocqueville et les Français,* Aubier, 1993. Sur la société, J. Lhomme, *La grande bourgeoisie au pouvoir, 1830-1880,* PUF, 1960 ; L. Chevalier, *Classes laborieuses, classes dangereuses à Paris pendant la première moitié du XIXe siècle,* rééd. Hachette, 1984. Sur l'agitation ouvrière et les insurrections, J.-P. Aguet, *Contribution à l'histoire du mouvement ouvrier français. Les grèves sous la Monarchie de Juillet,* Droz, 1954 ; T. Bouchet, *Le roi et les barricades,* Seli Arslan, 2000 ; F. Rude, *Les révoltes des Canuts, 1831-1834,* rééd. La Découverte, 2007 ; J.-C. Caron, *L'été rouge. Chronique de la révolte populaire en France, 1841,* Aubier, 2002. Sur Guizot, P. Rosanvallon, *Le moment Guizot,* Gallimard, 1985 ; M. Valensise (dir.), *François Guizot et la culture politique de son temps,* Gallimard / Le Seuil, 1991.

Leçon 15

La Seconde République (1848-1852)

160 Plus que celle de 1830, la révolution de février 1848 a une dimension romantique. Nombre de républicains, rationalistes d'ordinaire, cèdent pour un temps à un grand élan passionnel et généreux qui donnera à la République sa devise *Liberté, Égalité, Fraternité* mais restera à peu près unique dans l'histoire de la gauche française.

Le romantisme, qui n'était pas incompatible en soi avec l'esprit de la Restauration, avait tourné au libéralisme sous Charles X. Au passage, il s'était emparé d'une légende napoléonienne à laquelle l'Empereur avait lui-même contribué en soignant à Sainte-Hélène son image de fils de la Révolution (publié en 1823, *Le Mémorial de Sainte-Hélène* du comte de Las Cases est l'un des best-sellers du XIXe siècle). Par la suite, en réaction contre la froideur désespérément raisonnable d'une Monarchie de Juillet qui pourtant essayait de récupérer la légende de Napoléon, le romantisme a pu être séduit par l'idée républicaine ; en témoignent les parcours à long terme des poètes Lamartine et Victor Hugo. Or le choc émotionnel et psychologique de 1848 et l'avènement républicain du suffrage universel vont donner à un neveu de Napoléon l'occasion imprévisible de concrétiser politiquement la Légende.

Une fois passée l'euphorie des premières semaines, la Seconde République s'embourgeoise en réprimant les menées ouvrières et socialistes, puis elle donne le pouvoir à deux institutions qui la trahissent chacune à sa façon : une Assemblée législative monarchiste, qui revient sur le principe essentiel du suffrage universel, et un président de la République, Louis-Napoléon Bonaparte, qui, par le coup d'État du 2 décembre 1851, restaure le suffrage universel mais, par la même occasion, abat le régime de 1848 avant de lui substituer l'Empire.

I | Quarante-huit

161 Les débuts de la République sont marqués par un enthousiasme sympathique et désordonné. Ensuite les « Quarante-huitards » et l'Assemblée constituante se heurteront aux réalités.

162 Le Gouvernement provisoire. — Le 24 février 1848, un Gouvernement provisoire est improvisé à l'Hôtel de Ville. Ses inspirateurs sont d'abord les hommes du *National* et de *La Réforme*, les deux journaux qui viennent d'animer la campagne des banquets. On y trouve Lamartine et l'avocat radical Ledru-Rollin, le journaliste Armand Marrast, l'astronome Arago, etc., des hommes généreux, sans expérience du pouvoir, journalistes et avocats pour la plupart. Sauf les jeunes socialistes Louis Blanc et Albert, l'ouvrier du groupe, ils sont assez modérés : on a refusé le drapeau rouge (25 février) pour conserver le drapeau tricolore, celui de la première Révolution mais aussi celui de la Monarchie de Juillet.

Parmi les mesures prises, la plupart dans les premiers jours, il en est de brutales : on républicanise la magistrature et l'administration (tous les préfets sont remplacés par des commissaires de la République). Il en est de libérales : restauration des libertés de la presse et de réunion (4 mars). Il en est de symboliques : abolition des titres de noblesse. Il en est de généreuses : abolition de l'esclavage les 4 mars et 27 avril (supprimé en 1794, l'esclavage avait été rétabli sous le Consulat), engagement de « garantir du travail à tous les citoyens » (25 février), limitation de la journée de travail à dix heures à Paris, à onze heures en province (2 mars). Une commission présidée par Louis Blanc est chargée d'élaborer des lois sociales (28 février), mais l'idée ambiante d'un droit au travail (cf. Déclaration de 1793, art. 21) ne débouchera pas sur le socialisme : les « Ateliers nationaux » (6 mars) ne sont qu'une extension du système des ateliers de charité, destinée à fournir du travail aux citoyens les plus démunis.

Certaines mesures sont de nature à rassurer les modérés que pouvait affoler le spectre d'un nouveau 1793. Il n'y aura ni Terreur ni émissions monétaires inconsidérées : la peine de mort est supprimée en matière politique (26 février), un plafond d'émission imposé à la Banque de France. Si l'esprit de 1848 fait retour aux thèmes de la Révolution, c'est sans violence organisée – la plupart des violences de 1848 sont ponctuelles et spontanées – ni hostilité à la religion. C'est pourquoi, dans un premier temps, le clergé s'accommode mieux de cette révolution que des précédentes : les curés n'hésitent pas à bénir des arbres de la Liberté.

Enfin politiquement, et couronnant le tout, la mesure essentielle est l'adoption du suffrage universel direct masculin (2-5 mars). On passe sans transition de 240 000 électeurs à plus de 9 millions. Il ne s'agit pas d'une énième réforme électorale : c'est la naissance d'une nouvelle religion politique. À ce moment, la France est la plus grande « démocratie » du monde.

Néanmoins les difficultés surgissent très vite. Contrairement à la Monarchie de Juillet, la République n'a pas la confiance des milieux d'affaires. En outre, les impôts rentrant mal, le gouvernement est conduit dès le 16 mars à augmenter les impôts directs de 45 % (les « 45 centimes »), ce qui le rend impopulaire aux yeux des contribuables, en particulier des propriétaires fonciers et des paysans. Quant aux Ateliers nationaux, ils dégénèrent. Au bout de trois mois, ils comptent 100 000 chômeurs payés pour d'inutiles travaux de terrassement. Cette « grève permanente et organisée » (Falloux) scandalise même une petite bourgeoisie républicaine : par confusion avec les « ateliers sociaux » que préconisait Louis Blanc, on craint que l'assistance d'État débouche sur une forme de socialisme.

163 L'Assemblée constituante. — Consciente de sa faible audience en province, l'extrême gauche socialiste a cherché à retarder l'élection de l'Assemblée constituante en fomentant les « journées » des 17 mars et 16 avril 1848. En vain. Les élections ont lieu le 23 avril. Elles sont marquées par une participation massive (84 %) et un enthousiasme communicatif que préfigurait, le 20, la grande fête parisienne de la Fraternité : « Un *million d'âmes*, oubliant toute rancune, toute différence d'intérêts, pardonnant au passé, se moquant de l'avenir, et s'embrassant d'un bout de Paris à l'autre au cri de *Vive la fraternité !* c'était sublime » (George Sand). Les Français se sont convertis à la religion du suffrage universel.

Les résultats de ces élections donnent une forte majorité à des bourgeois républicains modérés (500 sièges) – Lamartine, premier élu dans la Seine, a été choisi par 10 départements – entre une droite monarchiste qui se fait discrète (200 députés) et une gauche radicale animée par Ledru-Rollin (100). Le 4 mai, l'Assemblée constituante se réunit et proclame définitivement la République. C'est dire que le régime ne résulte ni de l'insurrection ni de la déclaration du 24 février (« Le Gouvernement provisoire veut la République ») mais de la volonté du peuple.

Les « socialistes » ne sont qu'une petite minorité. Désavouée par le suffrage universel, l'extrême gauche cherche à prendre le pouvoir par un autre moyen. La « journée » du 15 mai échoue, bien que les manifestants aient envahi l'Assemblée ; elle discrédite les socialistes et le monde ouvrier ; les chefs seront déportés (Albert, Blanqui, Barbès), Louis Blanc, compromis, devra s'enfuir en août. Le 21 juin, l'Assemblée prend une décision qui était dans l'air depuis près d'un mois : elle décide de fermer les Ateliers nationaux. Le fossé s'est creusé entre une République « bourgeoise », soutenue par les paysans conservateurs, et les ouvriers « rouges » qui veulent la révolution sociale. L'est de Paris se soulève (23 juin). La Commission exécutive, qui avait été nommée en mai par l'Assemblée pour remplacer le Gouvernement provisoire, démissionne le 24 juin : le général Eugène Cavaignac, ministre de la Guerre, frère du républicain de 1830, reçoit les pleins pouvoirs pour ramener l'ordre. La bataille des 25-26 juin est sanglante (peut-être 5 000 morts), la répression sévère (4 000 déportations). Ces « journées de juin » aggravent la haine sociale. Deux mois plus tard, la journée de travail sera rallongée (douze heures).

Convertie aux vertus d'un exécutif monocéphale, la Constituante a nommé Cavaignac président du Conseil des ministres (28 juin). En chantier depuis mai, le projet de constitution est retouché fin août dans un sens conservateur. Le débat entamé le 4 septembre aboutit à l'adoption de la constitution le 4 novembre. Innovation notable dans un régime républicain, l'exécutif est confié à un président de la République. Plus classiquement, au motif que le « peuple » ne peut être représenté dans deux corps distincts et que le bicamérisme pourrait être une source de conflits au sommet de l'État, donc « un principe de désordre » (Armand Marrast), le législatif a une Assemblée unique. De nouveau on a refusé une Chambre haute à l'anglaise qui, pour beaucoup, en freinant les emportements de la Chambre basse, aurait été un moyen de modération législative. Techniquement, le régime est présidentiel (ni responsabilité ministérielle devant l'Assemblée, ni droit de dissolution).

Faute de moyen juridique de résoudre un désaccord politique grave entre le président et l'Assemblée, on s'est exposé à l'emploi de « remèdes » radicaux, mais on pense que de tels conflits n'interviendront pas : l'Assemblée sera l' « âme » de la République, le président son « bras » (Marrast). Un bras doté cependant d'une puissante légitimité, parce qu'élu comme l'Assemblée au suffrage universel direct. Une sorte de « roi électif » ? Certains s'en inquiétaient : en créant « deux pouvoirs égaux qui prétendent l'un et l'autre être souverains, [...] il y a conflit, et quand il y a conflit, la révolution est au bout, et toujours de très près » (Martin de Strasbourg). D'autant plus que le peuple pouvait élire un membre d'une famille ayant régné sur la France. On songeait à Louis-Napoléon Bonaparte, neveu de Napoléon Ier, déjà élu député lors de plusieurs partielles (juin, septembre). Pourtant la règle de l'élection présidentielle au suffrage universel l'a emporté, élevée par une majorité au rang de nouveau dogme : « Quand même le peuple choisirait celui que ma prévoyance, mal éclairée peut-être, redouterait de lui voir choisir, n'importe : *Alea jacta est !* que Dieu et le peuple prononcent » (Lamartine).

La gauche modérée et certains conservateurs espèrent l'élection du général Cavaignac, républicain d'ordre, mais son handicap majeur est d'être le « boucher de juin » aux yeux de l'extrême gauche. Le président élu le 10 décembre 1848 sera Louis-Napoléon Bonaparte. Son succès est écrasant : 5,5 millions de voix contre 1,4 à Cavaignac. Le radical Ledru-Rollin (370 000 voix), le démocrate-socialiste Raspail alors en prison (37 000) et Lamartine (18 000) ramassent les miettes.

Dans ce triomphe, plusieurs facteurs se sont entrecroisés. 1 / Par défaut de candidat d'envergure nationale, Louis-Napoléon a reçu le soutien d'une autre partie des conservateurs persuadés d'en faire leur instrument (Thiers : « C'est un crétin que l'on mènera »). 2 / Il a bénéficié de la division des républicains entre quatre candidats. 3 / Il a profité du développement spectaculaire de la légende napoléonienne sous la Monarchie de Juillet. 4 / Légende ou non, le nom de Bonaparte était plus connu qu'aucun autre dans la France profonde qui découvrait brutalement le suffrage universel. 5 / Ce nom faisait du prince, pour les « patriotes », le symbole d'une revanche sur 1815. 6 / Surtout, l'homme s'est placé résolument au-dessus des partis, ce qui a fait de lui le candidat ambigu de la majorité des amis de l'ordre et de la majorité des mécontents fauteurs de désordre, y compris des « rouges » qui ont vu en lui, contre Cavaignac, un vengeur possible de la répression de juin. Il est vrai que Louis-Napoléon avait publié en prison, dans les années 1840, divers écrits socialisants, telle sa célèbre *Extinction du paupérisme* (1844).

Pour voir fonctionner la nouvelle constitution, il restait à désigner l'Assemblée législative.

II | L'Assemblée législative et le prince-président

164 L'Assemblée et le Parti de l'Ordre. — L'époque de l'Assemblée législative est celle d'une lutte du « Parti de l'Ordre » contre une nouvelle Montagne, qui donne lieu à une réaction législative lourde de conséquences.

Les élections du 13 mai 1849 voient la victoire du Parti de l'Ordre. Les notables légitimistes et orléanistes, avec l'appoint de quelques républicains conservateurs, recueillent 53 % des voix et 450 sièges, les républicains modérés seulement 12 % et 100 sièges. À l'extrême gauche, autour de Ledru-Rollin, les « démocrates socialistes », également appelés « Montagnards » en souvenir de 1793, recueillent 35 % des voix et 200 sièges (carte n° 168).

Le bon résultat des « rouges » – d'autant plus relatif que ces républicains intransigeants ne sont pas tous socialistes, loin de là – inquiète les notables vainqueurs. La politique de la Seconde République devient d'un conservatisme exaspérant pour la gauche. La France est en train d'intervenir militairement à Rome pour mater une insurrection républicaine et rétablir le pouvoir temporel du pape sur ses États. En riposte, Ledru-Rollin répète l'erreur de mai 1848 : le 13 juin 1849, il organise une manifestation qui tourne à l'émeute contre l'Assemblée. Son échec est suivi d'une répression antimontagnarde. Ledru-Rollin s'exile à son tour. L'Assemblée peut poursuivre dans la voie de la réaction.

La peur des « rouges » semble tout emporter : peur de leurs réunions politiques, de leur presse, de leur influence présumée sur la jeunesse par l'intermédiaire des instituteurs, peur du moindre de leurs succès aux élections partielles. Sous l'impulsion des notables du Parti de l'Ordre, la République se dote en 1849-1850 d'un arsenal législatif aux antipodes de l'esprit de 1848. Une loi de juin 1849 supprime pratiquement la liberté d'association et de réunion. La loi Falloux (15 mars 1850) établit la liberté de l'enseignement et permet de développer un enseignement secondaire catholique imperméable à la propagande républicaine et socialiste : les bourgeois orléanistes, souvent d'esprit voltairien, se sont réconciliés avec l'Église par un réflexe de peur sociale. La loi la plus significative est celle du 31 mai 1850 qui impose, entre autres conditions, trois ans de résidence continue pour être électeur, ce qui exclut les populations instables ou migrantes, jugées dangereuses (l'électorat est réduit d'environ 30 %). Elle est suivie d'une loi qui limite la liberté de la presse dont les tirages s'effondrent.

Ces lois sont l'œuvre de l'Assemblée et reflètent sa politique. Le président de la République a laissé faire. Son objectif est autre.

165 TACTIQUE ET STRATÉGIE PRÉSIDENTIELLES. — Fort de sa légitimité populaire et de son nom prestigieux, Louis-Napoléon Bonaparte n'entend pas rester soumis à une Assemblée en majorité orléaniste et légitimiste. Il conquiert la suprématie en deux temps : il s'appuie sur l'opinion pour neutraliser l'Assemblée, puis il use de la force pour l'abattre.

En vertu de la constitution, la marge de manœuvre du président de la République est faible. Impulsions et orientations ne peuvent venir que de l'Assemblée. Louis-Napoléon en a profité, laissant à la majorité la responsabilité des mesures impopulaires, tandis qu'il exploitait au maximum les prérogatives que lui accordait le texte de 1848. Les ministres n'étant pas explicitement responsables devant les députés, le président s'entoure à partir du 31 octobre 1849 de plusieurs équipes de fidèles sans se préoccuper de l'état des forces à l'Assemblée. Nommant nombre de hauts fonctionnaires civils et militaires, il peut compter sur le soutien de certains préfets et de la majeure partie de la force armée. Cependant, c'est politiquement que Louis-Napoléon tire le plus grand avantage de sa position. Fort des

5,5 millions de suffrages de décembre 1848 et conformément à l'esprit du bonapartisme, il se présente au pays comme un rassembleur au-dessus des « dangereuses » querelles internes qui divisent les monarchistes, comme un garant contre la menace « rouge », bref, comme l'unique recours. (Il ne lui manque qu'un parti ; mais il ne saurait en avoir un, sauf à contredire l'idée de rassemblement.)

Travaillant son image par des voyages en province, Louis-Napoléon se montre proche du peuple. Après avoir approuvé et laissé adopter des lois rigoureuses, notamment celle du 31 mai 1850 restreignant l'accès au suffrage, il prend ses distances et le fait savoir. Grâce à cette tactique, systématique en 1851, et à l'issue d'une campagne nationale de pétitions orchestrée par les bonapartistes – plus d'un million de signatures (carte n° 169) – une large partie de l'opinion en vient à souhaiter une révision de la constitution qui permettrait la réélection du président en 1852, année de la fin de son mandat et de celui des députés. L'Assemblée évente le piège. Le 19 juillet 1851, elle vote en faveur de la révision, mais à la majorité simple de 446 voix ; or il en fallait 543 (les trois quarts). Elle tombe dans un autre piège le 13 novembre en rejetant la proposition présidentielle d'abroger la loi du 31 mai 1850. Louis-Napoléon fait figure de victime et il a contribué à discréditer une Assemblée qui passe pour s'opposer à la volonté de l'universalité du peuple. La route du coup d'État « nécessaire » est dégagée.

166 Du 2 décembre 1851 au 2 décembre 1852. — Le coup de force a lieu le 2 décembre 1851. La dissolution inconstitutionnelle de l'Assemblée vise sa majorité conservatrice, mais c'est la gauche républicaine qui s'insurge à Paris et dans certaines régions du Centre et du Midi. Les soulèvements sont assez vite maîtrisés mais la répression, méthodique, durera des mois, assurée par les conseils de guerre, les cours d'assises et des « commissions mixtes » formées du préfet, d'un général et d'un magistrat.

Ce coup d'État, justifié dans l'instant par la nécessité d'agir fermement, est légitimé par le rétablissement du suffrage universel. Le peuple français est invité : 1 / explicitement à prolonger jusqu'à dix ans le mandat présidentiel et à approuver les grands axes d'une nouvelle constitution conforme aux principes napoléoniens, 2 / implicitement à laver Louis-Napoléon de l'opprobre du coup d'État et du sang versé à cette occasion. Le plébiscite des 20-21 décembre 1851 est triomphal : 7 500 000 *oui* (92 %), 640 000 *non*. La carte du *oui* (n° 170) rappelle celle des pétitions pour la révision (n° 169) ; l'adhésion au bonapartisme est surtout le fait d'une France moderne, riche et alphabétisée (Nord-Est).

Le président peut affirmer le 31 décembre : « La France a répondu à l'appel loyal que je lui avais fait. Elle a compris que je n'étais sorti de la légalité que pour rentrer dans le droit. Plus de sept millions de suffrages viennent de m'absoudre. » La constitution du 14 janvier 1852, inspirée de celle de l'an VIII, est taillée sur mesure : chef de l'État dominateur, contre-pouvoirs affaiblis, Conseil d'État renforcé. Cette constitution n'a qu'une apparence républicaine. Au prince-président il ne manque plus que le titre d'empereur. D'où un second plébiscite (21-22 novembre 1852), plus impressionnant encore que le précédent : 97 % de *oui*. L'Empire est rétabli le 2 décembre 1852, jour anniversaire du couronnement de Napoléon Ier (1804), de la bataille d'Austerlitz (1805) et du coup d'État de 1851.

En 1815, Napoléon avait abdiqué en faveur de son fils Napoléon II, le « roi de Rome », mort en 1832. C'est pourquoi le Second Empire aura pour empereur Napoléon III.

Pour aller plus loin

167 Parmi les ouvrages généraux, M. Agulhon, *1848 ou l'apprentissage de la République,* rééd. Le Seuil, 2002 ; L. Girard, *La IIe République,* Calmann-Lévy, 1968 ; P. Vigier, *La Seconde République,* rééd. PUF, 1992, et *1848. Les Français et la République,* rééd. Hachette, 1998 ; S. Aprile, *La IIe République et le Second Empire,* Pygmalion, 2000 ; S. Aprile, R. Huard, P. Lévêque, J.-Y. Mollier, *La révolution de 1848 en France et en Europe,* Éd. sociales, 1998. On consultera avec profit la collection « Centenaire » aux PUF (ex. : C. Schmidt, *Des Ateliers nationaux aux barricades de Juin,* 1948) ainsi que la très républicaine *Revue d'histoire du XIXe siècle* (anciennement *1848, Révolutions et mutations au XIXe siècle*) et ses bibliographies. Un modèle d'histoire régionale, P. Vigier, *La Seconde République dans la région alpine,* PUF, 1963, 2 vol. ; voir aussi M. Agulhon, *La République au village,* Plon, 1970. Sur le régime et la vie politique, F. Luchaire, *Naissance d'une constitution, 1848,* Fayard, 1998 ; P. Bastid, *Doctrines et institutions politiques de la Seconde République,* Hachette, 1945, 2 vol. ; G. Weill, *Histoire du parti républicain en France, 1814-1870,* rééd. Alcan, 1928 ; J. Maitron *et al., Dictionnaire biographique du mouvement ouvrier,* Éd. ouvrières, 1964-1966 (3 vol. pour la période 1789-1864) ; M. Agulhon, *Les Quarante-huitards,* rééd. Gallimard, 1992 ; T. J. Clark, *Le bourgeois absolu. Les artistes et la politique en France de 1848 à 1851,* Art éd., 1992 ; F. L'Huillier, *Lamartine en politique,* Pr. univ. de Strasbourg, 1993 ; N. Schmidt, *Victor Schœlcher et l'abolition de l'esclavage,* Fayard, 1994.

Deux observateurs : A. de Tocqueville, *Souvenirs,* rééd. Gallimard, 1978, et K. Marx, *Les luttes de classes en France,* rééd. Éd. sociales, 1984. Sur l'ascension de Louis-Napoléon, A. Dansette, *Louis-Napoléon à la conquête du pouvoir,* Hachette, 1961 ; A.-J. Tudesq, *L'élection présidentielle de Louis-Napoléon Bonaparte,* A. Colin, 1965. Sur le coup d'État, L. Willette, *Le coup d'État du 2 décembre 1851,* Aubier, 1982 ; K. Marx, *Le 18 Brumaire de Louis Bonaparte,* rééd. Éd. sociales, 1993 ; F. Saint-Bonnet, Technique juridique du coup d'État, dans Fréd. Bluche (dir.), *Le prince, le peuple et le droit,* PUF, 2000, p. 123 et s. ; Fréd. Bluche, Le sacre du constituant, *Droits,* n° 32, 2000, p. 135 et s. ; bibliographie sur le coup d'État dans *Revue d'histoire du XIXe siècle,* n° 22, 2001.

168 Les voix démocrates-socialistes en 1849

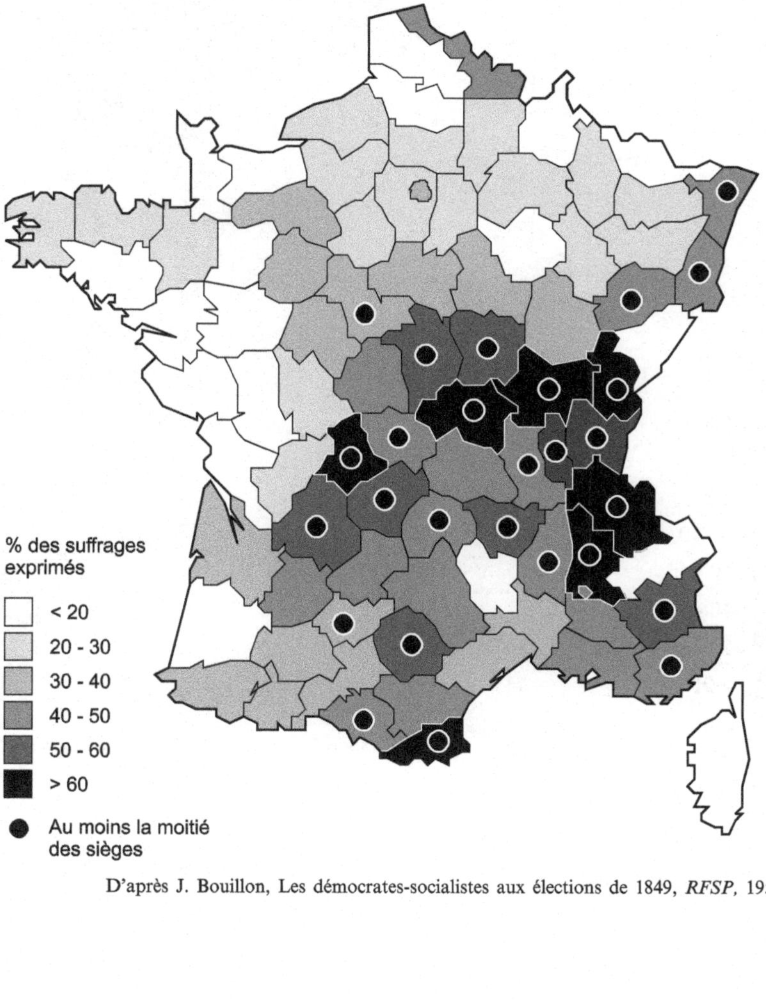

D'après J. Bouillon, Les démocrates-socialistes aux élections de 1849, *RFSP,* 1956.

169 Les pétitions pour la révision constitutionnelle (1851)

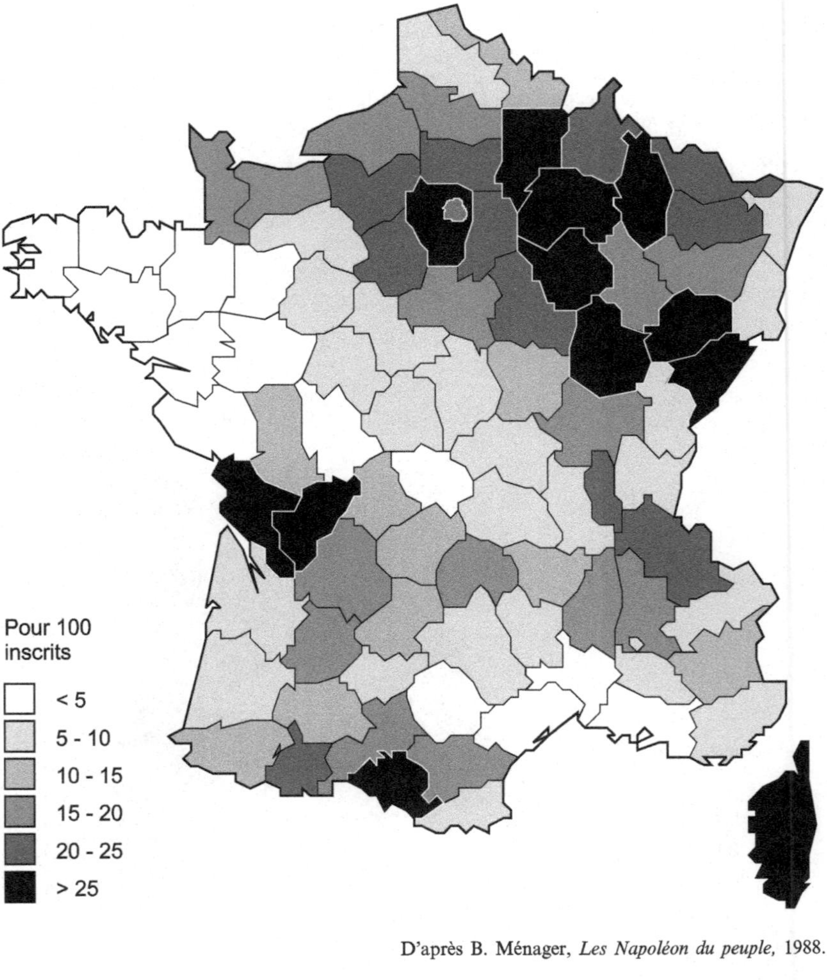

D'après B. Ménager, *Les Napoléon du peuple,* 1988.

170 LE VOTE AFFIRMATIF AU PLÉBISCITE DE DÉCEMBRE 1851

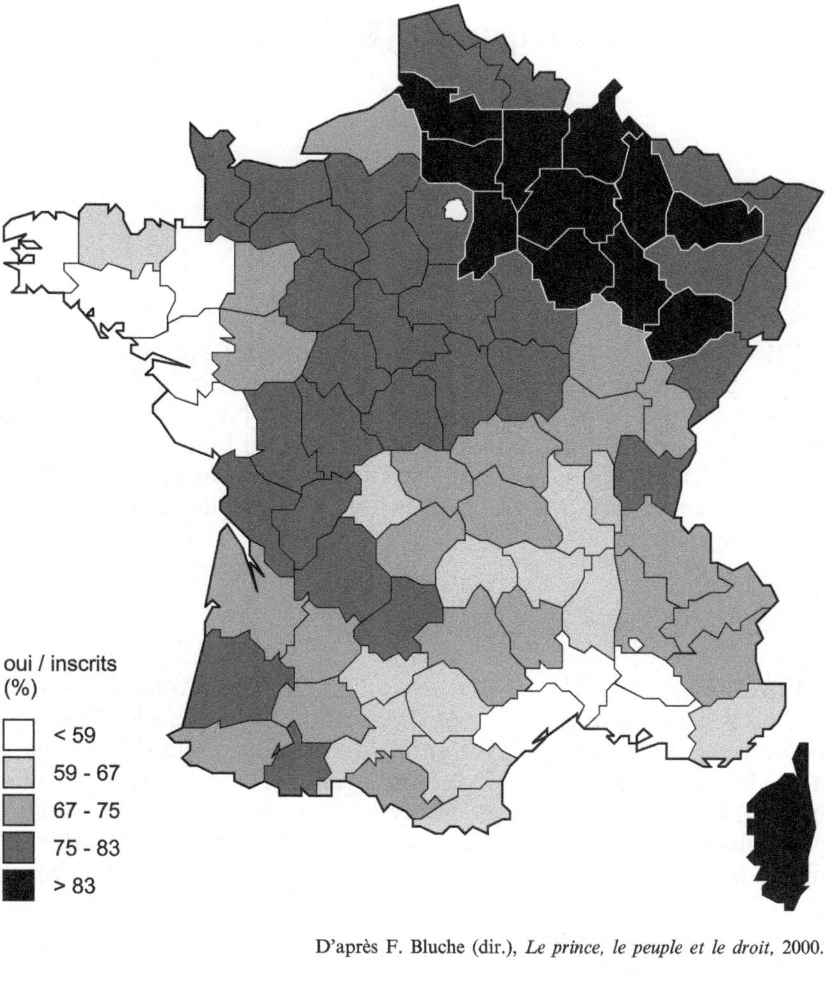

D'après F. Bluche (dir.), *Le prince, le peuple et le droit,* 2000.

Leçon 16

Le Second Empire (1852-1870)

171 Longtemps le Second Empire a été noirci par une historiographie républicaine passionnée. Aujourd'hui la mode serait presque à tresser des lauriers à Napoléon III. Ni dans sa première version, autoritaire, ni dans celle, libéralisée, qui lui a fait suite dans les années 1860, le régime louis-napoléonien ne saurait faire l'objet d'une interprétation univoque. Il en est de même de ses conséquences à long terme.

I | L'Empire autoritaire

172 Napoléon III. — Né en 1808, Charles Louis Napoléon Bonaparte est le fils de Louis, roi de Hollande, frère de Napoléon, et de la reine Hortense, fille de Joséphine de Beauharnais. Enfant fragile, sensible, émotif, généreux, il a acquis en exil une culture assez étendue et moderne (mathématiques, quatre langues vivantes) mais n'en fait pas étalage. L'homme est timide et mauvais orateur ; cela ne pardonne pas en politique au XIXe siècle ; d'où l'erreur commise en 1848, quand Thiers voyait en lui un « crétin » qu'il serait possible de manœuvrer.

La reine Hortense lui avait insufflé la conviction qu'un Bonaparte devait avoir un destin national. Après la mort de son cousin le « roi de Rome » (1832) et de son oncle Joseph (1844), celle de son père Louis (1846) a fait de lui le chef de la dynastie Bonaparte (voir n° 185). Mais il n'a pas attendu aussi longtemps pour se lancer dans une vie de conspirateur qui l'a conduit en Italie (1830-1831) puis à Strasbourg (1836) et à Boulogne (1840) où, par deux fois, sans moyens ni soutiens, il a tenté de soulever la troupe pour renverser Louis-Philippe. Refusant d'admettre qu'il n'y avait plus de bonapartistes en France, il confondait le bonapartisme et une légende napoléonienne en plein essor, littéraire et sentimentale, encouragée par le gouvernement de Louis-Philippe qui faisait rapatrier les cendres de Napoléon (1840). Condamné à la prison à vie après sa tentative de Boulogne, Louis-Napoléon s'est évadé du fort de Ham en 1846.

Avant et pendant sa captivité, il a publié plusieurs ouvrages et des articles dans des journaux républicains. Nourri du *Mémorial de Sainte-Hélène*, il a toujours cru à la mission des Bonaparte fils de la Révolution, au principe des nationalités, à la nécessité d'un Empire rassembleur, autoritaire, soutenu par le peuple, qui permettrait une libéralisation ultérieure. Ce qui était souvent calcul chez l'oncle forgeant sa légende est devenu conviction chez le neveu. À la différence de son oncle, le prince se passionne pour les questions économiques et sociales. Quoique partisan du libre-échange, il réoriente le bonapartisme dans le sens d'une philanthropie socialisante au goût du siècle (*Extinction du paupérisme*, 1844). Homme d'une gauche très modérée, attaché à la souveraineté du peuple, désireux de s'allier aux républicains, il a vu se dresser devant lui un mur de méfiance puis de haine : jamais les républicains ne lui pardonneront le coup d'État du 2 décembre 1851.

173 Le pouvoir impérial. — Le Second Empire, comme le premier, se veut le fils et le consolidateur de la Révolution : « La constitution reconnaît, confirme et garantit les grands principes proclamés en 1789, et qui sont la base du droit public des Français » (constitution de 1852, art. 1). L'innovation politique majeure est la place faite à la démocratie plébiscitaire. Le président de la République puis l'empereur est « responsable devant le peuple français, auquel il a toujours le droit de faire appel » (art. 5). Ce procédé de démocratie directe sera peu pratiqué – il n'y aura qu'un plébiscite après 1852, celui de 1870 – mais les élections législatives auront un caractère plébiscitaire officieux de refondation périodique du régime.

La constitution, encore républicaine en janvier 1852, impériale dès décembre, modernise celle de l'an VIII. Pour Louis-Napoléon, « puisque la France ne marche depuis cinquante ans qu'en vertu de l'organisation administrative, militaire, judiciaire, religieuse, financière du Consulat et de l'Empire, pourquoi n'adopterions-nous pas aussi les institutions politiques de cette époque ? » (Proclamation du 14 janvier 1852). Le pouvoir impérial n'a pas de réel contre-pouvoir, mais il a besoin de « conseils éclairés ». Le Conseil d'État conseille le gouvernement dans l'élaboration des projets de loi. Ces projets, le Corps législatif les « accepte » sans pouvoir les amender. Les députés ne peuvent voter ni adresses ni interpellations : les ministres de l'empereur ne sauraient être responsables politiquement à la manière parlementaire. Un Sénat est rétabli, qui rappelle celui de Napoléon ; gardien et interprète de la constitution, il peut la modifier – à l'exception des « bases » adoptées par le peuple en décembre 1851 – moyennant un sénatus-consulte sanctionné et promulgué par l'empereur.

174 UNE POLITIQUE D'ORDRE. — Sous le Second Empire, la vie politique est réduite, l'administration très présente, active, pesante. Les préfets bénéficient d'une déconcentration accrue (décret du 25 mars 1852). La bureaucratie s'alourdit. Le nombre des fonctionnaires va doubler (les places sont plus attractives depuis la généralisation de la pension de retraite en 1853). En contrepartie, le Conseil d'État, chargé notamment de « résoudre les difficultés qui s'élèvent en matière d'administration » (art. 50 de la constitution), prêtera une oreille attentive aux réclamations des administrés en ouvrant largement le « recours pour excès de pouvoir ».

Le contrôle de l'opinion commence à la base. Le système éducatif est sous la surveillance du ministre de l'Instruction publique qui veille à dé-républicaniser le corps enseignant. La presse est muselée par les moyens classiques (autorisation, paiement d'un droit de timbre, cautionnement) ; les journaux doivent publier les communiqués du gouvernement ; tout journal est suspendu après deux avertissements du préfet, interdit au troisième.

Les oppositions sont neutralisées. Le gros des catholiques peut être satisfait et le clergé est docile car l'ordre napoléonien repose sur l' « alliance du Trône et de l'Autel ». Les légitimistes sont en quelque sorte piégés. Certains se rallient. Les autres, restés fidèles au comte de Chambord, sont inoffensifs : ils boudent dans leurs provinces et ironisent dans leurs salons, comme ils le faisaient déjà sous la Monarchie de Juillet. Bourgeois et hommes d'affaires orléanistes, dont la fidélité dynastique n'est pas le caractère dominant, se satisfont d'une économie prospère, lorsqu'ils ne se convertissent pas à l'Empire. Quant aux républicains, beaucoup ont été déportés en 1851-1852 et la police surveille efficacement les autres.

Le ciment de cette politique d'ordre est l'utilisation du suffrage universel. Aux élections législatives, qui ont lieu au scrutin uninominal à deux tours (le plébiscite de 1851 excluait le « scrutin de liste qui fausse l'élection »), les candidatures sont libres mais le vote des électeurs est dirigé. Les candidats « officiels » – bonapartistes et ralliés au régime – bénéficient du soutien des préfets et des fonctionnaires de tout rang ; seuls ils ont droit à l' « affiche blanche », réservée d'ordinaire aux annonces légales et qui peut leur donner une légitimité particulière aux yeux des citoyens. Comme en février-mars 1852, les « officiels » remportent une victoire facile aux élections de juin-juillet 1857 : 5,5 millions de voix contre 665 000 (moins de 11 %). Sur sept élus républicains, l'un se rallie à l'Empire et trois refusent de prêter serment d'obéissance à la constitution et de fidélité à l'empereur. Parmi les trois restants, on note la présence d'un avocat brillant, Émile Ollivier.

175 LE RÉVEIL DES OPPOSITIONS. — La persistance d'une opposition républicaine, même faible, inquiète le gouvernement. Or un patriote italien, Orsini, essaie d'assassiner Napoléon III en janvier 1858 ; il lui reprochait de trahir son passé de présumé carbonaro en empêchant l'unité italienne (quoique mêlé à l'insurrection dite des Romagnes de 1830-1831, Louis-Napoléon, à la différence de son aîné Napoléon-Louis, mort en 1831, n'avait sans doute pas été affilié au carbonarisme). D'où une répression antirépublicaine, marquée par des déportations sans jugement.

Les résultats semblent concluants. Après sa victoire sur l'Autriche en Italie (victoires de Magenta et de Solférino), qui fait de lui le parrain de l'unité italienne, l'empereur décrète une assez large amnistie (août 1859). L'Empire est solidement assis, mais le bonapartisme n'a pas réussi à investir tout le champ politique : il y a toujours des légitimistes, des orléanistes, des républicains. Surtout, les deux principaux soutiens du régime n'approuvent plus sa politique. D'une part l'affaire italienne (1859-1860) froisse l'Église et la droite catholique car l'Italie unifiée a annexé une partie des États pontificaux ; ce ne sont pas les audaces laïcisantes de Victor Duruy, ministre de l'Instruction publique (1863-1869), qui pourront les apaiser. D'autre part Napoléon III, soucieux de rassurer l'Angleterre et personnellement convaincu des bienfaits du libre-échange, veut forcer l'industrie française à se moderniser et à baisser ses prix ; d'où le traité franco-anglais signé en 1860, qui indispose la bourgeoisie industrielle conservatrice et protectionniste.

C'est dans ce contexte que l'empereur esquisse une première ouverture. Dès 1860-1861, l'autorité du Corps législatif est renforcée : droit de voter des adresses, publication intégrale des débats, contrôle détaillé du budget. La vie politique se réveille. Des catholiques et des conservateurs n'hésitent pas à s'allier à des républicains au sein d'une « Union libérale » qui va présenter des candidats uniques aux élections. En 1863, les « officiels » recueillent 5,3 millions de voix (tassement), les oppositions presque 2 millions (trois fois plus qu'en 1857) et 32 sièges. En 1864, Thiers, dans un discours retentissant, réclame les « libertés nécessaires » (individuelle, de presse, électorale, parlementaire). L'heure est aux reclassements politiques. Des bonapartistes libéraux se rapprochent des républicains ralliés d'Émile Ollivier pour former un « Tiers Parti » qui réclame également le parlementarisme.

II | L'Empire libéralisé

176 Les raisons d'une libéralisation. — S'il est vrai que le carcan de l'autorité a commencé de se desserrer en 1860, il est excessif de parler dès cette date, comme on le fait communément, d'un « Empire libéral ». L'année décisive serait plutôt 1867.

Les raisons de la libéralisation du Second Empire sont nombreuses. 1 / La plus apparente est la pression des oppositions politiques. L'opposition du Tiers Parti est déterminante car elle est à la fois résolue, loyaliste et constructive. Émile Ollivier et ses amis libéraux ne remettent pas l'Empire en cause, ils entendent le réformer de l'intérieur en accédant au gouvernement ; attitude qui n'a rien à voir avec celle des purs républicains, lesquels veulent abattre le régime. 2 / Il faut compter aussi avec la conviction de Napoléon III, née en partie de sa lecture personnelle des écrits de son oncle, conviction renforcée par la suite, souvent affirmée dans ses propres écrits, que l'autorité devait un jour naturellement déboucher sur la liberté. 3 / Enfin l'empereur est un homme malade – il mourra en 1873 de la maladie de la pierre – et qui accumule les déceptions.

À l'extérieur, après les succès de la guerre de Crimée contre la Russie (1854-1856) et de la campagne d'Italie contre l'Autriche (1859), Napoléon III s'est empêtré dans une expédition hasardeuse de soutien à Maximilien d'Autriche, éphémère empereur du Mexique (1863-1867). Pris au piège de son adhésion au principe des nationalités, il n'a pas fait grand-chose pour arrêter les progrès de la Prusse, victorieuse de l'Autriche à Sadowa (1866) et autour de laquelle est en train de se construire l'unité allemande. À l'intérieur, sa politique est mal comprise. Au premier chef, sa politique ouvrière n'est pas payée de retour.

177 UNE POLITIQUE OUVRIÈRE HARDIE. — Anesthésiés par la répression de juin 1848 et dégoûtés par la Seconde République, les ouvriers français rêvaient de coopératives proudhoniennes plus que d'insurrections blanquistes. Après 1860, alors que des catholiques et certains industriels se détournent de lui, Napoléon III met ses idées en pratique. Il prend contact avec des ouvriers parisiens. En 1862, il en envoie 200 à Londres, élus par leurs pairs, pour s'y informer sur le système syndical britannique. Parallèlement, il gracie des grévistes condamnés.

Les républicains prennent peur : si l'Empire se rallie les ouvriers, qui en période de révolution industrielle représentent l'électorat de l'avenir, c'en est fait des espoirs de république. Aux élections de 1863, les républicains constatent qu'ils mordent peu sur l'électorat ouvrier et socialiste. Les élections partielles sont plus rassurantes. En outre, le manifeste ouvrier « des Soixante » (février 1864) mêle à des revendications proudhoniennes (liberté du travail, solidarité) les thèmes du programme républicain. La fracture de 1848 semble en voie de se réduire. C'est dans ce contexte encore incertain que Napoléon III, passant outre aux réticences des patrons, frappe un coup qu'il peut croire décisif.

La loi du 25 mai 1864 reconnaît le droit de « coalition » (action concertée, jusqu'alors délictueuse, d'ouvriers ou de patrons pour la défense de leurs intérêts respectifs) sous condition de respecter la liberté du travail, ce qui autorise la grève mais non la pratique des piquets de grève. L'Empire semble prêt à aller plus loin, car, sans les autoriser, il tolère peu ou prou les syndicats clandestins, mais cette politique de la main tendue est contrecarrée par la formation de l'Association internationale des Travailleurs (Londres, 1864). Au sein de cette première « Internationale », les proudhoniens se heurtent à l'influence du marxisme et de son dogme de la lutte des classes. En 1867, les marxistes vont se déchaîner contre les régimes autoritaires et bourgeois.

S'il se dit volontiers « socialiste », Napoléon III ne peut s'accommoder de l'internationalisme. La section française de l'Internationale va être dissoute. Elle renaîtra en 1868. En 1870, on s'apprêtera à la dissoudre encore et beaucoup d'ouvriers auront choisi leur camp : ils aspireront à la République.

178 L'OUVERTURE DE 1867-1868. — Le 19 janvier 1867, Napoléon III fait publier une lettre écrite par lui à Eugène Rouher, son ministre d'État, l'homme fort du régime, symbole du bonapartisme autoritaire, où il annonce l'extension des libertés. Un décret du même jour rétablit le droit d'interpellation et permet corollairement à tout ministre, par délégation spéciale de l'empereur, de défendre sa politique devant le Sénat ou le Corps législatif. Ce dernier se réveille, les débats se durcissent. L'exemple d'opposition le plus typique est celui de la réforme militaire. Il s'agissait, face à la puissance montante de la Prusse, d'élargir le recrutement d'une armée trop professionnelle et trop habituée au théâtre d'opérations d'Afrique du Nord. De rectification en modification – sur fond d'hostilité paysanne et bourgeoise au principe de la conscription – la loi Niel est presque vidée de son contenu (janvier 1868).

Napoléon III ne se décourage pas. Deux lois assouplissent le régime de la presse (11 mai 1868) et des réunions (6 juin). Les républicains en profitent. Leurs journaux connaissent un développement rapide. Le jeune avocat Léon Gambetta accède à la notoriété en novembre 1868, dans un procès de presse, par une violente plaidoirie qui tourne au réquisitoire politique contre l'Empire.

179 L'EMPIRE LIBÉRAL MORT-NÉ. — La campagne électorale pour 1869 est très animée. Le célèbre programme radical, ou « programme de Belleville », est axé sur le « vrai » suffrage universel (libre de toute candidature officielle), les libertés publiques, l'hostilité à l'armée de métier, une stricte laïcité (anticléricalisme, séparation de l'Église et de l'État). La revendication d'une instruction primaire laïque et obligatoire répond en grande partie à une préoccupation politique : il s'agit pour les républicains de former une jeunesse républicaine. « Politiques » avant tout, les « radicaux » se montrent, en matière sociale, très en retrait par rapport aux socialistes : ils se contentent de réclamer une réduction des inégalités.

En mai-juin 1869, les candidats gouvernementaux recueillent 57 % des voix, les oppositions 43 %. Les républicains, majoritaires dans les grandes villes, ont une grosse trentaine de députés ; leurs succès sont encore très localisés (carte n° 186) mais beaucoup de scrutins ont été serrés. Thiers et les orléanistes obtiennent une quarantaine de sièges, Émile Ollivier et son Tiers Parti 125. Les bonapartistes autoritaires (95 députés) sont en pleine déconfiture.

La victoire du Tiers Parti accélère les réformes. Rouher démissionne (juillet). Le sénatus-consulte du 8 septembre confirme le tournant du régime. Le Sénat change de nature : il devient une chambre haute, ce qui réintroduit le bicaméralisme en France. L'initiative des lois est partagée avec les deux Chambres. Le droit d'interpellation est élargi. Les ministres forment un cabinet et peuvent être choisis au sein des Chambres. Ce cabinet est responsable devant l'empereur, mais le nouveau système peut annoncer une responsabilité devant les députés ; en tout cas, c'est Ollivier qui, à la manière parlementaire, choisit le ministère formé le 2 janvier 1870.

Malgré la violence de l'opposition républicaine, la logique réformatrice va à son terme en rejoignant la logique plébiscitaire. Le sénatus-consulte du 20 avril 1870 est une nouvelle constitution qui intègre toutes les réformes précédentes. Le cabinet est « responsable » tout court, ce qui pourrait autoriser une évolution parlementaire, en tout cas une forme d'alternance politique dans le cadre impérial. Pourtant le régime conserve sa nature plébiscitaire : on ne pourra plus réviser la constitution sans la sanction du peuple constituant (art. 44). Le 8 mai 1870, ce texte et l'ensemble des réformes libérales sont soumis à un nouveau plébiscite : plus de 7,3 millions de *oui* (82 %), moins de 1 600 000 *non* (17 %). Beaucoup de républicains sont désespérés par ces résultats. Napoléon III exulte : « J'ai retrouvé mon chiffre ! » Il peut se croire assuré d'une « vieillesse heureuse », selon la formule d'Émile Ollivier.

180 SEDAN ET LE 4 SEPTEMBRE. — Conforté à l'intérieur par ce triomphe populaire, l'Empire va être abattu de l'extérieur. Le chancelier prussien Bismarck entend achever l'unité de l'Allemagne en abaissant la puissance française. Il veut la guerre. À cette fin, il fait publier la fameuse dépêche d'Ems qui semble traiter la France par le mépris dans une affaire de succession au trône d'Espagne. Le 19 juillet 1870, la France donne dans le piège : elle déclare la guerre à la Prusse sans s'en être donné les moyens. L'empereur est vaincu et fait prisonnier à Sedan (2 septembre).

À Paris, le 4 septembre 1870, les députés républicains prennent la situation en main. Gambetta proclame la déchéance de Napoléon III, Jules Favre la République à l'Hôtel de Ville.

III | L'HÉRITAGE DU SECOND EMPIRE

181 LE BILAN. — La IIIe République a hérité du Second Empire. Le bilan est contrasté, le passif lourd : une France vaincue, humiliée, amputée de l'Alsace et de la Moselle dont l'acquisition de Nice et de la Savoie (1860) ne saurait compenser la perte.

En matière économique, la France avait trop de retard sur l'Angleterre pour combler son handicap en dix-sept ans, et la population n'a pas assez augmenté tandis que croissait rapidement celle de l'Europe, mais le Second Empire a été une époque de prospérité quasi générale qui n'a pas seulement profité aux nantis. L'actif est considérable dans tous les secteurs : commerce, industrie (la mécanisation a multiplié par trois beaucoup d'indices de production), agriculture modernisée, un réseau ferré passé de 3 500 à 18 000 km (les interventions de l'État ont porté la marque du saint-simonisme), un système bancaire révolutionné (grandes banques de dépôt, apparition du chèque), un droit commercial adapté à la révolution économique (loi du 24 juillet 1867 sur les sociétés par actions, appliquée jusqu'en 1966), une législation sociale hardie, etc.

La médaille a son revers, par exemple en matière d'urbanisme. Napoléon III voulait faire des grandes villes et de leurs banlieues industrielles des centres économiques. Les grands travaux ont créé des emplois, enrichi les entreprises, amélioré l'habitat, l'hygiène, la circulation des marchandises... et celle des forces de l'ordre (avec des avenues larges, on espérait ne plus revoir les terribles combats de rue de naguère). À Paris (1 800 000 habitants en 1870, y compris la périphérie réunie en 1860), le préfet Haussmann, imité en province, a remodelé le paysage et repoussé loin du centre les populations « dangereuses » incapables de payer les loyers des immeubles neufs, voire ceux des logements anciens, également à la hausse, d'où un sentiment de haine pour les propriétaires.

Sans être négligeables, loin de là, ces éléments de l'héritage ont un aspect partiellement conjoncturel. Dans le domaine politique, par contre, l'influence du Second Empire a été décisive et durable.

182 L'HÉRITAGE CONSTITUTIONNEL. — Par réaction contre l'Empire, les républicains ont renoué avec leur méfiance envers un exécutif fort et ont abandonné leur position de 1848 sur le mode d'élection du chef de l'État.

La conduite de Louis-Napoléon président de la Seconde République, le coup d'État de 1851 et ses suites répressives, l'Empire autoritaire, tout cela a rendu impossible pour longtemps la consécration constitutionnelle d'un gouvernement fort. En 1789, seul l'organe législatif avait la confiance des révolutionnaires. Le phénomène s'est accentué ensuite : les « patriotes » ont jugé intolérable l'usage du veto royal. La méfiance à l'encontre de l'exécutif a atteint son paroxysme à l'époque de la Terreur (suppression des ministères le 1er avril 1794, remplacés par douze commissions aux compétences éclatées). Si elle s'inscrivait dans la ligne de la pensée de Jean-

Jacques Rousseau, elle prolongeait aussi une contestation ancienne (« le roi est mal entouré ») qui avait tourné, au XVIIIᵉ siècle, à la contestation systématique du « despotisme ministériel ». Dès le Directoire, la méfiance à l'égard de l'exécutif s'est atténuée (apparition du pouvoir réglementaire), et Bonaparte a pu restaurer la notion de « gouvernement ». Or, à cause de son neveu, la méfiance tournera à la suspicion chronique sous la IIIᵉ République. À partir de 1879, on ne laissera plus le président user de toutes ses prérogatives. Les présidents de la République autoritaires devront démissionner et, sauf exceptions, on se méfiera des présidents du Conseil dominateurs.

De même, le souvenir de Napoléon III a empêché pendant un siècle l'élection du chef de l'État au suffrage universel direct. Le président des IIIᵉ et IVᵉ Républiques sera élu par les Chambres, avec les marchandages que cela suppose. Le raisonnement est simple : si Louis-Napoléon a pu tuer la République, c'est parce qu'il avait été élu en 1848 au suffrage universel. Pour des générations de républicains, jusqu'à la majorité de l'Assemblée nationale dissoute par le général de Gaulle en 1962, l'élection du président au suffrage universel sera plus ou moins synonyme de plébiscite, ouvrant la porte au coup d'État et à la dictature césarienne. En ce domaine, la majorité des républicains avait peur du suffrage universel.

Conséquences de cette double phobie de l'exécutif fort et d'une élection populaire du chef de l'État : la tendance du parlementarisme à tourner au régime d'assemblée (jusqu'en 1958) et l'instabilité ministérielle.

183 L'ACCLIMATATION DU SUFFRAGE UNIVERSEL. — Napoléon III a résisté à ceux qui lui conseillaient de renoncer aux dangers du suffrage universel. À sa façon, il était démocrate. C'est pourquoi il a rétabli le suffrage universel le 2 décembre 1851. Pourtant les apparences sont contre lui.

Lors des élections législatives du Second Empire, il y a deux catégories de candidats, les « officiels » et les autres, les bons et les mauvais. Les candidats du gouvernement bénéficient de tous les avantages que procure le soutien de l'administration. La pression exercée en leur faveur est considérable. Autrement dit, le système électif de l'Empire ne serait pas démocratique : « En traitant les électeurs comme des mineurs en tutelle, le régime contredit l'inspiration démocratique dont il se réclame » (Guy Antonetti). Contre cette thèse classique il suffirait de noter que la candidature officielle était inévitable vu le caractère plébiscitaire des élections – il s'agissait officieusement, tous les six ans, d'une refondation « constituante » du régime, le combat électoral opposant l'Empire à ses ennemis – mais on peut se contenter d'un constat sociologique.

En 1848, on était passé sans transition de 240 000 électeurs à plus de 9 millions. La victoire du Parti de l'Ordre en 1849 avait montré que beaucoup de Français étaient encore prêts à se réfugier dans les bras de leurs protecteurs les notables monarchistes, lesquels s'étaient empressés de limiter le droit de suffrage par la loi du 31 mai 1850. Rien n'avait préparé les masses à l'exercice de ce droit. On peut donc considérer les électeurs des années 1850, sans connotation péjorative, comme des « mineurs » en politique. Alors leur « tutelle » prend une autre signification.

En 1851, en 1852, le citoyen de base vote oui au plébiscite, massivement et plus librement qu'on ne l'a longtemps cru. Il accepte la logique plébiscitaire du régime, même aux élections législatives quand il vote pour le candidat de S.M. l'empereur en obéissant aux consignes de M. le préfet. Ce faisant, l'électeur est-il nécessairement ou entièrement docile et passif ? Soutenir l'Empire peut aussi bien relever d'une attitude active et positive, surtout à la campagne et à l'époque où renaissent les oppositions « de droite » au régime. Voter pour l'Empire permet à certaines populations d'échapper à la pression de leurs « tuteurs » traditionnels – le noble châtelain, le grand propriétaire, le curé – sans risquer l'aventure où pourraient les mener des républicains souvent réputés révolutionnaires, socialistes (peur des « rouges ») et politiquement peu sérieux.

La tutelle d'un enfant prend fin avec sa majorité ou son émancipation. Après 1870-1871, les monarchistes vont apprendre à leurs dépens que dix-sept années et demie d'Empire ont formé un autre électorat qui se ralliera assez vite à la République. Paradoxalement, la « candidature officielle » a pu être porteuse d'une certaine pédagogie démocratique.

Pour aller plus loin

184 Parmi les ouvrages généraux, A. Plessis, *De la fête impériale au mur des fédérés,* rééd. Le Seuil, 1979 ; J. Garrigues, *La France de 1848 à 1870,* A. Colin, 1995 ; T. Dehant, S. Sénéchal, *Les Français sous le Second Empire,* Privat, 2006 ; J. Tulard (dir.), *Dictionnaire du Second Empire,* Fayard, 1995, et *Pourquoi réhabiliter le Second Empire ?,* Bernard Giovanangeli, 1997. Parmi les biographies, P. Milza, *Napoléon III,* rééd. Perrin, 2006 ; L. Girard, *Napoléon III,* rééd. Hachette, 2002. Sur le régime, T. Zeldin, *The political system of Napoléon III,* Londres, Mac Millan, 1958 ; Fréd. Bluche (dir.), *Le prince, le peuple et le droit,* PUF, 2000 ; V. Wright, *Le Conseil d'État sous le Second Empire,* A. Colin, 1972 ; B. Le Clère, V. Wright, *Les préfets du Second Empire,* A. Colin, 1973. Sur l'instruction publique, P. Raphaël, M. Gontard, *Un ministre de l'Instruction publique sous l'Empire autoritaire, Hippolyte Fortoul,* PUF, 1976 ; J. Rohr, *Victor Duruy, ministre de Napoléon III,* LGDJ, 1967. Sur la vie politique, É. Anceau, *Les députés du Second Empire,* Champion, 2000 ; C. Voilliot, *La candidature officielle. Une pratique d'État de la Restauration à la IIIe République,* Rennes, PUR, 2005 ; L. Girard (dir.), *Les élections de 1869,* Rivière, 1960. Sur la presse, R. Bellet, *Presse et journalisme sous le Second Empire,* A. Colin, 1967 ; P. Laharie, *Contrôle de la presse, de la librairie et du colportage sous le Second Empire,* Arch. nat., 1996. Sur les oppositions, P. Guiral, *Prévost-Paradol,* PUF, 1955 ; *Les républicains sous le Second Empire* (collectif), EDHIS, 1988. Sur l'économie et la société, C.-H. Pouthas, *Démocratie, réaction, capitalisme, 1848-1860,* rééd. PUF, 1983 ; A. Plessis, *La politique de la Banque de France de 1851 à 1870,* Droz, 1985 ; L. Girard, *La politique des travaux publics du Second Empire,* A. Colin, 1952 ; J. Gay, *L'amélioration de l'existence à Paris sous le règne de Napoléon III,* Droz/Champion, 1986 ; J. Lhomme, *La grande bourgeoisie au pouvoir, 1830-1880,* PUF, 1960 ; *Les entrepreneurs du Second Empire* (collectif), Pr. univ. Sorbonne, 2003 ; la collection « Les patrons du Second Empire » (Picard/Cénomane, 10 vol. dep. 1991) ; G. Duveau, *La vie ouvrière sous le Second Empire,* Gallimard, 1946 ; F. L'Huillier, *La lutte ouvrière à la fin du Second Empire,* A. Colin, 1958 ; G. Kuhnholtz-Lordat, *Napoléon III et la paysannerie française,* Monte-Carlo, Regain, 1962 ; P. Guiral, *La vie quotidienne en France à l'âge d'or du capitalisme,* Hachette, 1976. Sur l'épilogue, T. Zeldin, *Émile Ollivier and the Liberal Empire of Napoléon III,* Oxford, Clarendon Press, 1963 ; F. Roth, *La guerre de 1870,* Hachette, 2005.

185 Les Bonaparte (arbre généalogique simplifié)

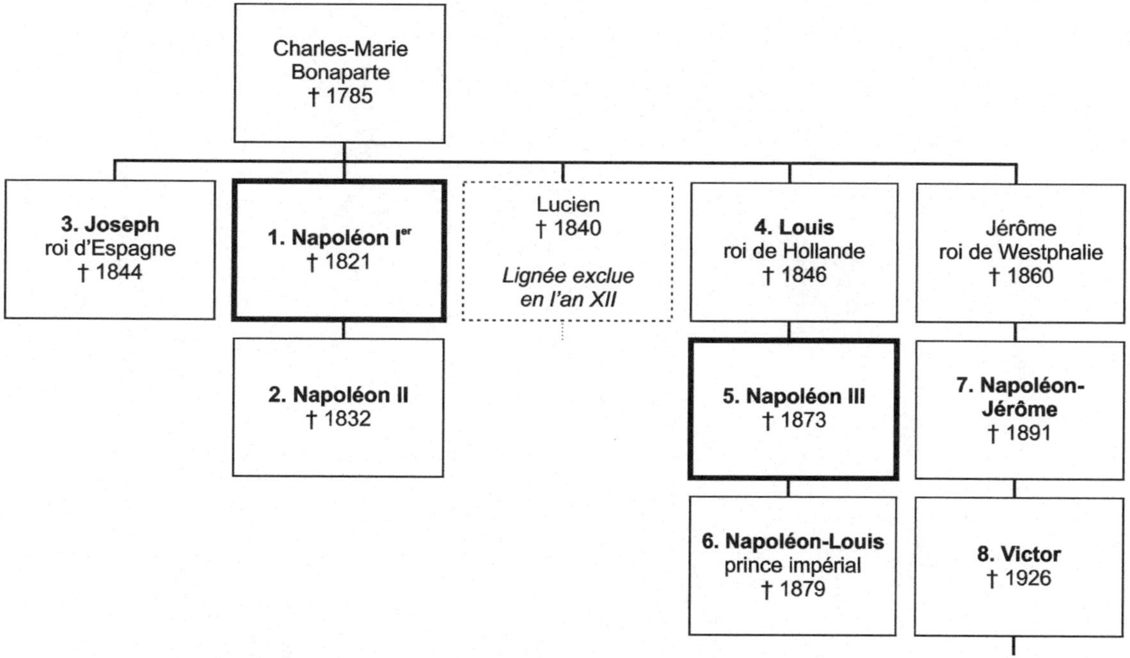

La numérotation en chiffres arabes indique l'ordre de succession.
Les vignettes entourées d'un trait gras indiquent les deux règnes effectifs.
Napoléon II est le fils de Napoléon Ier et de Marie-Louise d'Autriche, sa seconde épouse.
Napoléon III est le fils de Louis Bonaparte et de la reine Hortense, fille du premier mariage de Joséphine de Beauharnais.

186 Les députés républicains au Corps législatif (1869-1870)

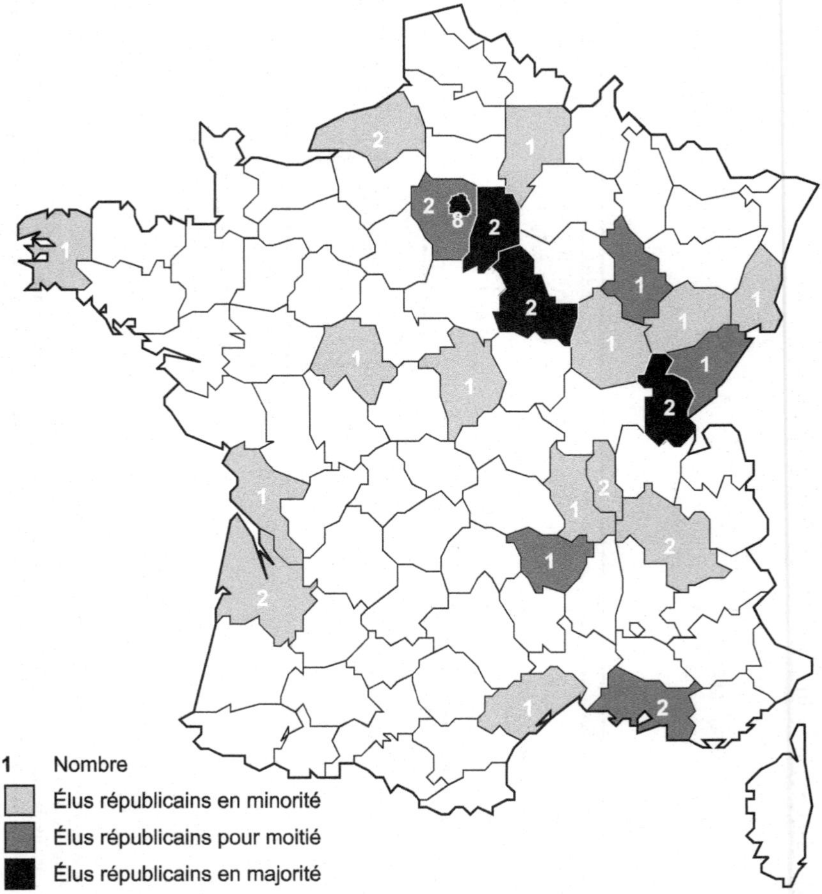

D'après É. Anceau, *Dictionnaire des députés du Second Empire*, 1999.

Leçon 17

Gauche, droite et centre au XIXe siècle

187 À la Constituante, lors du débat constitutionnel de septembre 1789, les députés favorables au veto royal s'étaient regroupés à la droite du président de l'Assemblée, les autres à sa gauche. Les mots « droite » et « gauche » se sont imposés, rythmant la vie politique jusqu'à nos jours.

Sur le long terme, la gauche, dans sa pluralité et ses mutations (gauche libérale ou jacobine, légaliste ou insurrectionnelle, radicale ou socialiste, etc.), a ses constantes idéologiques et ses filiations ; son histoire apparaît toujours en filigrane d'une vie politique dont elle est le plus souvent le moteur apparent ou caché, sans parler des époques (Révolution, IIIe République) où l'histoire politique tend à se confondre avec celle de la gauche. La droite du XIXe siècle, quant à elle, est plus difficile à définir car on la confond volontiers avec le(s) centre(s).

I | Les gauches

188 Liberté, autorité, révolte. — Comme actrice de la Révolution, puis comme son héritière, enfin comme rénovatrice et interprète de la Révolution, la gauche a toujours existé depuis 1789. Dès les premières années, on peut distinguer schématiquement trois tendances principales, la première axée sur la liberté, les deux autres sur l'égalité, les deux premières à dominante « bourgeoise » et pré-

sentes dans les Assemblées, la troisième plus populaire et active sur le terrain.

1 / La gauche de la liberté est celle, issue du « parti national » ou « patriote », qui siège sur le côté gauche de la Constituante (1789-1791). Attachée aux libertés (individuelle, de pensée, de presse, du commerce et de l'industrie), à la propriété, à l'égalité devant la loi, devant l'impôt et dans l'accès aux charges publiques, elle établit la souveraineté de la Nation et abaisse l'exécutif. Elle recherche l'unité nationale, mais la Constitution civile du clergé (1790) suffit à ruiner la tentative. Cette gauche libérale, pacifique en politique étrangère, n'est pas vraiment démocrate ; sur ce point elle ne développe pas toutes les possibilités que contenait la Déclaration de 1789. Pour elle, en 1791, la Révolution est finie : dans son grand discours du 15 juillet, Barnave refuse de faire « un pas de plus » aussi bien dans la voie de la liberté que dans celle de l'égalité.

À l'automne de 1791, cette gauche en voie de modération (Feuillants) est débordée par l'irruption des Brissotins (ou Girondins) à l'Assemblée législative. Bien que les Girondins veuillent continuer la Révolution, malgré leur bellicisme, leur républicanisme et leur attachement à la démocratie, qui les opposent aux Feuillants, eux aussi participent de la mouvance libérale ; en tout cas, ils y sont vite rejetés en 1792 par leur lutte contre les Montagnards.

À certains égards, la gauche libérale revient au pouvoir après Thermidor, mais c'est pour s'y diluer ou s'y renier. Elle se rallie en gros à Bonaparte, lequel ne tarde pas à poursuivre de sa vindicte les libéraux irréductibles et les « Idéologues ». Une petite opposition libérale se réveille sous l'Empire, qui progresse dans les dernières années du régime, moins hardie en France qu'à l'extérieur (Mme de Staël, Benjamin Constant). Nombre de ses membres se compromettent dans un soutien critique à Napoléon lors des Cent-Jours (1815).

2 / La gauche de l'autorité est celle qui s'impose de 1793 à 1794. L'alliance du peuple régénéré et de son groupe dirigeant débouche sur la « dictature » montagnarde. La gauche jacobine fait de l'égalité la véritable liberté. Elle devient dirigiste en économie et entend organiser la société. Elle est terroriste – et même totalitaire, en ce qu'elle veut créer un homme nouveau et le fondre dans un tout – mais les circonstances y sont pour beaucoup. Plutôt déiste,

elle comporte une forte proportion d'athées. Rudement frappée par Thermidor et ses suites, elle revit sous le Directoire (1795-1799), tantôt persécutée, tantôt pesant sur les gouvernants. L'avènement de Bonaparte marginalise une petite minorité d'opposants et de conspirateurs tout en neutralisant une majorité de ralliés. Les débris de cette gauche soutiennent Napoléon aux Cent-Jours.

3 / La gauche de la révolte est celle, insurrectionnelle, des sans-culottes, des Enragés en 1793, des Hébertistes en 1793-1794. Elle a sa conception de la démocratie directe (minorités agissantes) et place les luttes sociales au premier plan. Pour elle, l'égalité civile n'est rien sans l'égalisation forcée des fortunes. Elle exige et obtient en partie l'intervention de l'État dans l'économie. Elle est ultra-terroriste, déchristianisatrice, athée. Parmi ses grands hommes figurent le « curé rouge » Jacques Roux et le journaliste Hébert, substitut du procureur de la Commune. Elle est brisée par étapes à partir de septembre 1793. Sous le Directoire, Gracchus Babeuf tente de lui redonner vie avec la conjuration des Égaux (« l'égalité réelle ou la mort »). Babeuf veut supprimer la propriété privée et établir un communisme rural. Il est guillotiné (1797), et la gauche insurrectionnelle anéantie pour longtemps, mais Buonarroti, l'un des conjurés, transmettra à la postérité les idées babouvistes de minorité agissante et de dictature révolutionnaire, reprises ensuite par Blanqui et par d'autres.

189 RENAISSANCES ET NEUTRALISATIONS. — Napoléon avait neutralisé les gauches et leur avait fait perdre leur audience. Elles se sont réveillées aux Cent-Jours, mais pour se discréditer. Leur renaissance sera difficile.

1 / Les effets de la réaction « blanche » qui accompagne la seconde Restauration (1815) redonnent bientôt leurs chances à ceux qu'on appelle les « Indépendants ». Il s'agit pour l'essentiel d'une gauche libérale. Ses principaux soutiens sont bourgeois : avocats, négociants, acquéreurs de biens nationaux, auxquels se joignent d'anciens officiers de Napoléon. Ses moyens sont variés : journaux et pamphlets (malgré des lois répressives), chansons, agitation universitaire, un groupe de députés à la Chambre, manifestations de rue, conspirations. Ses thèmes dominants sont l'amour de la patrie et de sa gloire (même impériale, mais vue à travers la légende napo-

léonienne), un anticléricalisme plus ou moins accusé, enfin la défense de la liberté, au nom de laquelle ce « parti libéral » peut entraîner derrière lui des républicains et des démocrates. Dans le discours libéral, la « bonne » Révolution est celle de 1789 : on ne peut pas, à cette époque, se réclamer de 1793.

Sous le ministère Polignac, un tournant est en train de s'opérer. Les émeutiers de 1830 sont républicains en majorité. Les autres gauches vont-elles revenir participer au jeu politique ?

2 / La Monarchie de Juillet, œuvre conjointe de la gauche de la Restauration et de monarchistes modérés, aurait pu signifier la mort de cette gauche par inutilité, mais la victoire de la Résistance sur le Mouvement (1831) laisse une place libre pour une gauche libérale rénovée, de moins en moins dynastique, de plus en plus républicaine et démocrate, qui s'exprime par exemple dans le journal *Le National*. Le monde ouvrier s'agite tandis que se développent les pensées socialistes. Le mouvement républicain renoue, dans les premières années du régime, avec la tradition insurrectionnelle. Le drapeau rouge flotte sur les barricades en 1832. Barbès et Blanqui sont les nouvelles figures emblématiques d'une gauche de la révolte mâtinée de gauche « jacobine ». Aucun jacobinisme, par contre, chez l'inclassable Proudhon qui prône la libre association et l'anarchie, une des formes nouvelles que prend la gauche de la révolte. La tradition jacobine est bien représentée, sur le mode réformiste, par un autre socialiste, Louis Blanc.

La Monarchie de Juillet ayant interdit en 1835 toute référence à la République, c'est elle qui donne un nom à la mouvance républicaine la plus solide après 1840, résolue mais légaliste, celle des « radicaux ». Loin d'être tous socialistes comme Blanc, les radicaux, bien qu'ils recherchent la synthèse des divers courants de la gauche, s'inscrivent dans une tradition jacobine édulcorée de ses aspects terroristes.

3 / Le Gouvernement provisoire de février 1848 fait leur place aux gauches libérale (républicanisée : Lamartine), radicale (Ledru-Rollin) et socialiste non insurrectionnelle (Blanc), mais les luttes politiques de la Seconde République aboutissent à l'écrasement des révoltés (juin 1848), à l'effondrement électoral de la gauche libérale (mai 1849), puis, de 1849 à 1851, à la défaite des radicaux et des socialistes non encore frappés précédemment.

4 / Le Second Empire voit la gauche désemparée se livrer, comme sous Louis-Philippe, à un approfondissement doctrinal. Beaucoup de républicains parviennent à la conclusion que leur premier ennemi n'est pas une force politique mais une force spirituelle : l'Église. Dans son combat pour la laïcité, la gauche va redevenir très anticléricale. (En se ralliant à l'Empire, Émile Ollivier et d'autres républicains modérés abandonnent la gauche libérale pour adhérer au centrisme napoléonien.)

À la fin de l'Empire, les gauches se sont reconstituées, prêtes à reconquérir le pouvoir. Après le plébiscite de 1870, qui les fait douter, voire désespérer, la défaite de Sedan leur offre une nouvelle chance. La Commune de 1871 va disqualifier pour un certain temps les extrêmes gauches insurrectionnelles et socialistes, mais la coalition des gauches libérale et radicale permettra la « conquête de la République par les républicains ».

II | La droite

190 La définition de la droite est rendue difficile par le fait que sont qualifiés « de droite », pour leur situation sur l'échiquier politique du moment, les adversaires de la gauche, même s'ils en proviennent ou s'ils lui ont emprunté, au fil du temps, beaucoup de ses thèmes (libéralisme, nationalisme, colonialisme, etc.). Cette définition « situationnelle » de la droite, quoique d'usage commode et courant, aboutit à des déformations. Ainsi il arrive qu'on classe à droite les Girondins de 1793 ; or, même si, à la Convention, les Montagnards sont nettement à leur gauche, les Girondins formaient un an plus tôt l'extrême gauche de la Législative ; en 1793, demeurés profondément révolutionnaires, ils étaient simplement moins à gauche que les Montagnards (voir n° 188).

Dans *La droite en France* (1954), ouvrage devenu classique (*Les droites en France* depuis 1982), l'historien René Rémond a divisé la droite en trois courants qui se seraient prolongés jusqu'au XXe siècle : une droite ultra-royaliste puis légitimiste, une droite libérale (l'orléanisme) et une droite autoritaire (le bonapartisme). En réalité, ces deux derniers courants – le premier par sa volonté de rejeter droite et gauche vers les extrêmes, le second par son souci de synthèse – ne sont pas des droites mais des centres. Par contre, entre la Contre-révolution (1789-1814), l'ultra-royalisme (1815-1830) et le légitimisme (après 1830), la filiation ne souffre guère de discussion.

191 LA CONTRE-RÉVOLUTION. — À défaut d'être cohérente et efficace, la lutte de la Contre-révolution est multiforme. À la Constituante, ce sont des combats d'arrière-garde, pour le veto en 1789, contre la Constitution civile du clergé en 1790. Par la suite, la droite étant quasi absente des Assemblées révolutionnaires, ce sont des conspirations et des insurrections (Vendée, chouannerie). Il faut attendre le Directoire pour voir des royalistes assagis tenter de prendre le pouvoir par la voie des élections. À l'extérieur, le refus de la Révolution a pris la forme de l'émigration armée ou passive (150 000 personnes ?). L'arrivée de Bonaparte au pouvoir limite le choix : c'est le ralliement au régime napoléonien ou la participation à des complots qu'étouffe sa police.

En hommes de leur siècle, les contre-révolutionnaires avaient souvent été influencés par les Lumières, mais ils s'en sont vite démarqués. Ils proclament leur fidélité à un roi paternel dont l'autorité serait limitée par des corps intermédiaires, à un ordre social de type nobiliaire, à une morale traditionnelle faisant toute leur place aux notions d'honneur, de service, de hiérarchie. Le programme des premiers penseurs de la Contre-révolution est si simple qu'il n'en est presque pas un : ils affirment la nécessité du retour à ce qui a été. Selon eux, l'histoire montre qu'il existe des équilibres immémoriaux et inévitables. Pour les « providentialistes », la Providence divine a voulu punir les Français en leur envoyant la Révolution ; la même Providence ne manquera pas de restaurer les équilibres anciens, quitte à les améliorer, notamment au bénéfice de la religion catholique. Dans cette vision des choses, la « politique du pire », typique d'une partie de la droite depuis 1789, peut contribuer à hâter le mouvement en accompagnant la volonté divine, car du pire immédiat on peut espérer que surgira le meilleur.

Les militants contre-révolutionnaires, s'ils pratiquent à l'occasion cette politique du pire, sont peu sensibles à la doctrine du providentialisme. Eux se laissent obséder, comme leurs adversaires révolutionnaires, par l'idée de complot. La Révolution étant inconcevable, elle ne peut résulter que d'un complot. Ce qui a été défait peut être refait, par des moyens identiques s'il le faut.

Conspiratrice ou non, la Contre-révolution en action a pu recevoir ici ou là le renfort apparent de révolutionnaires qui se modéraient, sans que ces derniers soient devenus pour autant des contre-révolutionnaires, donc des hommes « de droite » (ou bien il faudrait considérer Robespierre comme un centriste parce qu'il a été débordé sur sa gauche en 1793-1794). Dès l'époque de la Révolution, l'étiquette droitière est à utiliser avec prudence.

192 L'ULTRA-ROYALISME. — Les ultras de la Restauration sont bien, pour la plupart, des contre-révolutionnaires. Sauf quelques personnalités, tel Chateaubriand qui admet les institutions représentatives, lorsqu'ils sont libéraux, ils le sont, malgré la jeunesse de beaucoup d'entre eux, à l'ancienne mode. Leur idéologie reprend les thèmes du traditionalisme contre-révolutionnaire. Quand ils se montrent favorables à un élargissement de l'électorat, ils ne concèdent rien aux principes de la Révolution : il s'agit d'utiliser une technique, non de reconnaître à la nation une quelconque souveraineté. Ils ont pour bêtes noires la franc-maçonnerie (à laquelle ils attribuent le « complot » de 1789), le jacobinisme, la centralisation, le bonapartisme, la philosophie enfin, comme génératrice d'irréligion.

Le « parti » ultra est assez bien organisé, ses troupes nombreuses (sauf dans les classes moyennes) : dans la noblesse, dans le clergé, dans les masses rurales de l'Ouest et urbaines du Midi. Des comités locaux sont en liaison avec Paris, les leaders du mouvement se réunissent pour préparer les débats des Chambres, la presse ultra est dynamique (*La Quotidienne*, *La Gazette de France*, *Le Drapeau blanc*). Mais cette organisation reste trompeuse. Au fond, le véritable ultra-royalisme est déconnecté des réalités du siècle. Insensible à la « force des choses », il serait plutôt le contraire d'une politique. Rien d'étonnant donc à ce que la mouvance se disloque sous Charles X : extrême droite autoritaire, ministériels devenus modérés comme Villèle lui-même, dissidents plus « libéraux », etc. Cette difficulté à traduire les idées en action aboutit indirectement au suicide politique de 1830. Elle sera plus manifeste encore dans l'opposition à la Monarchie de Juillet.

193 LE LÉGITIMISME. — La droite contre-révolutionnaire est chassée du pouvoir en 1830 et n'y reviendra pas. Fidèle à la branche aînée des Bourbons, à Charles X puis à son fils « Louis XIX », puis au comte de Chambord (« Henri V », voir n° 213), elle se réfugie massivement dans une « émigration de l'intérieur ».

Tous les légitimistes ne renoncent pas. Il existe un légitimisme libéral qui, avec Falloux et l'avocat Berryer, participe à la vie politique de la Monarchie de Juillet et fait élire quelques députés. Moins à droite, on trouve un « royalisme national », populaire, voire démocratisant, dont l'organe est *La Gazette de France* de l'abbé de Genoude. On voit des légitimistes se faire les défenseurs des humbles contre les effets pervers de la révolution industrielle (Villeneuve-Bargemont) ; ils sont à l'origine du futur catholicisme social. Le légitimisme combattant peut aller jusqu'à contracter localement des alliances électorales avec les républicains contre le régime de Louis-Philippe. Sous la Seconde République, des légitimistes se retrouvent dans le Parti de l'Ordre, à la remorque des orléanistes. Le coup d'État de 1851 les marginalise de nouveau. Les plus tièdes se rallient au Second Empire, comme d'autres avaient pu le faire à la Monarchie de Juillet. Les catholiques les plus militants refont de l'opposition après l'affaire italienne (1859-1860).

Néanmoins les purs légitimistes rejettent leur siècle. Chez eux, le refus de 1789 et de l'usurpation de 1830 tend à se muer en refus global du progrès et de la modernité, ce qui les conduit à la dépolitisation. Ils étaient fidèles au modèle historico-mythique intransformable d'une société organique, communautaire, hiérarchique, paternelle. La déchirure est terrible quand ils comprennent qu'on n'y reviendra jamais. Or il n'est pas question de faire bouger les choses par la volonté humaine, comme tentent de le faire leurs amis légitimistes libéraux ou « nationaux ». Cette droite pure est la négation du politique, le refus du volontarisme. L'homme est un être déchu depuis la faute d'Adam au jardin d'Éden (péché originel) ; sa volonté et sa raison ne peuvent pas constituer la société (contrat social) ; il est renvoyé à une modestie absolue, synonyme d'impuissance et de paralysie politiques. Après un dernier sursaut aux élections de 1871 et l'échec d'une nouvelle Restauration, l'érosion de la vieille droite sera accélérée, irrémédiable après 1890 quand le pape Léon XIII aura prôné le ralliement à la forme républicaine de gouvernement.

Il est vrai que, à la charnière du XIXe et du XXe siècle, Charles Maurras va recréer une droite monarchiste et contre-révolutionnaire ; mais, en procédant à une reconstruction rationnelle de la monarchie (il ne s'agira pas de *restaurer* l'ancienne) à partir du nationalisme (hérité de la Révolution) et en affirmant le primat de la volonté humaine en politique (« Politique d'abord »), la doctrine de l'Action française sera très différente du traditionalisme légitimiste. Entre-temps les légitimistes irréductibles, au fur et à mesure que leurs rangs se seront éclaircis, se seront enfoncés dans le désespoir politique et le mysticisme. Attitudes aux antipodes du pragmatisme orléaniste.

III | Les centres

194 Le centre par le rejet des extrêmes : l'orléanisme. — L'orléanisme fait référence à la famille des Orléans, une branche cadette de la maison de Bourbon. Il est né dans l'entourage de Louis-Philippe, ce général « jacobin » qui avait émigré sans adhérer à la Contre-révolution et avait louvoyé sous la Restauration entre loyalisme et subversion. Dans les mois qui précèdent 1830, le courant orléaniste entend réconcilier l'ancienne France et la nouvelle, l'héritage monarchique et les acquis de 1789 qu'on juge menacés par Charles X. Sous la Monarchie de Juillet, la Résistance l'emporte sur le Mouvement qui, sous forme d'une « gauche dynastique » (Odilon Barrot), va peu à peu s'incruster dans l'opposition. Topographiquement, l'orléanisme est repoussé *vers* la droite par son évolution sous le ministère Guizot et par le renouvellement des gauches ; pour autant, idéologiquement et en son temps, il n'est pas *de* droite.

En prônant le gouvernement des élites et en se refusant à élargir l'électorat, l'orléanisme s'est coupé de possibles soutiens populaires, mais sa symbolique reste révolutionnaire (drapeau tricolore) et il reconnaît la souveraineté de la nation. Il est rationaliste, sa politique plus ou moins subtilement anticléricale. Alors qu'on infligeait un traitement sévère aux fidèles de Charles X, il a récupéré un personnel issu de la Révolution et de l'Empire. Rien de tout cela ne permet de le classer « à droite », pas plus que son exaltation du

« juste milieu » et de la classe moyenne, ni son immobilisme social (ou bien il faudrait classer à gauche les légitimistes qui, à la même époque, se montrent soucieux d'améliorer la condition ouvrière).

L'orléanisme est un centre-gauche qui a basculé au centre-droit pour lutter sur deux fronts, contre les légitimistes et contre les républicains. C'est un centrisme conservateur, libéral, favorable au parlementarisme, bref une alliance d'ordre et de « liberté ». Le bonapartisme, lui, serait plutôt un mixte d'ordre et d'égalité, avec une autorité affirmée sans complexe.

195 LE CENTRE PAR LA SYNTHÈSE DIALECTIQUE : LE BONAPARTISME. — Héritier de la Révolution, donc venu de la gauche, le bonapartisme est né sous le Consulat et l'Empire. Ses principes sont simples : l'autorité et l'ordre. La monarchie napoléonienne comprime les libertés, mais elle est légitimée par la volonté populaire (plébiscite). Son autorité ne s'embarrasse pas de l'obstacle des assemblées délibérantes. Elle rationalise et centralise l'administration. Quant à l'ordre napoléonien, il procède d'une synthèse entre l'Ancien Régime (techniques gouvernementales) et la Révolution (égalité civile) et doit faire l'objet d'un large consensus qui dépasse les clivages politiques (fusion nationale). Le bonapartisme est un centrisme rassembleur. René Rémond y voit un mélange de démocratie passive et d'autorité agissante. Sous Napoléon, la démocratie est de plus en plus passive et l'autorité envahissante, mais ce schéma va s'inverser.

Dès les Cent-Jours, le bonapartisme réaffirme son ancrage révolutionnaire. Les rares bonapartistes de la Restauration se fondent dans l'opposition de gauche des « Indépendants » où ils ne tardent pas à se noyer. À partir de 1832, Louis-Napoléon Bonaparte enrichit le bonapartisme d'un volet philanthropique, voire socialisant. Président de la République puis empereur, sans perdre de vue son programme social qu'il réalisera en partie, il revient à la formule du centrisme majoritaire. Mais Napoléon III, à la différence de son oncle, ne cherche pas à usurper la souveraineté du peuple, lequel peuple est appelé périodiquement à relégitimer le régime. Par ailleurs, il libéralise volontairement ce régime et accepte, pour finir, les apparences du parlementarisme ; libéralisme politique et parlementarisme n'en sont pas moins contraires à la nature autoritaire et antiparlementaire du bonapartisme.

Sous la IIIe République, certains bonapartistes théorisent l'appel au peuple en préconisant un plébiscite pour ratifier chaque succession impériale, ce qu'avait déjà proposé Louis-Napoléon en 1832. Le bonapartisme va-t-il se rénover une fois de plus ? Quoique se voulant toujours « social » et démocratique, il est rejeté sur la droite par sa lutte contre les républicains. Cette évolution ultime d'un bonapartisme déclinant n'est pas suffisante pour le classer à droite sur la longue durée.

196 Au XXe siècle, les « droites parlementaires », qui intègrent un certain nombre de thèmes inventés à gauche, entendent le plus souvent modérer des évolutions jugées inéluctables, tandis que le « centre » n'est qu'une position sur l'échiquier politique, parfois frileusement défendue, entre la « droite » et la gauche. Autrefois la situation était différente.

Au XIXe siècle, sous les formes successives de la Contre-révolution, de l'ultra-royalisme et du légitimisme, la droite est pour l'essentiel un refus de la Révolution fondatrice de la France contemporaine. Or l'orléanisme et le bonapartisme refusent à la fois ce retour en arrière que réclame la droite de leur temps et l' « aventure » républicaine que propose la gauche jusqu'en 1870. Ce sont deux centres au sens fort, en ce qu'ils évitent le conflit entre Révolution et tradition (comme Mounier et les Monarchiens s'y étaient essayé en 1789 avant d'être aussitôt rejetés à droite). L'orléanisme se place à égale distance de la gauche et de la droite en les ignorant, le bonapartisme tend à les embrasser et à les dépasser dans une synthèse constructive.

La géographie politique confirme cette différence de nature entre la droite et les centres du XIXe siècle. Le légitimisme est surtout présent dans l'Ouest et le Midi (carte no 198), dans une France « traditionnelle » marquée par la conjonction de divers facteurs sociaux et économiques. (Alphabétisation faible, forte pratique religieuse, solidité du mariage, retard culturel des femmes, habitat dispersé, faible mobilité des populations, faible densité des moyens de communication, archaïsmes techniques : la France traditionnelle est groupée au sud d'une ligne Cherbourg-Genève autour de deux pôles principaux, le Massif armoricain et le Massif central.) Il est logique que cette droite se soit dégradée au fur et à mesure de la modernisation de la société.

La géographie de l'orléanisme est beaucoup moins précise, faute d'assise populaire marquée : sont sans doute de tempérament orléaniste les cinq départements composant la Normandie, région riche et développée qui a évolué *vers* la droite alors qu'elle avait été plutôt girondine pendant la Révolution.

Quant au bonapartisme, il englobe au milieu du XIXe siècle la majeure partie de la France moderne (carte n° 199). Lui échappent en partie l'Ouest « blanc » et le Sud-Est « blanc » ou rougissant, ce qui confirme sa définition centriste : légitimisme et bonapartisme ont des assises géographiques bien différentes (carte n° 200). Après le plébiscite de 1870, où beaucoup de bastions napoléoniens de la France moderne sont en train de s'effondrer, un bonapartisme « droitisant » se repliera – ce ne sera pas un hasard – sur le Sud-Ouest traditionnel (carte n° 214).

Pour aller plus loin

197 Pour la mise en perspective, P. Lévêque, *Histoire des forces politiques en France,* A. Colin, 1992-1997, 3 vol. ; G. Bernard, É. Duquesnoy (dir.), *Les forces politiques françaises,* PUF, 2007 ; F. Salmon, *Atlas électoral de la France, 1848-2001,* Le Seuil, 2001. Sur les gauches, M. Crapez, *La naissance de la gauche,* Michalon, 1998 ; J.-J. Becker, G. Candar (dir.), *Histoire des gauches en France,* rééd. La Découverte, 2005, 2 vol. ; J. Defrasne, *La gauche en France,* PUF, 1972 ; F. Furet, *La gauche et la Révolution au milieu du XIXe siècle,* rééd. Hachette, 2001. Sur la droite et les centres, R. Rémond, *Les droites en France,* Aubier, 1982 ; J.-F. Sirinelli (dir.), *Les droites françaises de la Révolution à nos jours,* rééd. Gallimard, 1995 ; M. Winock, *La droite depuis 1789,* Le Seuil, 1995 ; Fréd. Bluche, S. Rials, Fausses droites, centres morts et vrais modérés, *Rev. de la recherche juridique,* 1983, p. 611 et s. ; S. Rials, *Révolution et Contre-révolution au XIXe siècle,* DUC/Albatros, 1987 ; J. Godechot, *La Contre-révolution,* rééd. PUF, 1984 ; J. Tulard (dir.), *La Contre-révolution,* Perrin, 1990 ; J. de Saint-Victor, *La chute des aristocrates,* Perrin, 1992 ; J.-J. Œchslin, *Le mouvement ultra-royaliste sous la Restauration,* LGDJ, 1960 ; S. Rials, *Le légitimisme,* PUF, 1983 ; H. de Changy, *Le mouvement légitimiste sous la Monarchie de Juillet,* Rennes, PUR, 2005 ; H. Robert, *L'orléanisme,* PUF, 1992 ; D. Halévy, *La fin des notables* et *La République des ducs,* rééd. Hachette, 1995 ; Fréd. Bluche, *Le bonapartisme,* NEL, 1980, *Le bonapartisme,* PUF, 1981, et *Le prince, le peuple et le droit* (dir.), PUF, 2000 ; B. Ménager, *Les Napoléon du peuple,* Aubier, 1988 ; J. Rothney, *Bonapartism after Sedan,* New York, Cornell Univ. Press, 1969.

198 LE LÉGITIMISME (1831-1876)

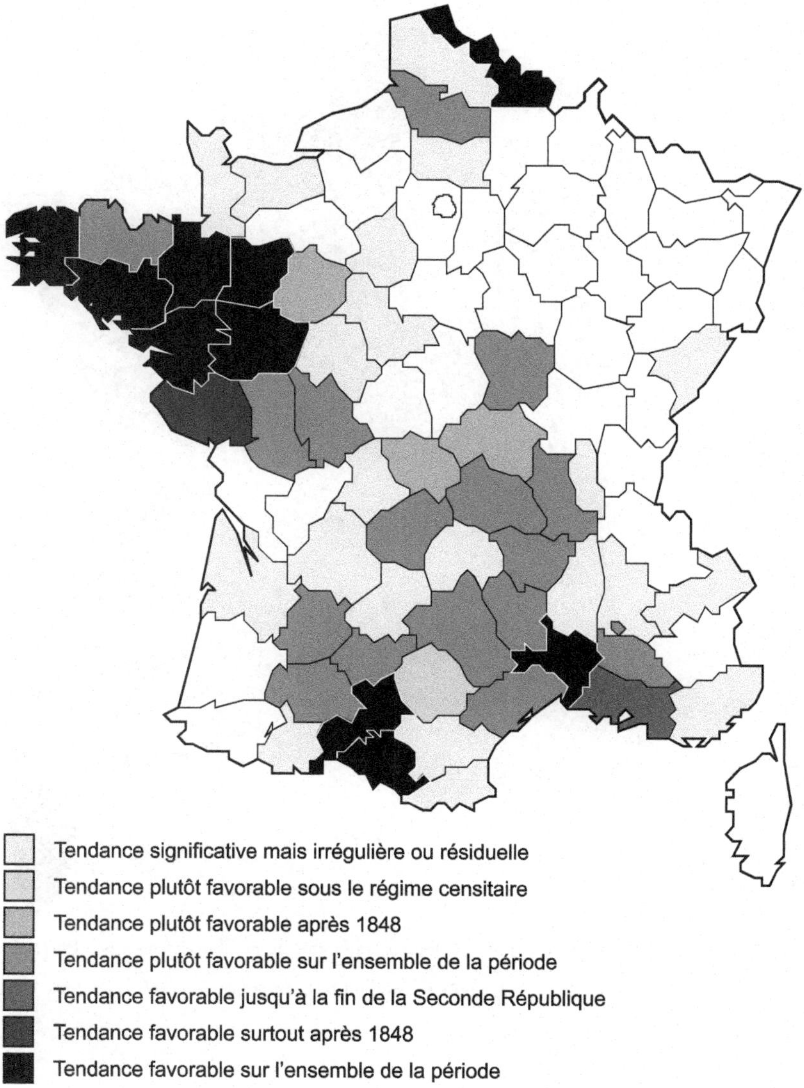

D'après S. Rials, *Le légitimisme,* 1983.

199 L'ADHÉSION PLÉBISCITAIRE EN 1851-1852

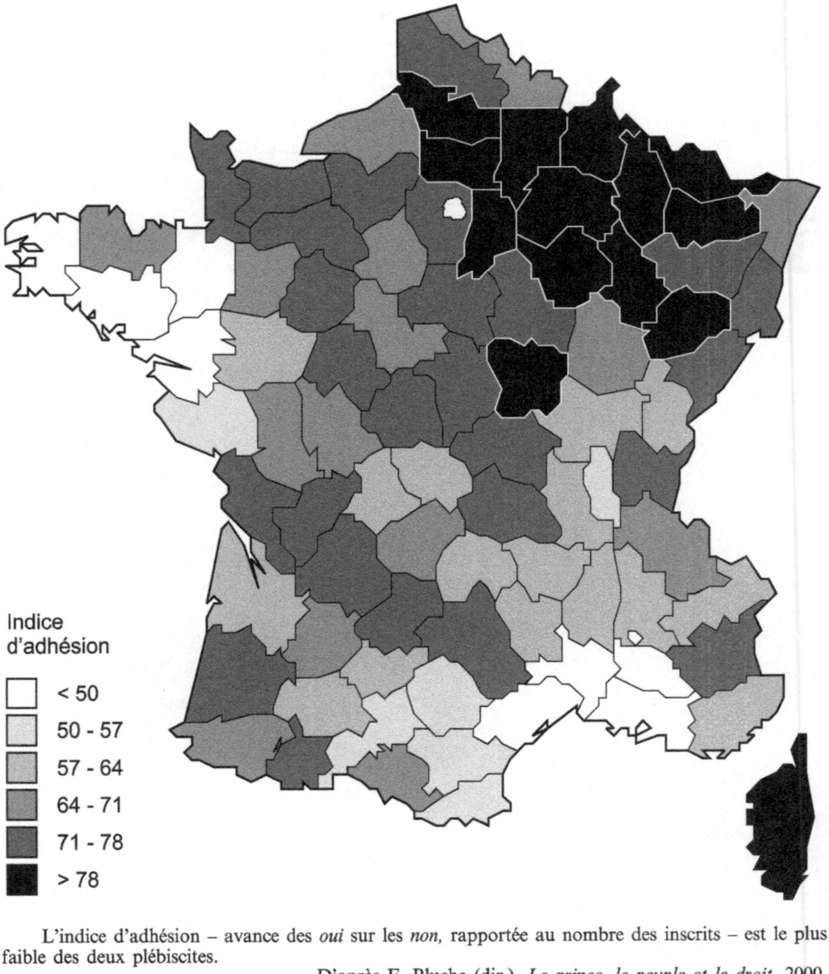

L'indice d'adhésion – avance des *oui* sur les *non*, rapportée au nombre des inscrits – est le plus faible des deux plébiscites.

D'après F. Bluche (dir.), *Le prince, le peuple et le droit,* 2000.

200 LES ZONES DE FORCE DU BONAPARTISME PLÉBISCITAIRE (1851-1852) ET DU LÉGITIMISME

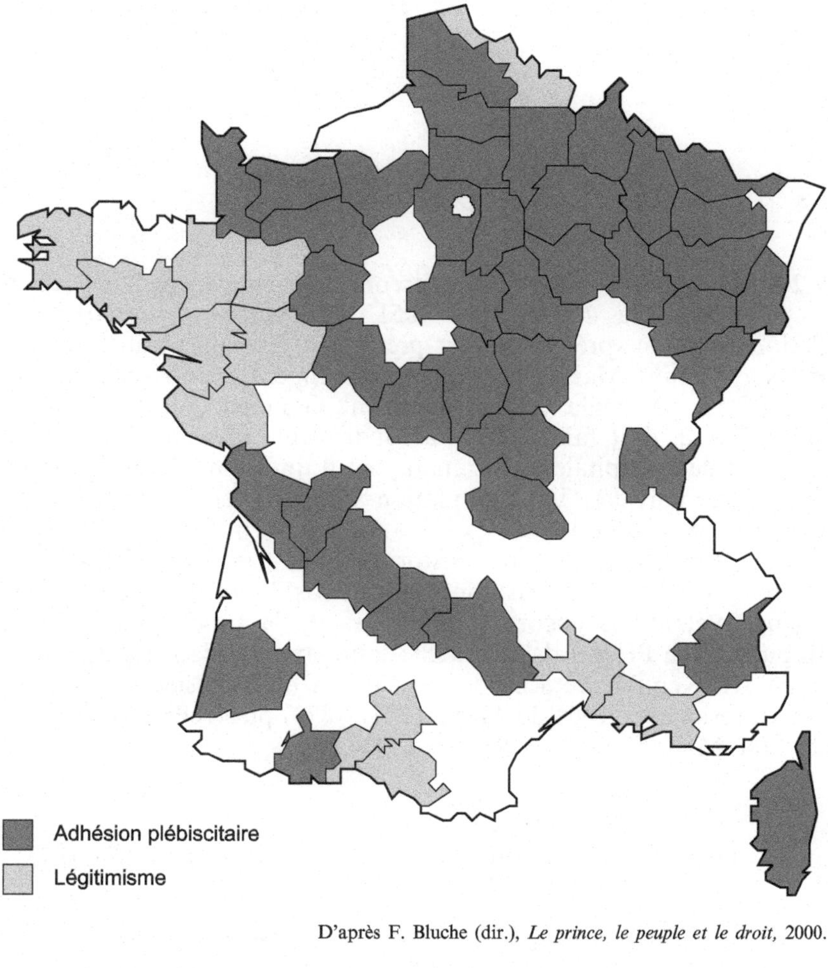

D'après F. Bluche (dir.), *Le prince, le peuple et le droit,* 2000.

Leçon 18

La naissance de la IIIe République (1870-1879)

201 En 1870, les républicains prennent leur revanche sur le coup d'État du 2 décembre 1851. Ils épurent vigoureusement l'administration (préfets et sous-préfets) et la magistrature (procureurs généraux). Mais la guerre n'est pas finie. Le Gouvernement de la Défense nationale, avec notamment Gambetta, Jules Favre et Jules Simon, doit faire face à la foudroyante invasion prussienne. Le siège de la capitale est dramatique ; il dure plus de quatre mois (septembre-janvier). La capitulation de Paris et l'armistice sont signés le 28 janvier 1871.

La République et son historiographie ont fait du 4 septembre 1870 un moment fondateur, mais la forme du nouveau régime n'était pas encore acquise lors de la proclamation de la République à l'Hôtel de Ville deux jours après Sedan. La gestation de la IIIe République a été longue. Il y a fallu plusieurs années et deux présidences, celle de Thiers (1871-1873) puis celle du maréchal de Mac-Mahon (1873-1879).

I | « Monsieur Thiers » et la République (1871-1873)

202 L'Assemblée de Bordeaux. — Le chancelier Bismarck ne voulait pas négocier la paix avec des hommes portés au pouvoir par le coup d'audace parisien du 4 septembre, mais avec un gouvernement issu d'élections régulières. L'armistice prévoyait l'élection libre et immédiate d'une Assemblée.

Élue dans la précipitation le 8 février 1871, la nouvelle Assemblée nationale s'installe le 12 à Bordeaux, loin de Paris occupé par l'ennemi et en proie à une agitation prérévolutionnaire. Sa composition est un reflet presque anachronique de la « France des notables ». Beaucoup d'électeurs affolés par la défaite et privés de leurs guides impériaux se sont jetés dans les bras de leurs anciens tuteurs parce que ces derniers, à la différence des républicains, étaient résignés à la paix. Les « droites » ont fait mieux qu'en 1849 (carte n° 212). On compte moins de 200 députés légitimistes (parmi lesquels 50 prononcés, les « chevau-légers »), plus de 200 orléanistes, entre 200 et 250 républicains, la plupart favorables avec Gambetta à une poursuite de la guerre, et quelques bonapartistes sans l'étiquette.

Cet élan électoral en faveur des notables monarchistes était conjoncturel. Les élections partielles rendues nécessaires par de nombreuses élections multiples en février – on pouvait être candidat dans plusieurs départements à la fois – vont vite modifier cette première répartition en profitant aux républicains (100 sièges gagnés dès juillet 1871) puis, dans une moindre mesure, aux bonapartistes qui fonderont avec Rouher le groupe de l' « Appel au peuple ».

« En attendant qu'il soit statué sur les institutions de la France », l'Assemblée nomme le vieil Adolphe Thiers « chef du pouvoir exécutif de la République française » (17 février 1871). La question constitutionnelle est ajournée ; il est entendu que Thiers ne cherchera pas à la régler à l'insu de l'Assemblée et qu'il va se consacrer au seul redressement du pays. Ce qu'on a appelé le « pacte de Bordeaux » (février-mars) et le titre conféré à Thiers semblent n'établir qu'une République provisoire, solution d'attente qui laisse ouverte la possibilité d'une nouvelle restauration. Mais la majorité monarchiste, en élisant le républicain Jules Grévy à la présidence de l'Assemblée, a montré qu'elle n'était pas pressée de restaurer la royauté. Elle a pour cela de bonnes raisons. On pourrait une fois de plus, comme en 1815, accuser le roi d'être revenu « dans les fourgons de l'étranger ». Surtout, les monarchistes sont profondément divisés entre légitimistes partisans du comte de Chambord et orléanistes partisans du comte de Paris, petit-fils de Louis-Philippe.

Pourquoi avoir choisi Thiers ? Ce politicien chevronné, pur produit de la Monarchie de Juillet, est d'une ambition forcenée et affligé d'un caractère détestable où se mêlent l'orgueil, l'autoritarisme et la vanité, mais il s'est opposé à la déclaration de guerre en juillet 1870 et il vient d'être élu par 26 départements en réunissant sur son nom deux millions de voix. En outre, et ceci explique cela, c'est un homme d'État, fort de quarante ans de vie politique au plus haut niveau, capable de négocier avec le nouvel Empire allemand. Il va devoir mener de front cette négociation et la lutte contre l'insurrection de la Commune de Paris.

203 LA COMMUNE. — La situation à Paris est déjà révolutionnaire. La capitale gronde. Beaucoup de Parisiens, épuisés par le Siège, s'estiment trahis par les provinciaux qui acceptent d'avance une paix humiliante avec Bismarck plutôt que de résister et qui ont installé le gouvernement à Bordeaux.

La renaissance de l'opposition entre Paris et la province n'est pas sans rappeler 1793 et l'affrontement entre la Montagne et la Gironde (cette opposition se double d'une opposition villes-campagnes, car il y a eu d'autres « communes » en 1871, éclipsées par celle de Paris). Les boutiquiers, les artisans, les ouvriers, victimes de l'urbanisme haussmannien, milieu social qui rappelle plus l'ancienne sans-culotterie qu'il ne constitue un prolétariat moderne, représentent près du tiers de la population de la capitale ; on les a vus à l'œuvre pendant le Siège lors de deux « journées » (le 31 octobre 1870 à l'annonce de la capitulation du général Bazaine à Metz, puis le 22 janvier). Comme autrefois à la Convention, presque tous les députés de Paris appartiennent à l'extrême gauche. Enfin, comme pendant la Révolution, la population parisienne est armée. La ville échappe au contrôle du gouvernement et du nouveau maire, Arago cadet puis Jules Ferry. Dans les faits, elle est dirigée par un Comité central (délégués des comités d'arrondissements) doublé, début mars, d'un Comité central de la Garde nationale (délégués des gardes nationaux « fédérés »).

Face à cette situation explosive, Thiers, l'Assemblée et les autorités militaires se montrent particulièrement malhabiles. 1 / Le gouvernement refuse de rentrer à Paris où il craint de se trouver en situation d'otage politique. (Faute psychologique ? Prudence élémentaire, si l'on songe à la situation de Louis XVI et de la Constituante après les journées d'octobre 1789 ?) 2 / On supprime la solde des gardes nationaux, ce qui les réduit au chômage et à la misère. 3 / On met fin brutalement au moratoire des dettes qui avait été accordé aux petits commerçants, ce qui peut les pousser au désespoir. (Ces deux mesures sont plus risquées que la fermeture des Ateliers nationaux en 1848.) 4 / On suspend les journaux d'extrême gauche.

Il est prévu que l'Assemblée vienne s'installer à Versailles, mais Thiers veut auparavant neutraliser Paris. Le 18 mars 1871, on essaie de reprendre leurs canons aux fédérés. C'est un échec, qui entraîne des émeutes, des mutineries, le meurtre de deux généraux. Les troupes de ligne évacuent la ville. Thiers refuse de négocier avec des assassins. Il décide de reprendre Paris militairement, quartier par quartier, comme l'avait fait Cavaignac en juin 1848.

Les insurgés sont maîtres du terrain, mais le mouvement est loin d'être homogène. Un Conseil général de la Commune est élu le 26 mars à la minorité de faveur. Ce nouvel organe, dont les membres modérés démissionnent, aggrave la dispersion des centres de pouvoir, typique des phénomènes révolutionnaires non encore stabilisés. De surcroît, le mouvement communaliste est traversé de nombreux courants. On y trouve toutes les variantes de l'extrême gauche, de l'internationalisme au néo-hébertisme. La dominante est proudhonienne (« autonomie absolue » de toutes les communes, disparition des classes) et blanquiste (dictature révolutionnaire). Les seules tendances à peu près générales sont la haine des riches et de la religion – on voit renaître le défunt calendrier républicain – et un « patriotisme » belliqueux.

Des atrocités sont commises dans les deux camps : exécutions sommaires de Communards par les troupes versaillaises, massacres d'otages par les Communards (l'archevêque Mgr Darboy, des prêtres, des fonctionnaires). La reconquête de Paris sera appelée la « semaine sanglante » (21-28 mai 1871). Dans leur retraite, les Communards ont incendié de nombreux bâtiments publics. Plus de 1 000 Versaillais et peut-être 15 000 Communards sont morts. Les dernières exécutions ont lieu devant le « mur des fédérés » (31 mai). La répression sera sévère : plus de 13 000 condamnations. Plus de la moitié des condamnés seront déportés en Nouvelle-Calédonie où nombre d'entre eux feront souche de « caldoches ». L'extrême gauche socialiste révolutionnaire est brisée et discréditée pour longtemps. Plus encore qu'après juin 1848, le fossé sera long à se combler avec les républicains de gouvernement qui, même si certains avaient essayé de s'entremettre pour éviter le pire, ont désavoué les violences communardes et n'ont pas désapprouvé le principe de la répression.

Tout humanitarisme mis à part, cette fracture dramatique comporte un aspect positif pour les républicains. Depuis 1793 la République faisait peur avec ses relents de terrorisme et son instrument symbole, la guillotine. Cette crainte de la République avait paru se dissoudre dans l'enthousiasme généreux de février 1848, mais les émeutes de juin 1848 l'avaient ravivée. C'est l'écrasement de la Commune en 1871 qui a permis, à terme, d'enraciner la République en France. En se montrant impitoyable, ce que n'aurait sans doute pas osé faire un pur républicain, Thiers, cet ex-orléaniste, a réconcilié beaucoup de modérés avec une République d'ordre, ferme et rassurante. Après la mort de Louis XVI en 1793, le bain de sang et les déportations de 1871 sont le second acte fondateur de la République, décisif celui-ci.

Accessoirement, la peur née de la Commune a fait retomber la ville de Paris dans le statut spécial de l'an VIII, d'où elle venait de sortir, et retardé de plus de dix ans la décentralisation municipale.

204 LE GOUVERNEMENT DE THIERS. — Le Second Empire finissant avait paru réhabiliter le préparlementarisme de la Monarchie de Juillet, comme si toutes les solutions politiques conduisaient au régime parlementaire.

Dans un premier temps, on a semblé s'orienter vers un régime d'assemblée, mais la personnalité de Thiers est jugée si envahissante que l'Assemblée va s'attacher à renforcer les ministres en les rendant responsables devant elle ; ainsi ils ne seront pas de simples exécutants de la politique de Thiers. En août 1871 (loi Rivet), l'Assemblée se réserve le pouvoir constituant et vote l'obligation du contreseing, lequel engage la responsabilité individuelle des ministres et celle, collective, du « Conseil des ministres ». En même temps, Thiers reçoit le titre provisoire de président de la République ; il est lui aussi « responsable ». Nonobstant la pression de l'Assemblée, Thiers, à la fois président de la République et président du Conseil, gouverne pratiquement seul, cantonnant ses ministres à des tâches administratives. C'est donc à lui que revient le mérite de l'œuvre accomplie sous sa présidence.

L'administration départementale et municipale est réorganisée (lois de 1871) ainsi que l'armée : une loi de juillet 1872 fait retour à la conscription universelle de 1798, avec toutefois quelques accommodements (tirage au sort, dispenses). Mais la grosse affaire est la libération du pays. Le traité de Francfort (10 mai 1871) a retiré à la France l'Alsace (sauf Belfort) et le nord de la Lorraine en partie germanophone (Moselle). L'occupation militaire ne pourra cesser que lorsque aura été payée une énorme indemnité de guerre de cinq milliards. Thiers refuse d'établir l'impôt sur le revenu qui figurait au programme radical. Comme le duc de Richelieu sous la Restauration, il recourt à des emprunts. La France, qui s'était considérablement enrichie sous Napoléon III, souscrit en masse. Le traité d'évacuation est signé le 15 mars 1873. En septembre, l'Allemagne aura évacué l'ensemble du territoire.

Thiers a accompli ce pour quoi il avait été nommé : relèvement de la France, libération du territoire. La chose faite, sa position devient précaire. En effet, il s'est rapproché des républicains, sans leur céder sur certains points de leur programme, telle l'instruction primaire obligatoire. Au demeurant, les républicains font preuve de modération, dans la ligne logique de leur attitude face à la répression anticommunarde (Gambetta : « Il nous faut être patients, sages et prudents »). En novembre 1872, Thiers a jeté bas le masque en déclarant : « La République existe, elle est le gouvernement légal du pays. [...] La République sera conservatrice ou elle ne sera pas. » Pour les monarchistes, il devient encombrant. En 1873, l'Assemblée s'efforce de réduire sa position à celle d'un arbitre, de moins en moins chef de gouvernement (loi de Broglie, 13 mars).

Le succès du radical Barodet lors d'une élection partielle à Paris met le feu aux poudres (avril). C'est un orléaniste, le duc Albert de Broglie, fils d'un ministre de Louis-Philippe, qui dirige la manœuvre et réclame « un gouvernement décidé à lutter contre le radicalisme et à rétablir l'ordre moral ». Un vote hostile à Thiers est obtenu à une courte majorité (24 mai). Thiers se croit indispensable ; il démissionne, persuadé qu'on va le supplier de revenir. Or l'Assemblée élit aussitôt à sa place le maréchal de Mac-Mahon, un monarchiste. Le nouveau président ne se voit là que pour « garder la place » en prévision d'une nouvelle restauration.

II | Mac-Mahon et l'Ordre moral (1873-1879)

205 Le programme de Mac-Mahon, personnage d'envergure limitée, est en réalité celui du duc de Broglie, son parent, chargé par lui de former le ministère. La politique de l'Ordre moral a deux aspects principaux. En matière administrative, elle consiste en une épuration destinée à purger la haute fonction publique de ses éléments républicains, introduits en masse à l'époque de Gambetta et du Gouvernement de la Défense nationale puis, dans une moindre mesure et plus discrètement, sous la présidence de Thiers. Dans le même temps, en matière religieuse, c'est une série de mesures ostentatoires qui rappellent les années 1815 ou 1825 de la Restauration. Le symbole en est la construction, sur la butte Montmartre, de la basilique du Sacré-Cœur, décrétée dès 1873 en expiation des crimes de la Commune. La vie publique se re-christianise. Cette politique est censée préparer le terrain en vue d'une restauration.

206

La Restauration manquée. — Pour certains royalistes, l'histoire est en train de se répéter. Comme en 1814-1815, la chute du Second Empire doit être le prélude d'une nouvelle restauration. Mais les cycles politiques – en l'occurrence monarchie, république, empire, monarchie – ne sont qu'apparences. De surcroît, dès juillet 1871, le comte de Chambord s'est montré intransigeant (« Henri V ne peut abandonner le drapeau blanc d'Henri IV »). Dans son manifeste de janvier 1872, il s'est refusé à « devenir le roi légitime de la Révolution ». Depuis toujours, comme son grand-père Charles X, il rejette les principes révolutionnaires dans leur ensemble. Il est sensible aux questions sociales – plus que beaucoup de républicains – mais il les envisage à la manière traditionnelle, catholique, paternelle pour ne pas dire paternaliste.

L'année 1873 est pour les monarchistes celle de la dernière chance. Plusieurs fois depuis 1848 et la mort de Louis-Philippe (1850), il y avait eu des tentatives de rapprochement, voire de « fusion », entre légitimistes et orléanistes ; toutes avaient échoué. En 1873, laborieusement, les deux courants monarchistes paraissent se mettre d'accord sur la personne royale. Au mois d'août, le comte de Paris semble se réconcilier avec son lointain cousin Chambord et se rallier à lui. Le comte de Chambord n'ayant pas d'enfant, certains orléanistes font planer l'ambiguïté, ils laissent entendre que le comte de Paris lui succédera, mais rien n'a été réglé, et pour cause : selon les antiques lois fondamentales, à l'extinction de la branche aînée des Capétiens, c'est l'aîné de la branche immédiatement cadette qui monte sur le trône. Or cette branche cadette est celle des Bourbons d'Espagne, qui descendent de Louis XIV. Dans l'ordre de succession, les Orléans, qui descendent de Louis XIII, viennent après toutes les ramifications cadettes de la branche espagnole (tableau nº 213) ; pour l'anecdote juridique, c'est encore le cas de nos jours.

Les légitimistes qui ne sont pas au courant de ces intrigues se préparent avec ferveur au retour d'exil de « Henri V » et à son entrée triomphale dans sa « bonne ville » de Paris. Mais le comte de Chambord ne veut rien se laisser imposer. Fin octobre 1873, pour mettre fin aux interprétations contradictoires qu'on donne de ses intentions, il réitère, avec un courage politiquement suicidaire, son refus des principes révolutionnaires et de leur symbole le plus palpable et le plus populaire : le drapeau tricolore.

On dit souvent que l' « affaire du drapeau blanc » a mis un point final aux chances de restauration. Ces chances étaient-elles sérieuses ? Des légitimistes (traditionalistes) pouvaient-ils s'entendre avec des orléanistes (centristes) sur un mode de gouvernement et sur un modèle de société ? Ils étaient sans doute trop divisés sur des points d'honneur et de morale politiques (régicide de 1793, usurpation de 1830). En outre, toutes forces réunies, ils ne disposaient plus à l'Assemblée que de 320 voix. Il en manquait une quarantaine qu'il aurait fallu quémander du côté des républicains du centre-gauche car on ne pouvait guère compter sur le soutien des bonapartistes.

Les chefs orléanistes ne sont pas mécontents de cette situation. Ils ne sont pas pressés de restaurer l'aîné des Bourbons dont ils redoutent les initiatives. Mieux vaut pour eux prolonger la présidence de

Mac-Mahon. Si la loi du septennat est votée le 19 novembre 1873, c'est uniquement à cette fin, pour des raisons étroitement conjoncturelles, mais le septennat va durer cent vingt-sept ans.

À droite on ne le savait pas encore, certains ne voudront même pas l'admettre en 1875 après le vote des lois constitutionnelles, mais Thiers était dans le vrai : « La République existe, elle est le gouvernement légal du pays. » Le régime républicain ne sera plus sérieusement menacé avant 1940.

207 LES LOIS CONSTITUTIONNELLES. — La constitution de la IIIe République sera le reflet du nouvel équilibre des forces à l'Assemblée. Les orléanistes s'éloignent de plus en plus des légitimistes pour se rapprocher des républicains modérés (le renouveau du bonapartisme aux élections partielles n'est pas étranger à ce rapprochement). Les lois constitutionnelles seront assez souples pour ne pas interdire une très hypothétique monarchie orléaniste, mais elles pourront aussi servir de cadre à la « République conservatrice » que Thiers appelle de ses vœux.

Le décret du 8 septembre 1870 prévoyant l'élection d'une Constituante n'ayant pas été suivi d'effet, l'Assemblée, à la manière des États généraux en 1789, s'était reconnu le pouvoir constituant en août 1871 sans en avoir reçu le mandat. De même, les lois de 1875, comme la constitution de 1791, ne seront pas soumises à la sanction du peuple.

Le vote décisif a lieu le 30 janvier 1875 avec le fameux amendement Wallon, adopté à une voix de majorité (353 contre 352), sur l'élection du président « de la République » : formule désormais essentielle par sa valeur constitutionnelle. Le régime républicain a cessé d'être provisoire. Il est organisé par les trois lois constitutionnelles du 24 février sur le Sénat, du 25 février sur l'organisation des pouvoirs publics et du 16 juillet sur les rapports des pouvoirs publics.

Le bicaméralisme s'est imposé sans difficulté ; le Second Empire lui-même y avait fait retour *in extremis*. Les deux Chambres ont l'initiative et le vote des lois sur un pied d'égalité. Les membres du Sénat sont élus pour neuf ans par les élus locaux, sauf un quart de sénateurs inamovibles désignés à vie par l'Assemblée sortante, dans un souci de modération et de transition paisible (cette catégorie de sénateurs sera supprimée en 1884). La Chambre des députés est élue pour quatre ans au suffrage universel direct. La fonction exécutive est confiée au président de la République, qui sera élu par les Chambres réunies en Assemblée nationale. Le président a le choix des ministres, la nomination aux emplois civils et militaires, la promulgation des lois et le droit de dissoudre la Chambre moyennant un avis favorable du Sénat. Ses ministres, responsables devant les Chambres, partagent avec elles l'initiative des lois.

Cette « constitution » de 1875, si elle consacre pour la première fois explicitement la responsabilité politique des ministres, ne définit pas clairement la nature du parlementarisme. Le pouvoir réel appartient-il à la Chambre des députés, dont le ministère serait l'émanation exclusive (conception moniste des républicains) ? Ou bien y a-t-il deux pouvoirs, chacun ayant sa capacité d'action, le président de la République pouvant choisir des ministres en accord avec ses propres idées (conception dualiste des orléanistes et de Mac-Mahon) ? L'esprit du texte correspond plutôt à la seconde conception, mais on a doté le président de pouvoirs étendus sans lui donner la légitimité démocratique correspondante.

208 Le 16 mai et ses suites. — Les élections générales de 1876 voient triompher les républicains (Gauche républicaine de Jules Ferry et Jules Favre, Union républicaine de Gambetta) qui obtiennent presque les deux tiers des sièges. Les bonapartistes ont la moitié des élus de l'opposition, mais leur progrès est trompeur ; il n'y a plus trace du bastion moderne du Nord-Est, caractéristique des années 1850 ; l'audience des hommes de l' « Appel au peuple » se concentre dans l'Ouest et surtout le Sud-Ouest traditionnels (carte n° 214), géographie contemporaine d'une droitisation qui ôte au mouvement son originalité.

Pour diriger le nouveau ministère, Mac-Mahon désigne Dufaure, un républicain catholique de centre-gauche, puis Jules Simon. Les républicains jouent d'abord la prudence, mais ils s'enhardissent bientôt à faire pression sur le ministère, réclamant une politique laïque et anticléricale qui prenne franchement le contre-pied de l'Ordre moral. L'épreuve de force est imminente. Mac-Mahon s'estime responsable envers la France. Le 16 mai 1877, il pousse Jules Simon à la démission et rappelle Broglie dont le cabinet d'Ordre moral se heurte à un manifeste hostile de la majorité républicaine qui le met bientôt en minorité (juin). Le président dissout la Chambre. (Vu du côté républicain, le schéma d'ensemble peut faire songer, en accéléré, à la nomination de Polignac en 1829 et à ses suites en 1830.) Malgré la pression administrative, les élections d'octobre 1877 donnent aux républicains une majorité des trois cinquièmes.

Selon la formule de Gambetta, Mac-Mahon devait « se soumettre ou se démettre ». Il va se soumettre puis se démettre. Dans un premier temps, après avoir songé à résister, il se soumet en rappelant Dufaure (décembre). La cohabitation dure une année (1878), pendant laquelle Mac-Mahon est contraint à l'effacement. Après la victoire des républicains aux élections pour le renouvellement du premier tiers sortant des sénateurs (5 janvier 1879), qui leur donne la majorité au Sénat et supprime le dernier contrepoids à la majorité de la Chambre, le président démissionne (30 janvier). Les Chambres lui donnent pour successeur Jules Grévy, remplacé par Gambetta à la présidence de la Chambre. Tous les pouvoirs sont aux mains des républicains.

209 LE TRIOMPHE DE LA RÉPUBLIQUE. — Jules Grévy met les choses au point dès le 6 février 1879 dans un célèbre message aux Chambres : « Soumis avec sincérité à la grande loi du régime parlementaire, je n'entrerai jamais en lutte contre la volonté nationale, exprimée par ses organes constitutionnels. » Ce message est d'une importance telle qu'on finira par l'appeler « constitution Grévy ». Bien qu'elle n'ait aucune valeur constitutionnelle, la pratique Grévy va engager l'avenir en ligotant la présidence. (On ne saurait parler ici de coutume constitutionnelle. Pour qu'il y ait coutume, l'usage répété ne suffit pas, il faut l'*opinio juris*, conscience partagée du caractère juridique de la règle. En l'occurrence cette conscience se limite au personnel politique républicain.)

Le 16 mai avait été interprété par les républicains comme un coup d'État, ce qui n'était pas le cas, le président ayant le droit de dissoudre la Chambre. Avec Grévy et ses successeurs, la question parlementaire est tranchée. Le parlementarisme dérapera souvent vers le régime d'assemblée. Dorénavant il est admis que le pouvoir appartient à la Chambre : les ministres et le président du Conseil gouvernent et sont responsables devant elle seule (la responsabilité devant le Sénat existe, mais elle restera pratiquement en sommeil). Sauf forte personnalité présidentielle – et, même en ce cas, de façon discrète – le président de la République n'aura plus le choix de ses ministres. Devenu en 1879 un arbitre politiquement neutre, il n'usera plus de son droit de dissolution.

Le triomphe de la République se traduit par des mesures hautement symboliques. Les Chambres s'installent à Paris. Dès 1879, la *Marseillaise* devient l'hymne national. En 1880, le 14 juillet, anniversaire de la fête de la Fédération de 1790, devient fête nationale et les Communards sont amnistiés. On exalte quotidiennement l'ancrage du régime dans la Révolution de 1789 et de 1793, un 1793 sans Terreur. En profondeur, dès 1877 et jusqu'en 1883, la République procède à une épuration « féroce » (Vincent Wright), dans toutes les branches de l'administration, de tous les éléments légitimistes, orléanistes et bonapartistes, ou présumés tels, qui avaient été réintroduits sous la présidence de Mac-Mahon. Par la suite, par étapes, jusqu'en 1905-1907, la République « opportuniste » puis radicale épurera l'administration de ses éléments jugés trop catholiques ou insuffisamment républicains. Ainsi la République sera conquise par les républicains et soumise, de manière militante, au principe de la laïcité.

« La République sera conservatrice ou elle ne sera pas. » La prophétie de Thiers s'était-elle réalisée après sa mort, survenue à l'été de 1877 ? Thiers avait gagné – le régime était solidement assis – mais en partie seulement, dans la mesure où les valeurs que « conservera » la IIIe République ne seront pas toutes les siennes.

Pour aller plus loin

210 SUR LA IIIe RÉPUBLIQUE. — Parmi les ouvrages généraux, F. Burdeau, *La IIIe République,* Montchrestien, 1996 ; M. Winock, J.-P. Azéma, *La IIIe République,* rééd. Hachette, 1978 ; J.-Y. Mollier, J. George, *La plus longue des Républiques,* Fayard, 1994 ; F. Broche, *La IIIe République, 1870-1895,* et A. Teyssier, *La IIIe République, 1895-1919,* Pygmalion G. Watelet, 2001 ; V. Duclert, C. Prochasson, *Dictionnaire critique de la République,* rééd. Flammarion, 2007 ; G. Candar, *Histoire politique de la IIIe République,* La Découverte, 1999. Sur les institutions, S. Rials, *La présidence de la*

République et *Le premier ministre,* rééd. PUF, 1983 et 1985. Sur la fonction présidentielle, N. Mariot, *Bains de foule. Les voyages présidentiels en province,* Belin, 2006, et *C'est en marchant qu'on devient président. La République et ses chefs d'État,* Aux lieux d'être, 2007. Sur l'administration, J. Siwek-Pouydesseau, *Le corps préfectoral sous la IIIe et la IVe République,* A. Colin, 1969. Sur le personnel politique, A. Dansette, E. Pognon, *Histoire des présidents de la République,* rééd. Plon, 1981 ; J. Estèbe, *Les ministres de la République, 1871-1914,* FNSP, 1982 ; J.-M. Mayeur, A. Corbin (dir.), *Les immortels du Sénat, 1875-1918. Les cent seize inamovibles de la IIIe République,* Publ. Sorbonne, 1995 ; J. Garrigues, *La République des hommes d'affaires,* Aubier, 1997 ; B. Dumons, G. Pollet, P.-Y. Saunier, *Les élites municipales sous la IIIe République,* CNRS, 2002. Sur la vie politique, J.-M. Mayeur, *La vie politique sous la IIIe République,* Le Seuil, 1984 ; F. Goguel, *Géographie des élections françaises sous la IIIe et la IVe République,* rééd. A. Colin, 1970 ; A. Soulier, *L'instabilité ministérielle sous la IIIe République,* Sirey, 1939 ; J. Ollé-Laprune, *La stabilité des ministres sous la IIIe République,* LGDJ, 1962 ; *Les grands discours parlementaires de la IIIe République,* textes présentés par J. Garrigues, A. Colin, 2004, 2 vol. ; M. Winock, *Nationalisme, antisémitisme et fascisme en France,* Le Seuil, 1990 ; S. Courtois, M. Lazar, *Histoire du PCF,* PUF, 1995. Sur la vie intellectuelle, J.-L. Fabiani, *Les philosophes de la République,* Éd. de Minuit, 1988 ; M. Winock, *Le siècle des intellectuels,* rééd. Le Seuil, 1999 ; G. Leroy, *Batailles d'écrivain. Littérature et politique, 1870-1914,* A. Colin, 2003 ; A. Martin-Fugier, *Les salons de la IIIe République,* Perrin, 2003. Sur religions et politique, M. Vaussard, *Histoire de la démocratie chrétienne,* Le Seuil, 1956 ; P. Cabanel, *Les protestants et la République,* Complexe, 2000 ; P. Birnbaum, *Les fous de la République. Histoire politique des Juifs d'État de Gambetta à Vichy,* Le Seuil, 1994. Sur la presse, J. Kayser (dir.), *La presse de province sous la IIIe République,* A. Colin, 1958 ; J. Lethève, *La caricature et la presse sous la IIIe République,* A. Colin, 1961. Sur la société, E. Weber, *La fin des terroirs,* rééd. Fayard, 1998, et *Fin de siècle. La France à la fin du XIXe siècle,* Fayard, 1986.

211 SUR LES ANNÉES 1870-1879. — Un tableau qui n'a pas perdu ses couleurs, D. Halévy, *La fin des notables* suivi de *La République des ducs,* rééd. Hachette, 1995. Voir aussi J.-M. Mayeur, *Les débuts de la IIIe République,* rééd. Le Seuil, 1984 ; D. Lejeune, *La France des débuts de la IIIe République,* A. Colin, 2005. Sur la presse, P. Albert, *Histoire de la presse politique nationale au début de la IIIe République,* diff. Champion, 1980. Parmi les biographies, P. Guiral, *Adolphe Thiers,* Fayard, 1986 ; D. Amson, *Gambetta,* Tallandier, 1994. Sur la Commune, S. Rials, *De Trochu à Thiers, 1870-1873,* Nouv. hist. de Paris, Hachette, 1985 ; W. Serman, *La Commune de Paris,* rééd. PUF, 1986 ; J. Rougerie, *Procès des Communards,* Julliard, 1964 ; R. Tombs, *La guerre contre Paris, 1871,* Aubier, 1998 ; J. Gaillard, *Communes de province, Commune de Paris,* Flammarion, 1971 ; M. Dommanget, *Auguste Blanqui au début de la IIIe République,* Mouton, 1971. Sur la naissance du régime, J. Gouault, *Comment la France est devenue républicaine,* A. Colin, 1954 ; P. Barral, *Les fondateurs de la IIIe République* (textes), A. Colin, 1968 ; E. Beau de Loménie, *La Restauration manquée,* rééd. Libr. française, 1979.

212 L'Assemblée de Bordeaux (février 1871)

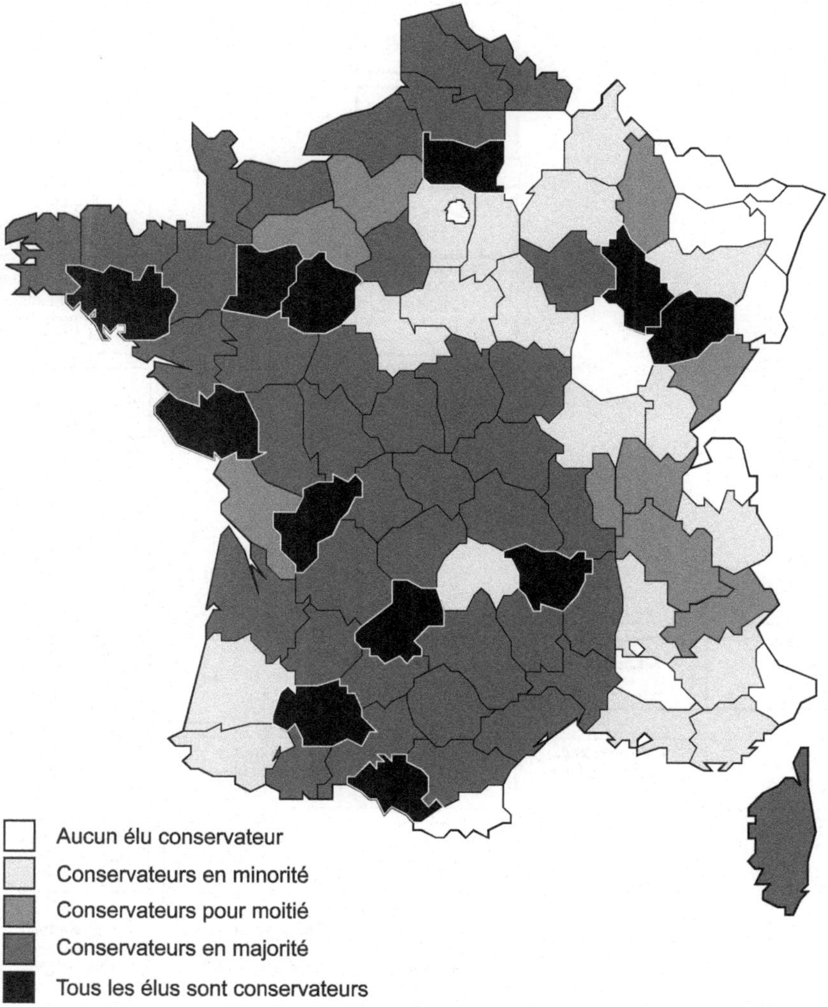

D'après F. Goguel, *Géographie des élections françaises sous la Troisième et la Quatrième République,* 1970.

213 Les Bourbons (arbre généalogique simplifié)

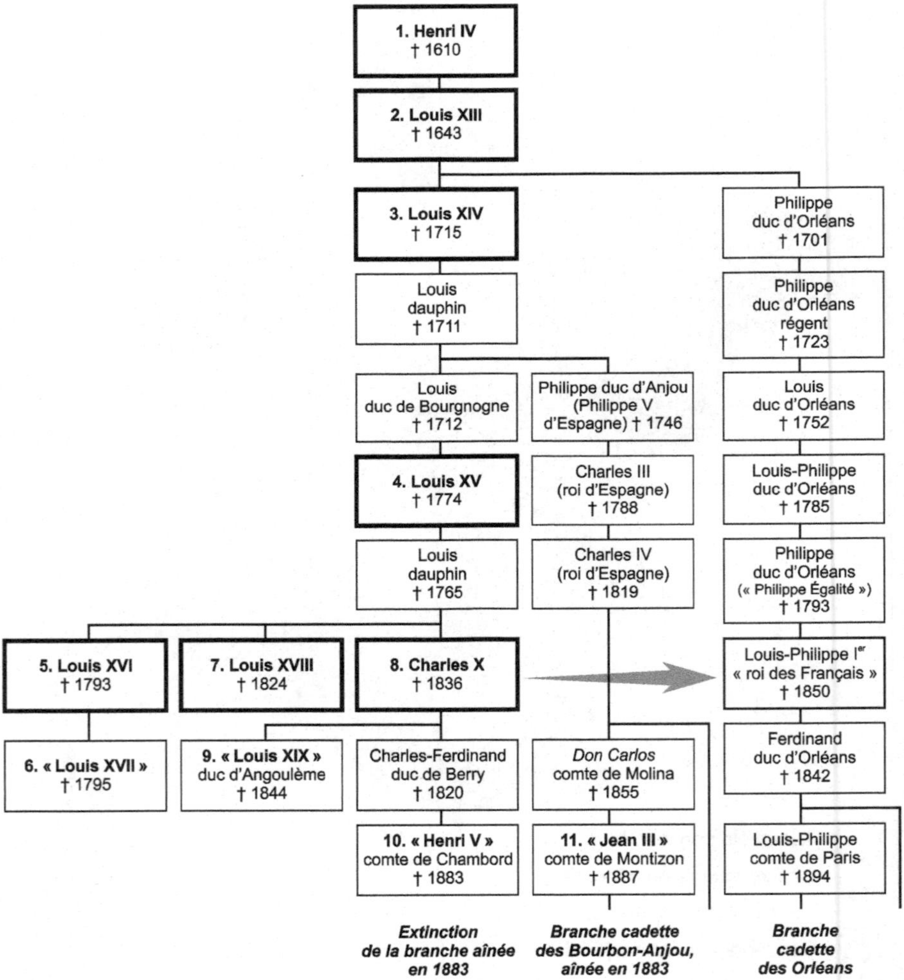

Les aînés sont placés à gauche, les cadets à droite.
La numérotation en chiffres arabes indique l'ordre de succession selon la loi salique.
Les vignettes entourées d'un trait gras indiquent les règnes effectifs.
La flèche en grisé indique l'usurpation de juillet 1830.
Les Bourbon-Anjou actuels descendent d'un frère cadet de Don Carlos.
Les Orléans actuels descendent d'un frère cadet du comte de Paris.

214 LES VOIX BONAPARTISTES AUX ÉLECTIONS DE 1876

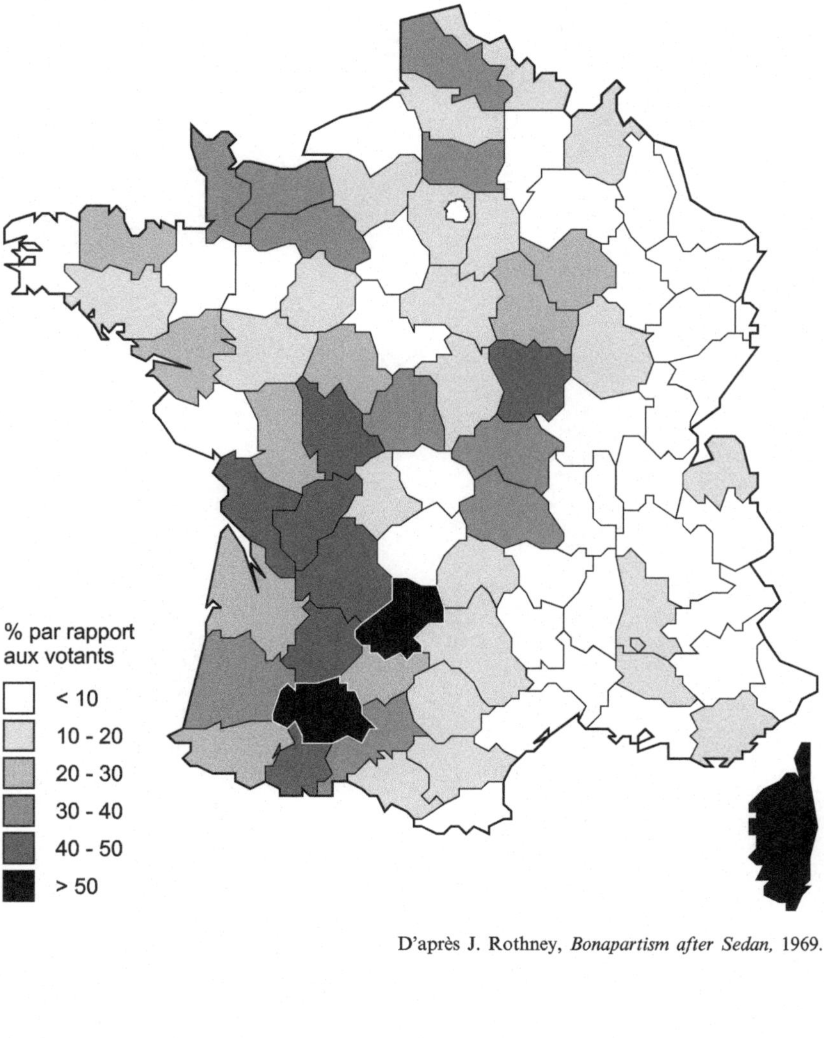

D'après J. Rothney, *Bonapartism after Sedan,* 1969.

TROISIÈME PARTIE

L'ÈRE RÉPUBLICAINE

Leçon 19

La République opportuniste (1879-1899)

215 L'opportunité est la qualité de ce qui est opportun, de ce qu'il convient de faire. Sans connotation péjorative, ce sont les républicains au pouvoir dans les années 1880 qui se sont qualifiés d'« opportunistes », affirmant par là qu'ils voulaient se comporter en pragmatiques, en hommes politiques efficaces, proches des réalités, sans pour autant renier leurs principes, hérités de la Révolution. C'est ce que Gambetta appelait la « politique des résultats », par opposition avec les « intransigeances » des purs radicaux. La plupart de ces résultats sont obtenus avant 1885. Par la suite, la République opportuniste va devoir affronter de graves difficultés intérieures avant de se stabiliser quelque temps à la fin du siècle.

I | Le moment Ferry : la construction de la République

216 Si l'on excepte le « grand ministère » Gambetta (avril 1881 - janvier 1882), dont on attendait beaucoup mais qui n'a pas été un moment décisif de la IIIe République, les années 1879-1885 sont marquées par la forte personnalité de Jules Ferry, un avocat lorrain presque constamment ministre six années durant, président du Conseil de septembre 1880 à avril 1881 puis de février 1883 à mars 1885.

L'état des forces en présence permet aux opportunistes d'accomplir une œuvre considérable. La République sera « républicanisée » en profondeur, assise sur des bases assez solides pour pouvoir résister aux tourmentes ultérieures.

217 LES FORCES EN PRÉSENCE. — La victoire des républicains sur les hommes de l'Ordre moral aux élections de 1877 avait été renforcée par les élections partielles consécutives à de nombreuses invalidations. La pression administrative aidant – elle n'est au XIXe siècle le monopole de personne – les élections d'août-septembre 1881 clarifient encore les positions (carte n° 228). Les « droites » monarchistes sont écrasées : elles sauvent moins de 90 sièges. Le bloc des vainqueurs n'est pas d'une parfaite homogénéité, il y a notamment de graves querelles de personnes, mais il existe une forte majorité républicaine de gouvernement.

À l'extrême gauche, on compte une petite cinquantaine de républicains radicaux ou « radicaux-socialistes », avec le médecin Georges Clemenceau. Ils se sont séparés de Gambetta qu'ils accusent de trahir le programme de Belleville. Eux veulent un régime d'assemblée, l'impôt sur le revenu, une politique ultra-laïque impliquant, outre l'instruction obligatoire et le rétablissement du divorce, la séparation de l'Église et de l'État, et réclament un train de mesures sociales en faveur des travailleurs : la suppression du livret ouvrier, la réduction du temps de travail, la refonte d'une législation trop favorable aux patrons.

À gauche, les gros bataillons se répartissent en deux groupes de républicains d'ordre, attachés à l'héritage de la Révolution, à l'idée de progrès par la science et par l'enseignement, la plupart incroyants, souvent athées militants (comme les radicaux). L'Union républicaine de Gambetta regroupe plus de 200 députés, parmi lesquels beaucoup sont d'anciens radicaux sur la voie d'une certaine modération. La Gauche républicaine, avec Jules Ferry, compte près de 170 députés. Quoi que puisse en dire l'extrême gauche qui dénonce leur modérantisme, les uns et les autres veulent appliquer le programme républicain, mais peu à peu, méthodiquement, dans l'ordre. À la mort de Gambetta (1882), les deux groupes, séparés jusqu'alors par la personnalité de leurs chefs, fusionnent. Le groupe unifié des « opportunistes » n'a pas besoin, pour gouverner, de l'appoint des députés du centre-gauche (moins de 40 républicains très modérés).

218 UNE POLITIQUE LAÏQUE. — « Le cléricalisme, voilà l'ennemi. » Cette formule fameuse lancée par Gambetta dès 1877 a une signification beaucoup plus large qu'il n'y paraît.

Sous la IIIe République, la gauche ne dissimule pas sa haine envers l'Église.

Dans le passé, l'Église catholique s'était souvent compromise avec les adversaires de l'idée républicaine, successivement avec la Contre-révolution (1790-1799), avec Napoléon (1801-1809), avec l'ultra-royalisme (1815-1830) puis le légitimisme ; elle s'était ensuite ralliée à l'Empire autoritaire (1852-1859). En 1864, le pape Pie IX avait condamné les « libertés modernes » et la démocratie dans le fameux *Syllabus* (« Catalogue des principales erreurs de notre temps ») publié en annexe à une encyclique. Enfin, pendant la période de l'Ordre moral (1873-1877), la présence de l'Église s'était faite envahissante et triomphaliste.

À ces raisons polémiques de dénoncer le « cléricalisme » s'ajoute une raison de fond plus déterminante. Opportunistes et radicaux sont très liés à la franc-maçonnerie dont la principale obédience, le Grand Orient, est devenue rationaliste et athée (1877). Ils ne veulent pas seulement mettre fin aux ingérences du clergé dans la vie politique et sociale de la nation. Leur premier ennemi est la religion catholique en elle-même, qu'il s'agit d'extirper des consciences ; pour cela, ils reçoivent le soutien actif des protestants « libéraux ». C'est au fond le programme déchristianisateur des hommes de l'an II, la Terreur en moins et sans la volonté d'établir une religion civique de substitution.

Pour ce faire, la politique suivie sera multiforme. Toute la vie publique – politique, judiciaire, etc. – est laïcisée. Le travail est autorisé le dimanche (1880). La loi Naquet du 27 juillet 1884 rétablit le divorce qui avait été restreint par Napoléon et aboli sous la Restauration (néanmoins, pour ne pas troubler l'ordre dans les familles, le divorce par consentement mutuel reste impossible). Un combat méthodique a commencé en 1880 contre les jésuites et les congrégations (260 couvents fermés, 5 000 religieux dispersés). Il s'accompagne d'une épuration systématique frappant les fonctionnaires qui manifestent, ouvertement ou non, leurs réticences à appliquer ces mesures.

Dans toute entreprise de conquête des consciences, l'enjeu majeur est l'enseignement. En 1880, on rend aux facultés d'État le monopole de la collation des grades universitaires, supprimé en 1875. Pour l'enseignement secondaire, une autre loi de 1880 crée les lycées de jeunes filles, avec l'ambition d'arracher les femmes à l'emprise cléricale. Quant à l'enseignement primaire, secteur clef car lui seul touche la grande masse des Français, il fait l'objet des deux grandes lois de Jules Ferry : celle du 16 juin 1881 établit la gratuité de l'enseignement primaire public, celle du 28 mars 1882 le laïcise et rend l'instruction primaire obligatoire.

Tout enfant devant aller à l'école, les parents aux revenus modestes l'enverront à l'école laïque. Ainsi se réalisera la prophétie de Gambetta qui annonçait en 1872 « la venue et la présence dans la politique d'une couche sociale nouvelle ». L'effondrement de la « France des notables » est programmé.

219 LIBERTÉS ET AFFAIRISME. — Mis à part un anticléricalisme virulent qui n'est pas sans affecter la liberté de conscience, les républicains opportunistes se montrent plutôt libéraux dans leur législation et dans leur approche de l'économie.

Les années 1881-1884 sont celles des grandes lois fondatrices : 1 / loi du 30 juin 1881 sur la liberté de réunion, 2 / loi du 29 juillet 1881 sur la liberté de la presse, 3 / loi Waldeck-Rousseau du 21 mars 1884 sur la liberté syndicale, qui achève avec un retard significatif l'œuvre sociale de Napoléon III (cette mesure est strictement limitée aux associations professionnelles, car la liberté pure et simple d'association aurait permis de reconstituer les congrégations catholiques dissoutes), 4 / loi municipale du 5 avril 1884, très influencée par les souvenirs négatifs de la Commune, qui rééquilibre – beaucoup moins que ne le souhaitaient les radicaux – la centralisation préfectorale et la décentralisation communale, au profit de cette dernière.

L'euphorie économique, qui avait tant favorisé le Second Empire, a pris fin en 1873. La dépression va se prolonger jusqu'en 1896, caractérisée par la déflation monétaire, les progrès rapides d'une seconde révolution industrielle qui fait baisser les prix, une surproduction mondiale de céréales, sans parler du phylloxéra qui frappe le vignoble à partir de 1875. Mais l'exemple de la Monarchie de Juillet avait montré qu'une dépression économique n'empêchait pas de faire des affaires. Pour l'austère Jules Ferry, « il n'y a pas de profits illégitimes ». Non seulement les républicains opportunistes ne sont pas de purs idéologues, mais, loin d'être socialistes, ils affichent un certain libéralisme économique. Il y a parmi eux de grands hommes d'affaires, tels l'ingénieur Charles de Freycinet et le financier Léon Say, ce dernier ministre des Finances en 1872-1873 et de 1875 à 1879.

Ministre des Travaux publics, Freycinet décide de relancer l'économie par de grosses commandes que financent des emprunts d'État. Son programme est mis en œuvre en 1879 : creusement de canaux, amélioration des infrastructures portuaires, extension du réseau ferré (qui passera de 25 000 km en 1879 à 35 000 en 1890). Cette extension du chemin de fer, qui favorise la diffusion des idées républicaines en désenclavant les campagnes les plus reculées, est aussi « électoraliste », soumise à la pression intéressée des députés locaux. En 1883, l'État prendra même à sa charge les déficits des compagnies ferroviaires. Il y a là des profits à faire sans grand risque. Dans ces conditions, il n'est pas étonnant de voir des orléanistes fermer les yeux sur une politique anticléricale qui ne les gêne guère et s'accommoder de mieux en mieux du régime républicain ; l'orléanisme est décidément plus un état d'esprit qu'une fidélité dynastique.

Pour autant, l'affairisme ambiant n'est pas neutre politiquement. En 1878, Eugène Bontoux, un royaliste catholique, avait créé l'Union générale, une banque d'affaires destinée à soutenir la cause monarchiste en concurrençant les banques juives (Rothschild) et protestantes, qui soutenaient la République. En 1882, l'Union générale s'effondre sous les coups des politiciens et des banques. Les victimes du krach vont oublier les erreurs de gestion commises par les dirigeants de l'Union générale et teinter d'antisémitisme leur aversion pour le régime.

220 La politique coloniale. — Avec Jules Ferry, la gauche au pouvoir lance la France dans une aventure coloniale qui la conduit au protectorat sur la Tunisie (1881) et – dans la foulée de Napoléon III qui avait déjà pris pied en Cochinchine (1859-1862) – sur l'Annam et le Tonkin (1885). Le pays avait besoin de restaurer sa puissance et son prestige, compromis par la défaite de 1870-1871, et d'occuper son armée en temps de paix, l'économie était demandeuse de matières premières et il fallait donner satisfaction aux hommes d'affaires, à commencer par Abel Ferry, frère de Jules. Pour la justification idéologique, la République pouvait invoquer la nécessité de répandre dans le monde les principes universels de 1789.

Cette politique coloniale suscite deux oppositions. Les « droites » et les cadres de l'armée réprouvent une entreprise qui détourne les Français de l'idée d'une revanche sur l'Allemagne. Les radicaux de Clemenceau dénoncent la puissance envahissante de l'armée. Le 30 mars 1885, à la suite d'un débat houleux sur le Tonkin, les oppositions réunies pour l'occasion renversent le trop autoritaire Jules Ferry.

II | Le temps des crises

221 La chute de Ferry marque la fin d'une époque. C'est dans un climat très détérioré que vont éclater successivement la crise boulangiste et l'énorme scandale de Panama.

L'agitation sociale a repris, liée à la dépression et à la crise de 1882 ; elle donne lieu à des grèves très dures dans les mines (1884, 1886). En politique, le premier facteur de crise résulte d'un nouvel équilibre des forces. Aux élections d'octobre 1885, les « droites » doublent leur représentation, recueillant un peu plus de 200 sièges (parmi lesquels 65 aux bonapartistes en déclin), ainsi que les radicaux (100 sièges). Il n'y a plus de véritable majorité (carte n° 229). L'instabilité ministérielle s'installe durablement.

Le second facteur de crise est le sentiment d'une corruption du régime. Un scandale retentissant affaiblit encore la présidence de la République. Réélu en 1885, Jules Grévy est acculé à la démission en 1887 : son gendre le député Wilson faisait trafic des décorations. Grévy est remplacé par Sadi Carnot, petit-fils de Lazare Carnot, l'« organisateur de la victoire » en 1793-1794, un personnage au caractère effacé qui ne saurait porter ombrage à la Chambre : « Il n'est pas très fort, mais il porte un nom républicain » (Clemenceau). Instabilité et « corruption » favorisent la montée de l'antiparlementarisme.

Un troisième facteur s'ajoute aux deux premiers : la montée du désir de revanche sur l'Allemagne. Le nationalisme, cette idée née à gauche avec la Révolution, est récupéré par une « droite » ligueuse : la Ligue des patriotes, fondée par l'écrivain Paul Déroulède en 1882, va participer activement à l'agitation boulangiste.

222 Le boulangisme. — Avant de donner son nom à un éphémère courant politique qui va faire trembler la République, le général Georges Boulanger était un républicain radical et anticlérical. Ministre de la Guerre en 1886 grâce au soutien de Clemenceau, il chasse les princes d'Orléans de l'armée en interprétant à sa façon les termes de la récente loi d'exil ; il souhaite imposer le service militaire aux ecclésiastiques ; il veille à améliorer la vie quotidienne du soldat. À l'occasion d'un incident frontalier provoqué par l'Allemagne (affaire Schnaebelé, avril 1887), son attitude belliciste risque de conduire à la guerre. Il y gagne la popularité, mais la gauche inquiète le lâche : le ministère Goblet tombe (mai 1887).

Qui est ce « brav' général », ce « général Revanche » qui a fait « reculer Bismarck » ? L'homme a une belle prestance, une immense ambition, mais il est velléitaire et assez peu intelligent, ce qui ne l'empêche pas de séduire très au-delà de la gauche radicale d'où il est issu. Le « boulangisme » va drainer presque tous les mécontentements et les focaliser sur les thèmes simplistes de la dissolution de la Chambre et de la révision de la constitution par une assemblée constituante. Il réunira des radicaux dissidents écœurés par la corruption (Naquet, Rochefort), des blanquistes, des nationalistes « jacobins » ou droitiers qui rêvent de reprendre l'Alsace-Lorraine à l'Allemagne, des bonapartistes plus putschistes que dynastiques, des orléanistes « durs » qui espèrent que le général va faire leur restauration, etc., tandis que la droite légitimiste demeure à l'écart du mouvement. N'ayant pas de programme, le boulangisme peut difficilement être considéré comme l'héritier du bonapartisme : une addition de mécontentements autour d'un képi et d'une barbe bien taillée ne fait pas un centrisme rassembleur et constructif.

Ce général qui fait peur à la IIIe République – c'est dire la crise de légitimité dont souffre alors le régime – est mis à la retraite en mars 1888. Cette retraite prématurée sera très politique. Ayant quitté l'armée, Boulanger peut, sur les conseils de ses amis, se présenter aux élections partielles. Élu, il démissionne aussitôt pour être candidat ailleurs. Cette espèce de plébiscite fractionné culmine en janvier 1889 : Boulanger l'emporte triomphalement à Paris. Malgré la foule qui l'acclame, malgré des complicités possibles dans l'armée et dans la police (?), Boulanger refuse de marcher sur l'Élysée.

L'occasion est passée. C'est le reflux. Les républicains de gouvernement ripostent : on interdit les candidatures multiples, on abandonne le scrutin de liste, rétabli en 1885, pour revenir au scrutin uninominal d'arrondissement, la Ligue des patriotes est dissoute. Boulanger s'enfuit avant d'être condamné en Haute Cour. Réfugié en Belgique, il se suicidera misérablement sur la tombe de sa maîtresse en 1891 (Clemenceau : « en sous-lieutenant »). Deux ans auparavant, les élections de septembre-octobre 1889 ont déjà consacré la déroute du boulangisme qui n'a réuni que 38 élus, parmi lesquels l'écrivain nationaliste Maurice Barrès, sur les 210 des « droites », contre 38 au centre-gauche, 216 aux opportunistes, 100 aux radicaux, une quinzaine aux socialistes.

223 PANAMA. — L'antiparlementarisme fait désormais partie du paysage politique. Peu après la crise boulangiste, il se nourrit d'une nouvelle « affaire » : le scandale de Panama.

Sous le Second Empire, l'ingénieur saint-simonien Ferdinand de Lesseps avait percé l'isthme de Suez. En 1879-1880, il a fondé la Compagnie du canal transocéanique (de Panama). Vu le relief accidenté de l'isthme américain, le coût du creusement est énorme. En 1885, une fois les fonds des souscripteurs épuisés, la Compagnie décide de placer un emprunt. Pour en obtenir l'autorisation, il faut « acheter » le ministre des Travaux publics, Baïhaut, et, par le truchement de banquiers douteux, des parlementaires (les « chéquards »). L'emprunt est autorisé en 1888, mais la Compagnie dépose son bilan en décembre. Le canal n'est pas construit. Un tiers des fonds dépensés a passé en publicité et en corruption. Parmi les 85 000 souscripteurs, petits épargnants en majorité, beaucoup sont ruinés.

Une campagne de presse déclenche le scandale en 1892, sur le mode antiparlementaire. Par contre, un pamphlétaire antisémite venu du socialisme, Édouard Drumont, auteur de *La France juive* (1886), dénonce dans son journal *La Libre Parole* le caractère « judéo-maçonnique » du scandale (banquiers juifs, politiciens francs-maçons). Baïhaut, ayant eu le courage ou la naïveté d'avouer, sera condamné avec Lesseps et l'ingénieur Gustave Eiffel (1893). Les « chéquards » nieront en bloc ou prétendront avoir « touché » pour la bonne cause antiboulangiste.

Le scandale de Panama a eu d'immenses conséquences. Il a renforcé la méfiance des épargnants pour l'investissement industriel et les a poussés à souscrire aux emprunts d'État jugés plus sûrs (notamment aux emprunts russes...). Politiquement, 1 / il a renforcé l'antiparlementarisme et, à gauche comme à droite, l'antisémitisme, 2 / il a fait sombrer une génération politique qui doit céder la place à des hommes nouveaux, plus jeunes et sans doute plus honnêtes, lesquels seront aux affaires pour une trentaine d'années. Clemenceau, éclaboussé, sera l'un des rares à rebondir.

224 Le « Ralliement » catholique. — Ébranlée par le boulangisme et par Panama, la République pourrait paraître aux abois. Or elle reçoit l'aide inespérée du Saint-Siège.

Le pape Léon XIII souhaitait apaiser la hargne des républicains contre l'Église catholique, due en partie à la collusion traditionnelle entre le clergé et les monarchistes. C'est à son instigation que le cardinal Lavigerie, archevêque d'Alger, préconise le ralliement non à la République et à ses principes, mais, techniquement, à la forme républicaine de gouvernement (novembre 1890). Malgré les réticences de nombreux évêques français, on voit apparaître des républicains catholiques qui se rapprochent des « progressistes » (opportunistes de la seconde génération, partisans de l'apaisement religieux) pour former une sorte de centre au sens situationnel du mot, avec pour effet de marginaliser un peu plus les monarchistes. Symétriquement, beaucoup de radicaux se raidissent.

225 Les extrêmes gauches. — À la fin du XIXe siècle, l'extrême gauche (voir leçon 17) prend deux formes différentes, l'une d'une violence extrême mais relativement éphémère, l'anarchisme, l'autre moins violente mais plus solide doctrinalement et promise à un bel avenir : le socialisme.

L'anarchisme est alors un phénomène transnational. Ses attentats meurtriers frappent d'illustres victimes : le président Carnot (1894), Élisabeth d'Autriche (1898), Umberto Ier d'Italie (1900). La France déstabilisée lui offre un terrain favorable. C'est l'époque des bombes du fameux Ravachol, exécuté en 1892. Deux lois dites « scélérates » sont votées par les progressistes et les républicains catholiques. La première (décembre 1893) punit de prison la provocation au vol, au meurtre, à l'incendie. La seconde (juillet 1894) confie aux tribunaux correctionnels les provocations à la violence par voie de presse ; elle ne sera pas utilisée que contre l'anarchisme, elle servira aussi contre les socialistes.

Après le drame de la Commune, le mouvement ouvrier s'est reconstruit lentement et dans la dispersion. Le syndicalisme, à dominante proudhonienne, se veut essentiellement ouvrier, indépendant des partis bourgeois, et revendique des libertés et avantages professionnels (salaires, conditions de travail), tandis que le socialisme, politique et qui s'exprime dans des structures partisanes, veut fonder l'ordre nouveau sur le collectivisme. Le socialisme est lui-même divisé entre des réformistes et des révolutionnaires dont l'attitude peut aller jusqu'au refus total de la société bourgeoise (abstention, grève générale, attentats).

Contre les proudhoniens, le journaliste Jules Guesde veut unifier socialisme et syndicalisme dans et par le marxisme. D'où la création de son Parti ouvrier (1 % des voix et un élu en 1881) qui éclate en 1882 (départ des « possibilistes », réformistes, eux-mêmes victimes d'une scission en 1890). Édouard Vaillant et les blanquistes font cavalier seul. En 1885, il n'y a que cinq élus socialistes. Après la création d'une seconde Internationale (1889) où dominent les marxistes (1891), les socialistes font une percée aux élections d'août-septembre 1893, mais sous quatre bannières différentes, sans compter les élus « socialistes indépendants ». En 1896, l'avocat Alexandre Millerand lance en vain l'idée d'un programme commun pour la conquête du pouvoir par la voie électorale.

L'unité syndicale n'est pas non plus pour demain. Sous l'influence de l'anarchiste Fernand Pelloutier se sont multipliées les bourses du travail, groupements ouvriers locaux (à la différence des syndicats sectoriels), regroupés en une Fédération (1892). De son côté, Guesde a créé sa courroie de transmission, la Fédération nationale des syndicats (1886) ; les guesdistes y perdent la majorité, elle se transforme en CGT (1895), mais les bourses du travail ne veulent pas la rejoindre.

Les différentes obédiences du socialisme ne sont guère menaçantes pour une République qui tend à se stabiliser dans la modération.

226 MÉLINE : UN CENTRISME ÉPHÉMÈRE. — Aux élections de 1893, il n'y a plus que 58 élus monarchistes. À gauche, on compte 133 radicaux durcis et 38 socialistes, mais c'est le triomphe des « progressistes » qui, outre leurs 317 sièges, peuvent compter sur l'appoint de 35 catholiques ralliés. Le long ministère de Jules Méline (avril 1896 - juin 1898) symbolise une République enfin stabilisée, politiquement conservatrice, socialement petite-bourgeoise, économiquement prospère et un peu frileuse (le protectionnisme s'est imposé avec le tarif Méline de 1892). L'alliance russe (1891) a rendu à la France sa place en Europe.

Avec Méline, un véritable centrisme aurait pu se construire sur une assise large. Il aurait été le troisième de l'histoire française après le bonapartisme et l'orléanisme, mais l'affaire Dreyfus ne lui laissera pas le temps de se consolider.

Pour aller plus loin

227 Outre J.-M. Mayeur (n° 211), voir Jérôme Grévy, *La République des opportunistes,* Perrin, 1998 ; L. Hamon (dir.), *Les opportunistes,* Maison des sc. de l'homme, 1991 ; O. Rudelle, *La République absolue,* Paris, Publ. Univ. Panthéon-Sorbonne, 1982. Sur quelques acteurs, J.-M. Gaillard, *Jules Ferry,* Fayard, 1989 ; *Jules Ferry, fondateur de la République* (collectif), EHESS, 1985 ; J. P. Bury, *Gambetta's final years,* Londres - New York, Longman, 1982 ; P. Janbrun, *Jules Grévy,* Tallandier, 1991. Voir aussi C. Charle, *Les élites de la République, 1880-1900,* Fayard, 1987, et *Naissance des intellectuels,* Éd. de Minuit, 1990. Sur la politique laïque, J.-M. Mayeur, *La question laïque,* Fayard, 1997 ; M. Ozouf, *L'École, l'Église et la République, 1871-1914,* rééd. Le Seuil, 1992 ; Y. Deloye, *École et citoyenneté. L'individualisme républicain de Jules Ferry à Vichy,* FNSP, 1994 ; J.-F. Chanet, *L'école républicaine et les petites patries,* Aubier, 1996 ; P. Cabanel, *Le Dieu de la République. Aux sources protestantes de la laïcité,* Rennes, PUR, 2003. Sur les libertés, J.-P. Machelon, *La République contre les libertés ?,* FNSP, 1976. Sur les catholiques, J. Gadille, *La pensée et l'action politique des évêques français au début de la IIIe République,* Hachette, 1967, 2 vol. ; J.-B. Duroselle, *Les débuts du catholicisme social en France,* PUF, 1951 ; P. Levillain, *Albert de Mun,* École fr. de Rome, 1983 ; A. Sedgwick, *The Ralliement in French politics,* Harvard Univ. Press, 1965 ; M. Montuclard, *Conscience religieuse et démocratie. La deuxième démocratie chrétienne en France, 1891-1902,* Le Seuil, 1965. Sur la colonisation, R. Girardet, *L'idée coloniale en France,* rééd. Hachette, 1986 ; J. Ganiage, *L'expansion coloniale de la France sous la IIIe République,* Payot, 1968 ; J. Meyer *et al., Histoire de la France coloniale,* t. 1, A. Colin, 1991 ; J.-P. Rioux (dir.), *Dictionnaire de la France coloniale,* Flammarion, 2007 ; G. Manceron, *Marianne et les colonies,* La Découverte, 2003 ; C.-R. Ageron, *L'anticolonialisme en France de 1871 à 1914,* PUF, 1973. Sur le boulangisme, A. Dansette, *Le boulangisme,* Fayard, 1946 ; J. Garrigues, *Le boulangisme,* PUF, 1992, et *Le général Boulanger,* Perrin, 2003. Sur les scandales, J. Bouvier, *Les deux scandales de Panama,* Julliard, 1964 ; J.-Y. Mollier, *Le scandale de Panama,* Fayard, 1991 ; J. Garrigues, *Les scandales de la République,* R. Laffont, 1994. Sur le nationalisme, R. Girardet, *Nationalismes et nation,* Complexe, 1996, et *Le nationalisme français, 1871-1914* (textes), rééd. Le Seuil, 1983 ; B. Joly, *Déroulède,* Perrin, 1998, et *Dictionnaire biographique et géographique du nationalisme français, 1880-1900,* Champion, 2005 ; Zeev Sternhell, *La droite révolutionnaire,* rééd. Gallimard, 1997. Sur les radicaux, J.-T. Nordmann, *Histoire des radicaux,* Table ronde, 1974 ; G. Baal, *Histoire du radicalisme,* La Découverte, 1994. Sur l'anarchisme, J. Maitron, *Le mouvement anarchiste en France,* rééd. Gallimard, 1992, 2 vol. Sur syndicalisme et socialisme, J. Julliard, *Fernand Pelloutier et les origines du syndicalisme d'action* *directe,* rééd. Le Seuil, 1985 ; H. Dubief, *Le syndicalisme révolutionnaire,* A. Colin, 1969 ; G. Lefranc, *Le mouvement syndical sous la IIIe République,* Payot, 1967, et *Le mouvement socialiste sous la IIIe République,* rééd. Payot, 1977, 2 vol. ; C. Willard, *Le mouvement socialiste en France, 1893-1905. Les guesdistes,* Éd. sociales, 1965 ; M. Angenot, *Topographie du socialisme français,* Montréal, McGill Univ., 1989. Voir aussi M. Crapez, *L'antisémitisme de gauche au XIXe siècle,* Berg International, 2002.

228 LES VOIX RÉPUBLICAINES AUX ÉLECTIONS DE 1881

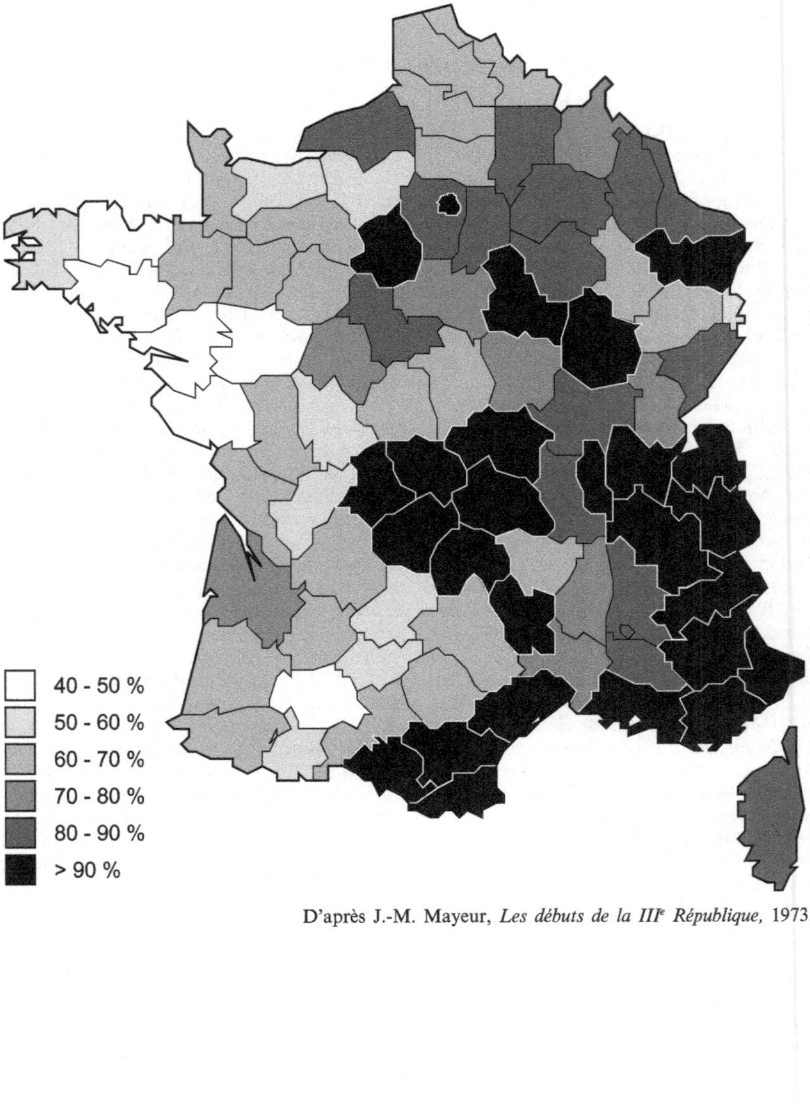

D'après J.-M. Mayeur, *Les débuts de la IIIe République,* 1973.

229 La Chambre de 1885

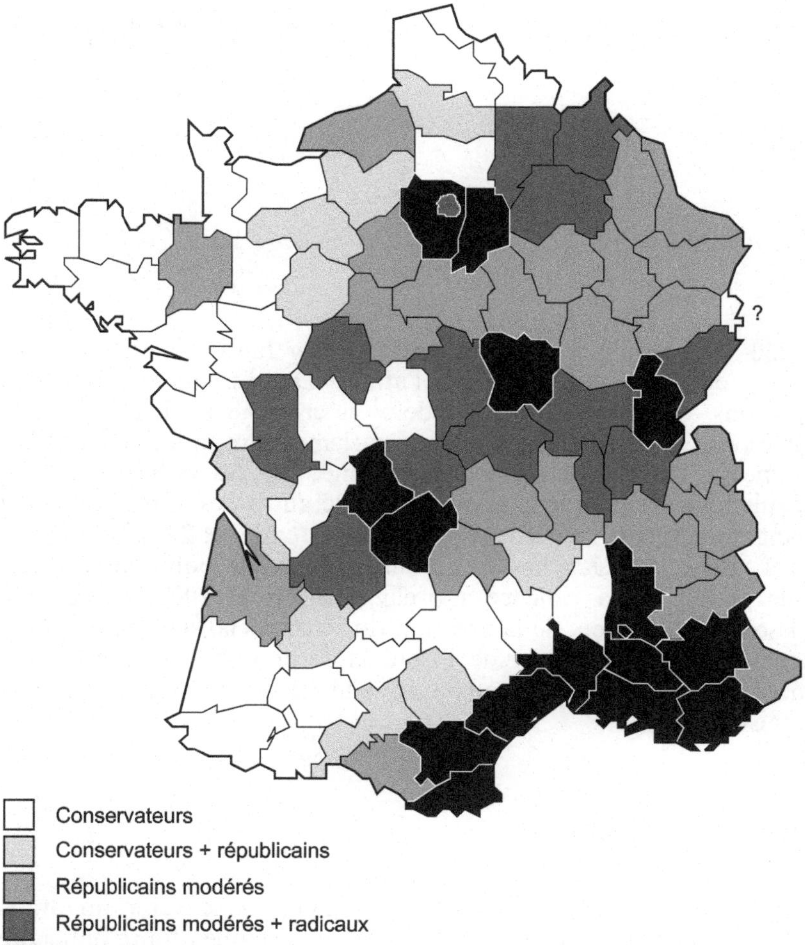

D'après O. Rudelle, *La République absolue,* 1982.

Leçon 20

La République radicale (1899-1914)

230 L'apaisement que paraissait incarner Jules Méline a duré peu de temps. Le drame de l'affaire Dreyfus libère soudain les passions, coupe la France en deux et entraîne la formation d'un Bloc des Gauches. Cette coalition parlementaire, qui fait leur place à une partie des socialistes, est dominée par les radicaux qui ont régulièrement accru leur assise nationale au fil des années en dominant notamment l'ancien Midi « blanc » (carte n° 245).

Le Bloc des Gauches va redonner vie à une politique anticléricale proche de la violence antireligieuse. Après 1905, année de la dissolution du Bloc, de la création du Parti socialiste unifié et de la séparation de l'Église et de l'État, la responsabilité du gouvernement incombera aux radicaux avec, à terme, le retour de l'instabilité ministérielle.

I | L'affaire Dreyfus

231 Une affaire judiciaire. — Avant de devenir un drame politique, l'affaire Dreyfus a été une simple affaire judiciaire. En 1894, on découvre une fuite de secrets militaires au profit de l'Allemagne. Un officier de l'État-major, le capitaine Alfred Dreyfus, est soupçonné, mais les preuves manquent. L'homme, fils d'un industriel alsacien qui a choisi la France lors de l'annexion allemande, n'a pas le profil habituel de l'emploi : il n'a pas de besoins d'argent. Le gouvernement hésite. Beaucoup s'indignent à l'idée que Dreyfus puisse être protégé parce qu'il est juif. (Depuis quelques années l'antisémitisme s'est répandu partout, dans les milieux catholiques comme chez les socialistes.) En décembre 1894, le conseil de guerre condamne Dreyfus à la déportation perpétuelle ; dégradé, il est envoyé à l'île du Diable, au large de Cayenne. L'opinion n'a pas conscience que l'officier ait pu être victime de sa qualité de Juif. Dans son immense majorité, elle est satisfaite, y compris à gauche.

Dans la presse, seul d'abord *Le Figaro*, journal plutôt conservateur, a eu le courage de plaider pour l'innocence de Dreyfus, mais le radical-socialiste Clemenceau, discrédité depuis Panama, trouve là l'occasion de restaurer son image et de donner un second souffle à sa carrière ; en 1897, il participe à la fondation de *L'Aurore*, journal qui fait campagne pour la révision du procès. Cependant quelques personnes convaincues de l'innocence du condamné ont poursuivi leurs efforts. Le lieutenant-colonel Picquart, chef de la Section de statistique (renseignement) au ministère de la Guerre, avait découvert un document qui accablait le commandant Esterhazy, un officier criblé de dettes et d'une moralité douteuse. Picquart a été limogé en Tunisie. Revenir sur la chose jugée, ce serait déconsidérer l'armée. Esterhazy est toutefois traduit devant le conseil de guerre, mais pour y être acquitté (janvier 1898).

C'est alors que le romancier Émile Zola publie à la une de *L'Aurore* sa lettre incendiaire au président de la République, intitulée « J'accuse » (13 janvier 1898). L'article démonte l'engrenage qui a broyé Dreyfus et met en cause de hauts responsables militaires ; il vaudra à l'écrivain une condamnation à un an de prison pour diffamation. Le scandale est énorme. L'affaire Dreyfus devient une affaire politique qui va déchaîner les passions jusqu'à diviser les familles.

232 L'AFFAIRE POLITIQUE. — La fracture est profonde entre les deux camps. On en vient vite aux questions de principe, ce qui tend à faire passer au second plan la personne même de Dreyfus.

Les dreyfusards accusent l'État-major et les juges militaires d'avoir condamné délibérément un innocent. Ils exigent la justice et la vérité au nom du respect des droits de l'homme. Ils s'attaquent à l'armée, considérée par eux comme un bastion monarchiste, catholique et antisémite. Les anti-dreyfusards, quant à eux, croient en général à la culpabilité de Dreyfus, mais à la limite peu importe : mieux vaudrait selon eux une injustice individuelle que le déshonneur collectif pour l'armée française, garante de la grandeur de la patrie et espoir de la revanche contre l'Allemagne. La presse, en plein essor, contribue à passionner le débat. Pour la première fois, du moins à une telle échelle, les « intellectuels » (néologisme alors récent) prennent parti, souvent selon un clivage « gauche-droite ». Pour simplifier, professeurs et scientifiques sont en général dreyfusards tandis qu'écrivains et académiciens sont anti-dreyfusards. Le débat descend dans la rue avec des arguments contondants. Aux militants de la Ligue des droits de l'homme, créée en 1898, s'opposent à coups de poing et de canne ceux des ligues anti-dreyfusardes : Ligue antisémitique, Ligue des patriotes (reconstituée en 1895), Ligue de la patrie française.

Les formations politiques classiques ont choisi de rester à l'écart du débat. Si l'affaire Dreyfus agite Paris jusqu'à la frénésie, elle ne passionne guère la France profonde. Les élections de mai 1898 ont traduit une poussée à gauche (près de 180 députés radicaux, 57 socialistes) et un recul symétrique des « progressistes ». Quelques combinaisons ministérielles au centre ne résistent pas longtemps à la double pression, suscitée par les rebondissements de l'Affaire, d'une gauche durcie et surtout des nationalistes qui multiplient les manifestations violentes. En février 1899, aux obsèques du président de la République Félix Faure (anti-révisionniste), Paul Déroulède tente de faire marcher les troupes sur l'Élysée ; il sera acquitté en cour d'assises. Les nationalistes veulent profiter de la situation pour renverser, sinon la République, du moins le parlementarisme tel qu'il se pratique à l'époque.

Le gouvernement et la majorité du Parlement restaient hostiles à une révision du procès Dreyfus. Or, en août 1898, on a découvert un faux dans le dossier. Le colonel Henry, successeur de Picquart, avoue l'avoir confectionné pour rendre indiscutable la culpabilité de Dreyfus. Déshonoré, Henry se suicide en prison ; le chef de l'État-major démissionne ; on ne peut plus étouffer l'affaire. Le 3 juin 1899, la Cour de cassation renvoie Dreyfus devant le conseil de guerre de Rennes, à la grande fureur des anti-dreyfusards qui provoquent de nouvelles bagarres. À Auteuil, le président de la République Émile Loubet (« Panama Ier ») est molesté (4 juin).

Devant la menace des ligues, la gauche serre les rangs. Le 22 juin 1899 est formé un ministère de « défense républicaine » présidé par l'avocat Pierre Waldeck-Rousseau, ancien ministre de l'Intérieur de Jules Ferry. Waldeck-Rousseau va s'appuyer sur une majorité à trois composantes : d'une part une centaine de ses amis « républicains de gauche » (40 % du groupe progressiste à la Chambre), d'autre part les radicaux et les radicaux-socialistes, enfin des socialistes.

II | Le Bloc des Gauches (1899-1905)

233 La politique de Waldeck-Rousseau. — La politique résolue de Waldeck-Rousseau peut apparaître comme très nuancée si on la compare à celle de son successeur Émile Combes.

Waldeck-Rousseau se montre ferme et efficace contre les ligues nationalistes. Leurs meneurs sont traduits devant la Haute Cour sénatoriale ; trois d'entre eux, parmi lesquels Déroulède, sont condamnés à l'exil. Le statut dérogatoire de la ville de Paris permet de maintenir l'ordre dans la capitale malgré l'élection, en 1900, d'une municipalité nationaliste.

Dreyfus a été condamné à dix ans de détention en septembre 1899 – une demi-mesure qui en dit long – et aussitôt gracié pour raison de santé (Dreyfus ne sera réhabilité qu'en 1906, promu et décoré de la Légion d'honneur). L'armée est reprise en main par l'autoritaire général de Galliffet, ministre de la Guerre, qui met à la retraite les généraux anti-dreyfusards.

Le Bloc des Gauches renoue avec la politique anticléricale. La puissante congrégation des Assomptionnistes, compromise dans les menées antisémites, est dissoute par décision de justice, sa presse confiée à des laïcs *(La Croix)*. Plus généralement, Waldeck-Rousseau veut limiter l'audience des congrégations, jugées trop nombreuses (200 000 religieux), trop riches, trop influentes en matière éducative. Son projet aboutit à la fameuse loi du 2 juillet 1901 sur les associations, texte très libéral sauf pour les congrégations, soumises à un régime d'autorisation. Avec l'assentiment du pape, environ 60 % des congrégations demandent cette autorisation. Waldeck-Rousseau a peut-être l'intention de se montrer ouvert, de contrôler plus que d'exclure, mais les élections d'avril-mai 1902 donnent lieu à une campagne vigoureuse des catholiques et de leurs évêques contre la gauche anticléricale, laquelle se durcit encore. Le Bloc l'emporte avec un nombre de députés équivalent à celui de 1898, mais les radicaux désormais unifiés (voir n° 238) obtiennent 40 % des sièges et leur pression se fait sentir. Waldeck-Rousseau malade démissionne le 28 mai après presque trois ans de présidence du Conseil (un record). Il cède la place au radical Émile Combes.

234 La politique de Combes. — Le « petit père Combes », médecin d'origine modeste, renégat du catholicisme, déploie contre la religion une haine féroce, bien différente de l'attitude plus sereine de son prédécesseur. Avec lui, la politique anticléricale prend une ampleur démesurée.

Dès juillet 1902, Combes supprime par décret les écoles non autorisées (plus de 3 000) de congrégations par ailleurs autorisées. Il fait rejeter presque toutes les demandes d'autorisation et expulser les religieux de force. Mieux, une loi de juillet 1904 ordonne la fermeture avant dix ans de toutes les écoles autorisées et interdit l'enseignement aux religieux. Avec le pape Pie X – qui a succédé en 1903 à Léon XIII, promoteur du « Ralliement » dans les années 1890 – la tension a monté. Les relations diplomatiques avec le Vatican sont rompues (juillet 1904). Combes se résout à renoncer au contrôle concordataire du clergé séculier : en novembre, il annonce la séparation de l'Église et de l'État. C'est alors qu'éclate le scandale des fiches.

Tandis que Camille Pelletan, ministre de la Marine, amorçait la républicanisation de la marine de guerre (qui nonobstant conservera son surnom, « la Royale »), le général André, ministre de la Guerre, accélérait celle du corps des officiers. En novembre 1904, on apprend que le Grand Orient, la principale obédience maçonnique en France, fournissait au ministère de la Guerre des fiches sur les convictions religieuses des officiers, ce qui permettait de freiner l'avancement des catholiques. Cette persécution indigne les droites et une partie de la gauche. Millerand parle de « pratiques abjectes »,

Clemenceau de « jésuitisme retourné ». André a beau démissionner, cela ne suffit pas à laver le combisme du discrédit où il est tombé. Usé, et pour éviter l'humiliation d'un vote hostile de la Chambre, Combes démissionne en janvier 1905.

235 La séparation de l'Église et de l'État. — La séparation de l'Église et de l'État sera l'œuvre du socialiste indépendant Aristide Briand. La loi du 9 décembre 1905 met fin à un siècle de Concordat. L'État républicain ne salarie plus aucun culte, les édifices sont mis à la disposition d'associations cultuelles. Pie X condamne la loi et interdit aux catholiques de créer ces associations (février-juillet 1906).

Les inventaires des biens ecclésiastiques vont donner lieu à des troubles dignes des années 1790-1792 et à des heurts violents entre catholiques et forces de l'ordre. En 1907, le régime des cultes sera précisé. Cathédrales et églises, propriétés respectives de l'État et des communes, seront mises « à la disposition des fidèles et de leurs ministres ». Les cérémonies religieuses deviendront donc des réunions presque comme les autres. En fin de compte, on aura appauvri l'Église une fois de plus – ses biens ont été affectés à l'Assistance publique – mais on lui aura rendu son indépendance car le régime concordataire signifiait plus souvent ingérence de l'État dans les affaires de l'Église, commode même pour les gouvernements anticléricaux, qu'ingérence de l'Église dans celles de l'État.

III | Un cadre politique renouvelé

236 Le cadre de la vie politique s'est profondément renouvelé depuis les premières années de la République, en ce qui concerne aussi bien le personnel que les partis et la presse.

237 Le personnel. — En trente ans, la société française s'est transformée. On a vu se multiplier les « capacités » : aux avocats et aux journalistes, professions déjà porteuses au XIXe siècle, se joignent de gros bataillons de médecins, d'ingénieurs, d'archi-

tectes, d'universitaires, d'instituteurs, de fonctionnaires, qui cultivent une mentalité républicaine typique, « radicale » au sens très large (culte de la réussite, de l'instruction, du travail, de la propriété, de l'épargne), et dont la respectabilité petite-bourgeoise est aussi éloignée de la tradition que des revendications populaires.

Face à l'émergence de ces nouvelles élites, les notables à l'ancienne serrent les rangs ; ils continuent de jouer un rôle important dans l'économie, dans la presse et dans la haute administration (où leur culture les fait profiter du système égalitaire des concours tandis que leur fortune leur permet de supporter la médiocrité des traitements). Les milieux d'affaires ont conservé une grande influence sur le personnel politique. Il n'en reste pas moins qu'en politique la « couche sociale nouvelle », dont l'arrivée avait été prophétisée par Gambetta, supplante les notables. Les retombées du scandale de Panama ont opéré un renouvellement de générations, mais c'est seulement aux élections de 1902 que, grâce à la présence massive des radicaux, plus de la moitié des députés appartiennent à la petite ou moyenne bourgeoisie : professeurs, professions libérales (médecins, avocats), journalistes, etc. Moins fortunés que les notables, eux ont besoin de l'indemnité parlementaire qui passe de 9 000 à 15 000 F en 1906, et, pour faire campagne, du soutien d'un parti.

C'est à cette époque que se constitue en France une classe politique professionnelle, laquelle ne fera que se renforcer par la suite. (De nos jours, on salue comme une originalité l'accès d'un non-politique aux affaires ; on a inventé pour cela le pléonasme « société civile ».)

238 LES PARTIS POLITIQUES. — Depuis la Révolution il y avait toujours eu des organisations politiques, mais pas de « partis » au sens contemporain du mot, faute d'existence juridique. Ces formations étaient souvent hétérogènes et instables, mal structurées – sauf quelques exceptions annonciatrices : le puissant réseau national des clubs jacobins en 1793-1794, l'organisation assez élaborée du parti ultra sous la Restauration – et leur doctrine flottante.

La création de l'Action française (1898-1899), bientôt dominée par Charles Maurras qui lui donne son orientation monarchisteconstructiviste, et l'agitation nationaliste et antisémite à laquelle participe l'AF aux côtés des ligues conduisent la gauche à former de véritables partis en utilisant la loi de 1901 sur les associations. C'est en 1901 que les radicaux créent, sur le modèle guesdiste et accessoirement britannique, le « Parti radical et radical-socialiste », avec ses structures locales et nationale, son président, son congrès annuel. Les « synthèses » des congrès radicaux deviendront proverbiales, synonymes de mariage des contraires. L'existence du parti permet de mettre l'accent sur ce qui rassemble : les principes de la Révolution, la croyance à la raison, à l'ordre dans la liberté, au progrès par l'instruction laïque, la défense des « petits », un anticléricalisme militant. Symétriquement, elle permet de surmonter, outre de multiples sensibilités secondaires, la division entre les radicaux, très attachés à la propriété privée (radicalisme lyrique et bon enfant des petits bourgeois provinciaux qu'on appellera plus tard « radicaux-cassoulet »), et les radicaux-socialistes, plus avancés, plus jacobins, qui prônent avec Clemenceau l'impôt sur le revenu et l'intervention de l'État dans l'économie mais ont mis en veilleuse, par crainte du pur socialisme, une partie de leur programme (nationalisations).

Les mouvances situées au centre-gauche et au centre-droit n'échappent pas à la nécessité de structures partisanes. Les progressistes se sont scindés lors de la formation du Bloc des Gauches. Les « républicains de gauche », qui y participent, créent en 1901 l'Alliance républicaine démocratique (Raymond Poincaré), les autres en 1903 la Fédération républicaine (Jules Méline). Les catholiques ralliés, rejetés sur la droite par la politique antireligieuse, forment l'Alliance libérale populaire.

Quant aux socialistes, qui avaient été en grande partie à l'origine du Bloc, ils s'étaient aussitôt divisés au sujet de l'entrée de Millerand au ministère du Commerce et de l'Industrie dans le cabinet « bourgeois » de Waldeck-Rousseau. D'où la formation de deux partis concurrents, le Parti socialiste de France de Jules Guesde et le Parti socialiste français de Jean Jaurès, celui-ci composante du Bloc. C'est seulement en avril 1905 qu'est créé le PSU-SFIO (Parti socialiste unifié, Section française de l'Internationale ouvrière), lequel regroupe la plupart des tendances du socialisme français autour du dogme marxiste de la lutte des classes : la conquête du pouvoir par le prolétariat débouchera sur la collectivisation de l'économie. Cependant certains députés, et non des moindres, n'adhèrent pas au parti ; ils siègent à la Chambre comme socialistes indépendants (Briand, Millerand, René Viviani).

239 LA PRESSE. — La presse, qui a tant contribué à créer l'affaire Dreyfus, n'a plus rien de commun avec celle, élitiste et par abonnements, de la Restauration ou de la Monarchie de Juillet. Les feuilles d'information atteignent des tirages énormes : 1 500 000 exemplaires pour *Le Petit Parisien*, 900 000 pour *Le Petit Journal*. Les journaux régionaux se développent partout, telle *La Dépêche* de Toulouse radicale-socialiste. La double nécessité d'informer et d'accroître le nombre des lecteurs conduit souvent la rédaction d'un journal à atténuer son orientation politique : la tendance dominante est de gauche modérée. En dépit du foisonnement de ses titres, la presse d'opinion est globalement en déclin.

IV | LES RADICAUX À L'ÉPREUVE (1905-1914)

240 Après la rupture du Bloc des Gauches et le long ministère Clemenceau, la République, faute de consensus, va renouer avec l'instabilité ministérielle.

241 LA RUPTURE DU BLOC. LE MINISTÈRE CLEMENCEAU. — Aux yeux de nombreux socialistes, la politique des radicaux, devenue presque exclusivement anticléricale, escamotait les objectifs prioritaires qu'étaient la lutte contre le capitalisme et la solution des problèmes sociaux. Guesde et Jaurès s'étaient affrontés au congrès de l'Internationale à Amsterdam (1904) sur la participation à un ministère « bourgeois ». Jaurès plaidait pour les avantages concrets de cette participation, telle la loi Millerand du 30 mars 1900 qui avait limité la semaine de travail à six journées de dix heures. Désavoué, Jaurès s'est rallié au marxisme, à la condamnation de la participation et au principe de l'unité socialiste ; d'où la création du PSU-SFIO, dont il est devenu le secrétaire général. Le Bloc des Gauches a vécu.

Privée du soutien socialiste, la majorité de gouvernement est réduite au Parti radical et à l'Alliance républicaine démocratique, avec l'appoint des socialistes indépendants. C'est cette coalition qui remporte les élections de mai 1906. En octobre, Clemenceau devient président du Conseil. Il a 65 ans quand il atteint au premier des deux sommets de sa carrière. Il revient de loin. Ayant commis l'erreur de pousser Boulanger au ministère de la Guerre, avant de faire brutalement machine arrière quand il avait compris à qui il avait affaire, il avait ensuite été éclaboussé par le scandale de Panama. La campagne en faveur de Dreyfus menée par *L'Aurore* lui a permis un tardif rétablissement qui, malgré le renouvellement massif du personnel républicain, lui a fait retrouver un siège (mais de sénateur) en 1902.

Cet homme redoutablement intelligent s'est modéré avec l'âge, mais il demeure un homme de gauche convaincu, toujours féroce pour ses adversaires (le « Tigre »). Malgré son mauvais caractère et son parcours mouvementé, ce politicien est devenu à la longue l'un des plus grands hommes d'État de la IIIe République. Il va rester au pouvoir près de trois ans (octobre 1906 - juillet 1909). Il a réuni autour de lui un cabinet de qualité avec Aristide Briand (socialiste indépendant) à l'Instruction publique, Joseph Caillaux (qui représente un radicalisme technocratique et affairiste) aux Finances, Viviani (socialiste indépendant) au nouveau ministère du Travail, le général Picquart (celui de l'affaire Dreyfus) à la Guerre, lui-même conservant l'Intérieur (« Je suis le premier flic de France »).

Hostile à toute révolution socialiste, Clemenceau a un programme social radical-socialiste où figurent notamment la journée de huit heures et l'impôt sur le revenu. La réalisation n'en sera que partielle : rétablissement de l'obligation du repos hebdomadaire supprimée en 1880 (1906), journée de huit heures dans les mines seulement. La création de caisses de retraite ouvrières patronnées par l'État, proposée dès 1906, ne sera adoptée qu'en 1910 (retraite à 65 ans au lieu de 60 initialement prévus), et ces caisses séduiront moins d'un quart des salariés à la veille de la Grande Guerre. Quant à l'impôt sur le revenu, il échoue devant l'opposition du Sénat.

C'est sur le terrain social que Clemenceau rencontre ses principales difficultés. Plus instruits et mieux payés qu'auparavant (quoique les salaires aient tendance à stagner depuis 1900), les ouvriers sont devenus beaucoup plus revendicatifs. Sur huit millions de salariés en France, 600 000 sont syndiqués, parmi lesquels 120 000 adhèrent à la CGT, récemment renforcée par l'adhésion des bourses du travail (1902) après la mort de Pelloutier (1901). Le secrétaire général de la CGT, Victor Griffuelhes, venu du blanquisme, et Georges Sorel donnent à cette centrale une ligne dure. Penseur complexe, Georges Sorel voit dans le mythe de la grève générale insurrectionnelle le moyen de renverser le capitalisme et la bourgeoisie (*Réflexions sur la violence*, 1908). La charte votée par la CGT au congrès d'Amiens (octobre 1906) précise que le syndicat, indépendant des partis bourgeois, doit rechercher, jusqu'à la grève générale décisive, la destruction du capitalisme.

Dès 1907, le cabinet Clemenceau fait face à une agitation multiforme : ouvriers, petits fonctionnaires réclamant les libertés syndicales, vignerons du Languedoc victimes de la surproduction. Le Tigre brise les grèves des postiers et des instituteurs en recourant à des révocations, celles des mineurs et des électriciens en utilisant l'armée ; il réprime dans le sang l'insurrection des viticulteurs (Narbonne, Béziers). Une telle politique lui fait une foule d'ennemis à gauche, mais il tient bon. Son successeur Briand fera de même. Les événements semblent leur donner raison : Léon Jouhaux, qui remplace Griffuelhes en 1909 à la tête de la CGT, oriente la centrale vers un syndicalisme plus réformiste.

242 LE RETOUR À L'INSTABILITÉ. — Après la chute de Clemenceau, les majorités se font et se défont, provoquant l'instabilité ministérielle et un regain d'antiparlementarisme. On compte neuf cabinets et six présidents du Conseil en cinq ans : Briand (socialiste indépendant) en 1909-1911, Caillaux (radical) en 1911, Poincaré (républicain de gauche) qui tient toute l'année 1912 et est élu président de la République en 1913, Louis Barthou (républicain de gauche) en 1913, Gaston Doumergue (radical) en 1913-1914, Viviani (socialiste indépendant) en 1914.

Le ciment anticlérical étant tombé en poussière depuis longtemps, il n'y a plus de consensus à gauche. Des débats passionnés ont lieu en matière fiscale et électorale : l'impôt sur le revenu et la représentation proportionnelle sont rejetés par les radicaux conservateurs du Sénat. En matière militaire, la menace allemande conduit Barthou à faire voter, en juillet 1913, une loi qui porte la durée du service militaire à trois ans (au lieu de deux depuis 1905). La loi passe grâce aux modérés et aux républicains de gauche, contre les socialistes et la gauche la plus prononcée qui ripostent en reconstituant le Bloc des Gauches. Le nouveau Bloc gagne la moitié des sièges aux élections d'avril-mai 1914 : 101 socialistes et 25 indépendants, 172 radicaux-socialistes.

La tension internationale allant croissant, Viviani concède le maintien de la loi de trois ans en échange du vote de l'impôt sur le revenu par le Sénat (juillet 1914). Mais la France a alors d'autres préoccupations que ce nouvel impôt, si chargé pourtant de signification idéologique. Elle est entrée dans une spirale diplomatique et militaire qui, partie de Sarajevo en Bosnie, la conduit à la guerre mondiale. L'Allemagne de Guillaume II lui déclare la guerre le 3 août 1914.

243 UNE FRANCE IMMOBILE ? — Face au dynamisme de l'Empire allemand, la France de la « Belle époque » peut donner l'impression d'une relative immobilité dans la prospérité. Le pays a des atouts – un vaste empire colonial couvrant notamment un tiers de l'Afrique, une monnaie forte et stable depuis 1803, une encaisse métallique impressionnante correspondant à 58 % des billets en circulation, lesquels sont convertibles en or, des capitaux considérables (la France est le premier prêteur de la Russie), le 3ᵉ rang mondial pour le minerai de fer et les exportations de produits lainiers, le 4ᵉ pour le commerce – mais il n'est pas à la pointe du progrès. Il se singularise par une population stagnante et vieillissante (39 600 000 habitants).

Quoique modernisée (mécanisation, engrais chimiques), l'agriculture emploie trop de bras (40 % de la population active) sur de trop petites parcelles et ses prix sont artificiellement soutenus par un protectionnisme électoraliste. L'industrie se concentre, mais lentement (98 % des entreprises ont moins de 50 salariés) ; peu pionnière, sauf pour l'aluminium ou l'automobile (2ᵉ rang mondial pour cette industrie de pointe, mais la possession d'une automobile reste un rare privilège), elle est trop tournée vers le marché intérieur. Le commerce extérieur est déficitaire.

Enfin, la IIIe République a trente ans de retard sur la législation sociale de l'Allemagne impériale. Elle semble n'avoir ni tenu les promesses du Second Empire abhorré ni répondu à tous les espoirs mis en elle. Malgré un enrichissement général – la fortune nationale a été multipliée par 2,5 entre 1870 et 1914 – et un resserrement de l'éventail des revenus, malgré la promotion des « couches nouvelles », la société, dans ses strates inférieures, paraît aussi figée que celle d'autrefois, condamnant les plus humbles à le rester, en particulier le prolétariat usinier qui découvre le travail à la chaîne et, dépourvu de protection sociale, s'entasse souvent dans des banlieues insalubres. Il ne faut cependant pas s'y tromper : à terme la hausse du niveau de vie, le développement du syndicalisme, l'école publique (125 000 instituteurs) sont les moteurs d'une transformation profonde.

Pour aller plus loin

244 Sur la période, M. Rebérioux, *La République radicale ?,* rééd. Le Seuil, 1975, et J.-B. Duroselle, *La France de la Belle époque,* Éd. Richelieu, 1972. Sur quelques acteurs, Y. Chiron, *Barrès,* Perrin, 1986 ; J.-C. Allain, *Joseph Caillaux,* Impr. Nat., 1978-1981, 2 vol. ; J.-B. Duroselle, *Clemenceau,* Fayard, 1988 ; G. Merle, *Émile Combes,* Fayard, 1995 ; J.-P. Rioux, *Jean Jaurès,* Perrin, 2005 ; B. Goyet, *Charles Maurras,* Pr. de Sciences Po, 2000 ; P. Sorlin, *Waldeck-Rousseau,* A. Colin, 1966. Sur l'affaire Dreyfus, V. Duclert, *L'affaire Dreyfus,* rééd. La Découverte, 2006 ; M. Drouin (dir.), *L'affaire Dreyfus, Dictionnaire,* rééd. Flammarion, 2006 ; P. Birnbaum, J.-M. Berlière (dir.), *La France de l'affaire Dreyfus,* Gallimard, 1994. Voir aussi P. Ory, J.-F. Sirinelli, *Les intellectuels en France de l'affaire Dreyfus à nos jours,* rééd. A. Colin, 1992 ; J.-F. Sirinelli, *Intellectuels et passions françaises,* Fayard, 1990 ; J. Julliard, M. Winock (dir.), *Dictionnaire des intellectuels français,* rééd. Le Seuil, 2002. Sur les ligues, J.-P. Rioux, *Nationalisme et conservatisme. La Ligue de la patrie française, 1899-1904,* Beauchesne, 1977 ; E. Weber, *L'Action française,* Stock, 1964 ; M. Sutton, *Charles Maurras et les catholiques français,* Beauchesne, 1994 ; J. Prévotat, *Les catholiques et l'Action française,* Fayard, 2001. Voir aussi Z. Sternhell (n° 227) et M. Winock (dir.), *Histoire de l'extrême droite en France,* rééd. Le Seuil, 1994. Sur la Séparation, J.-M. Mayeur, *La séparation de l'Église et de l'État,* rééd. Le Seuil, 1992 ; M. Larkin, *L'Église et l'État en France,* Privat, 2004 ; J. Lalouette, *La séparation des Églises et de l'État,* Le Seuil, 2005 ; *Les catholiques dans la République* (collectif), L'Atelier, 2005. Sur les partis, R. Huard, *La naissance du parti politique en France,* Pr. de Sciences Po, 1996 ; S. Berstein, *Histoire du parti radical,* FNSP, 1980-1982, 2 vol. ; C. Nicolet, *Le radicalisme,* rééd. PUF, 1983 ; J. Kergoat, *Histoire du parti socialiste,* La Découverte, 1997 ; J.-M. Mayeur, *Des partis catholiques à la démocratie chrétienne,* A. Colin, 1980. Sur la fin de la période, J.-J. Becker, *1914. Comment les Français sont entrés dans la guerre,* FNSP, 1977 ; voir aussi C. Prochasson, *Les intellectuels, le socialisme et la guerre, 1900-1938,* Le Seuil, 1993.

245 Le dynamisme radical de 1876 à 1901

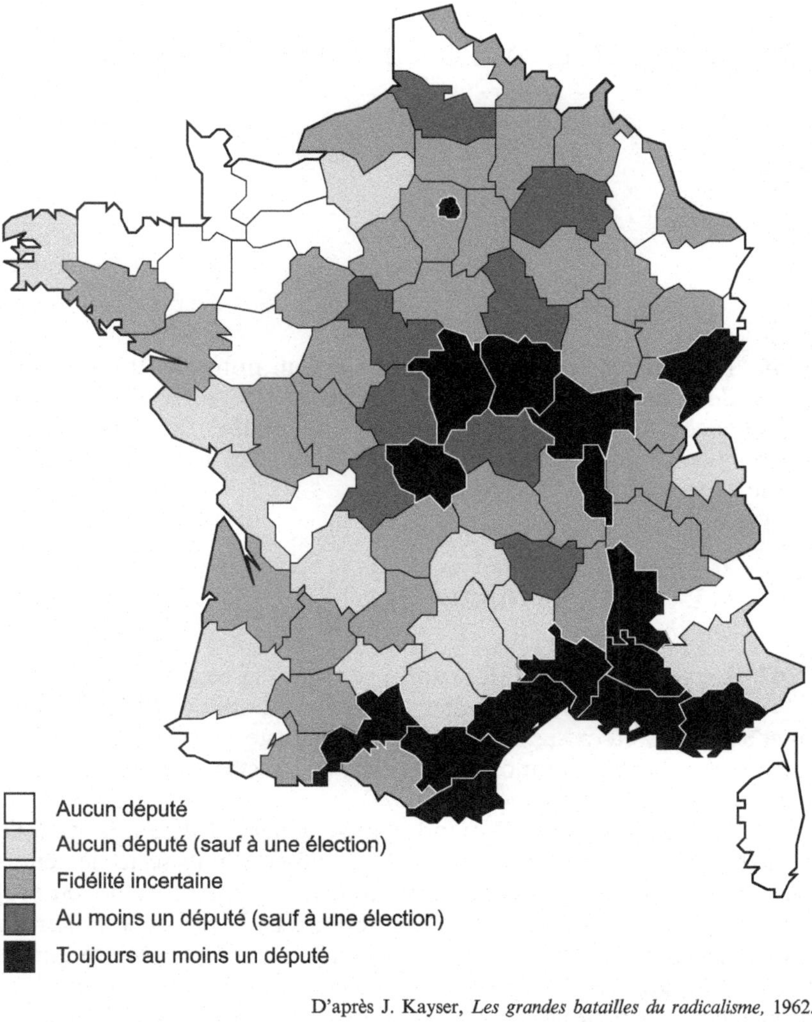

D'après J. Kayser, *Les grandes batailles du radicalisme*, 1962.

Leçon 21

D'une guerre à l'autre (1914-1939)

246 La première guerre mondiale a été un immense traumatisme dont la France ne s'est pas vraiment relevée, quelle que soit l'alternance des équipes au pouvoir. L'époque de l'entre-deux-guerres peut donner le sentiment, trop facile avec le recul du temps, que le pays court au désastre de 1940.

I | La Grande Guerre

247 La guerre. — Malgré son pacifisme, la seconde Internationale n'a pas pu empêcher la guerre mondiale. Même si Jaurès n'avait pas été assassiné par un nationaliste le 31 juillet 1914, le patriotisme l'aurait emporté chez les socialistes, aussi bien allemands que français.

L'arrêt de l'invasion allemande par le général Joffre à la bataille de la Marne (6-13 septembre 1914) est suivie d'une série de tentatives de débordement (« course à la mer », septembre-novembre) puis d'une stabilisation du front sur 700 km de la Suisse à la mer du Nord. La guerre de mouvement fait place à une éprouvante guerre d'usure, la guerre des tranchées. Pendant des années toutes les offensives vont échouer, les belligérants se disputant des lambeaux de terre ravagée au prix de pertes effrayantes.

En France, les contraintes de la guerre ont atténué les querelles partisanes. Non sans mal, l'« Union sacrée » s'est imposée face à l'Allemagne, mais, condamnée par Lénine, elle se désagrège après les boucheries de Verdun (février-décembre 1916) et de la Somme (juillet-novembre) : les socialistes quittent le ministère Briand (décembre) et refuseront de participer au cabinet Clemenceau.

La crise de 1917 est multiforme : offensive catastrophique du général Nivelle en avril au Chemin des Dames, mutineries en mai-juin (calmées par Pétain, successeur de Nivelle), grèves, progrès du défaitisme, révolution d'Octobre en Russie (novembre), laquelle va permettre aux Allemands, après l'armistice de Brest-Litovsk signé avec les Bolcheviks (15 décembre), de concentrer leurs efforts à l'ouest.

Le 16 novembre 1917, le président Poincaré rappelle le vieux Clemenceau (76 ans) à la présidence du Conseil. Jusqu'alors, le pouvoir politique ne parvenait guère à contrôler le commandement militaire. Le « Père la Victoire », lui, impose aux généraux comme aux Chambres une sorte de dictature civile. Il poursuit les embusqués et fait passer en Haute Cour pour défaitisme deux anciens ministres radicaux, Caillaux et Malvy, partisans discrets d'une paix de compromis. Il légifère sans le Parlement (décrets-lois), sévit contre les grèves et préside au redressement qui conduit 1 / militairement, après l'arrêt par Foch de la grande offensive allemande en juin-juillet, à la contre-offensive générale de septembre et à l'armistice du 11 novembre, 2 / diplomatiquement au traité de Versailles (28 juin 1919).

248 LES CONSÉQUENCES. — La France, qui aurait pu perdre la guerre sans l'intervention américaine, s'illusionne sur sa victoire. Les gains sont appréciables : récupération de l'Alsace-Lorraine aux dépens du défunt Empire allemand, industrialisation de régions non occupées par l'ennemi, développement de la rationalisation industrielle (taylorisme), réparations dues par l'Allemagne (livraisons de charbon), mandat français sur la Syrie et le Liban consécutif à la dislocation de l'Empire ottoman, relations économiques avec les nouveaux États d'Europe centrale nés de la disparition de l'Empire austro-hongrois.

Néanmoins les pertes sont terrifiantes, 1 350 000 morts, peut-être un million d'invalides, auxquels il faut ajouter un déficit d'environ 1 500 000 naissances ; en 1936, la France ne comptera que 41,9 millions d'habitants, malgré le rattachement de l'Alsace-Lorraine et une forte immigration étrangère. Les dégâts sont énormes, la production a chuté, des débouchés commerciaux se sont fermés au profit des pays neufs et la France s'est considérablement endettée. La masse monétaire a été multipliée par 6, d'où la hausse des prix et la baisse du franc. Mais pour beaucoup de Français, à toutes les questions il y a une réponse : « L'Allemagne paiera. »

Socialement, la mutation a été profonde. Les vieilles élites ont été décapitées physiquement (officiers) et économiquement (baisse des rentes et du revenu foncier). À l'inverse, des milieux d'affaires ont profité de la guerre. Moins frappés que les paysans, les ouvriers bénéficient des lois de 1919 (conventions collectives, semaine de quarante-huit heures), mais la hausse des prix, l'accélération de l' « organisation scientifique du travail » (travail à la chaîne), l'action des socialistes séduits par le bolchevisme conduisent à la reprise des grèves sous l'impulsion d'une CGT qui compte maintenant 1 500 000 adhérents. Les femmes ont joué un rôle décisif en remplaçant les hommes au travail et en éduquant seules les enfants, ce qui contribue à leur émancipation, laquelle reste partielle car même la gauche radicale, celle-ci par crainte de leur perméabilité à l'influence cléricale, continue de refuser aux femmes le droit de vote.

Psychologiquement, les Français éprouvent le besoin de s'étourdir après la tourmente. Ce sont les « Années folles », avec leur foisonnement intellectuel et artistique. Fût-elle républicaine, la morale est passée de mode.

II | L'ALTERNANCE

249 Le vainqueur politique de la guerre est le Bloc national. Ensuite, malgré la scission des socialistes au congrès de Tours, c'est un Cartel des Gauches qui l'emporte en 1924. Pour peu de temps : les modérés reviennent bientôt au pouvoir, et ce sont eux qui auront à affronter les nouvelles données de la question allemande.

250 LE BLOC NATIONAL. — Aux élections de novembre 1919, le péril rouge – bien réel cette fois, à la différence de 1849 – facilite le triomphe du Bloc national, coalition antisocialiste conduite par l'ancien socialiste Alexandre Millerand. C'est la « Chambre bleu horizon », ainsi nommée en raison d'une forte proportion d'anciens combattants parmi les députés. Les relations avec le Vatican sont rétablies (1921).

Le grand problème consiste, contre l'indulgence anglo-saxonne, à faire payer l'Allemagne : 52 % de sa dette de 165 milliards de francs-or doivent revenir à la France. Devant la mauvaise volonté du vaincu ruiné par l'inflation, Poincaré, successeur de Briand à la présidence du Conseil en 1922, va pratiquer la « politique des gages » (occupation militaire de la Ruhr, janvier 1923). L'Allemagne cède. Cette fermeté, qualifiée de bellicisme par ses adversaires, les augmentations d'impôts nécessitées par une reconstruction achevée à 80 %, la reprise de l'inflation font beaucoup d'ennemis à l'équipe au pouvoir.

Radicaux et socialistes créent le Cartel des Gauches, coalition dirigée aussi contre Millerand, président de la République depuis 1920. Ce dernier, rompant avec la pratique Grévy, a voulu prendre une part plus active au gouvernement avec ses présidents du Conseil Georges Leygues (1920), Briand (1921) et Poincaré (1922-1923). Il s'engage dans la campagne électorale en faveur du Bloc national (octobre 1923).

251 LA NAISSANCE DU PARTI COMMUNISTE. — Les socialistes s'étaient divisés à propos de la révolution russe. En 1919, les Bolcheviks ont créé une IIIe Internationale, communiste (Komintern).

Au congrès de Tours (décembre 1920), un tiers de la SFIO refuse le modèle léniniste du « centralisme démocratique », la violence, la création d'un organe clandestin qui préparerait la révolution, la soumission aux ordres de Moscou. Cette minorité socialiste demeure la SFIO, parti de fonctionnaires, de paysans et de mineurs (Nord) dirigé par Léon Blum, au programme toujours « marxiste » mais réformiste (semaine de quarante heures, nationalisations, impôt sur le capital, laïcité, vote des femmes). Ses effectifs vont peu à peu s'étoffer (110 000 adhérents en 1925).

Avec Marcel Cachin, la majorité a créé la SFIC (Section française de l'Internationale communiste), Parti communiste français en 1922, révolutionnaire et internationaliste. Victime de nombreuses purges, le PCF devient un parti « ouvrier » (40 000 adhérents en 1930). Parallèlement, la CGT a éclaté. La CGTU (unitaire), créée en 1922, a adhéré au Komintern. Débordée politiquement et socialement, la CGT socialiste regroupe surtout des employés et des fonctionnaires.

252 LE CARTEL DES GAUCHES. — Minoritaire en voix aux élections de mai 1924, le Cartel des Gauches a presque la majorité en sièges ; la présence de députés communistes lui donne l'avantage. Le président Millerand est poussé à la démission (11 juin 1924), remplacé par Gaston Doumergue, un radical modéré et peu encombrant.

Un ministère radical est formé par un professeur cultivé, Édouard Herriot, maire de Lyon et président du parti. Les conflits sociaux se sont calmés mais le climat politique se dégrade. L'anticléricalisme officiel se fait agressif, des bagarres de rue opposent les communistes et des nationalistes plus ou moins séduits par l'arrivée récente de Mussolini au pouvoir en Italie (1922). En politique extérieure, Aristide Briand prend le contre-pied de Poincaré : la France, qui a reconnu l'URSS (1924), recherche l'entente avec la « bonne Allemagne » démocratique. La « sécurité collective », maître mot du moment, est la nouvelle appellation du pacifisme. La Ruhr est évacuée (juillet 1925). Par les accords de Locarno (octobre), l'Allemagne reconnaît sa nouvelle frontière à l'ouest ; en 1926, elle entre à la Société des Nations (SDN, née en 1919, ancêtre de l'ONU). Ministre des Colonies, le radical Édouard Daladier mène une politique classique de refus de l'assimilation et de répression des nationalismes indigènes.

Économiquement, la reconstruction s'achève, la production dépasse presque partout celle d'avant-guerre, la croissance a repris (5 % l'an), le commerce extérieur est devenu bénéficiaire (la France est le 3e exportateur mondial), mais la démographie est malade malgré la présence de 2,5 millions d'étrangers en majorité italiens et polonais, la productivité faible, les équipements vétustes, les finances fragiles. Le slogan du Cartel « prendre l'argent où il est » inquiète ses électeurs petits-bourgeois qu'effrayait naguère la politique de Poincaré. Les banques refusent leur crédit à Herriot qui augmente la circulation monétaire. D'où l'effondrement du franc, la chute d'Herriot, renversé – chose rare – par le Sénat (avril 1925), l'instabilité ministérielle et le retour de Poincaré à la tête d'un cabinet d'Union nationale (juillet 1926).

253 Le retour des modérés. — L'Union nationale gagne les élections de 1928 et survit à la défection des radicaux mécontents d'une politique insuffisamment anticléricale (septembre). Poincaré malade se retire en juillet 1929. Lui succède André Tardieu, un grand bourgeois brillant et modernisateur, suivi en janvier 1931 de l'arriviste et pacifiste Pierre Laval, un ancien socialiste. Ces trois ministères s'attachent à redresser les finances publiques, à stabiliser la monnaie, à développer l'économie. Les décrets-lois de Poincaré (septembre-décembre 1926) ont amorcé, de manière empirique, une réforme des services de l'État par la déconcentration, la décentralisation et le dégraissage (suppression des conseils de préfecture, de 106 arrondissements, de 227 tribunaux de première instance, etc.).

Poincaré a rétabli la confiance et l'équilibre budgétaire. En juin 1928, il dévalue le franc de 80 %. Le plafond d'émission de la Banque de France est supprimé. Les conséquences de cette dévaluation massive sont plutôt négatives en matière agricole mais positives pour l'industrie. Les capitaux affluent en France. Beaucoup de ceux qui avaient souscrit par patriotisme aux emprunts de la Grande Guerre sont ruinés ; ils ont perdu plus que les victimes de la banqueroute de 1797 ; le crédit de l'État en est gravement affecté. Mais les salariés sont satisfaits d'un frein à la hausse des prix qui n'affecte pas celle des salaires ; ils bénéficient en outre des lois de 1928 sur les assurances sociales obligatoires et le congé de maternité (mars) et sur les habitations à bon marché (juillet).

Une certaine euphorie règne, dont témoigne l'Exposition coloniale de 1931. Le tourisme et les réparations compensent le déficit commercial. Ces deux supports vont s'effondrer en 1932.

254 La question allemande. — En 1929, l'Allemagne obtient des Anglo-Saxons une réduction de sa dette, un étalement de ses paiements jusqu'en 1988 et la fin du contrôle allié sur ses finances. La France accepte l'évacuation anticipée de la Rhénanie pour 1930. Briand rêve pour l'Europe d'une fédération d'États réconciliés. Là-dessus, le krach de Wall Street (octobre 1929) provoque la grande dépression. Les élections allemandes de 1930 bénéficient aux extrémistes, communistes et nazis. Les capitaux anglo-saxons fuient l'Allemagne, acculant ses banques à la faillite. Le président américain Hoover propose un moratoire général (juin 1931). La France réticente s'incline.

L'année 1932 est symbolique. C'est l'année de la mort de Briand, indéracinable ministre des Affaires étrangères et prix Nobel de la paix 1926. C'est aussi l'année où l'Allemagne, soudain libérée de sa dette (conférence de Lausanne, juillet) obtient d'être traitée sur un pied d'égalité à la conférence de Genève sur le désarmement (décembre). C'est la fin des réparations et la porte ouverte au réarmement allemand dans un climat de renoncement fataliste ou frileux. Adolf Hitler, porté à la chancellerie le 30 janvier 1933 par des conservateurs qui croyaient pouvoir le neutraliser, va résorber le chômage par une politique de grands travaux et de réarmement, en supprimant par ailleurs toutes les libertés publiques. Son action, fondée sur la supériorité de la « race aryenne » et sur la notion d'espace vital, thèmes développés dans son livre *Mein Kampf* écrit en prison en 1924 après son putsch raté de Munich (1923), ne peut conduire qu'à la guerre. Hitler va reconstituer une aviation et rétablir le service militaire (1935), « bluffer » les démocraties occidentales en occupant la Rhénanie (1936) puis en annexant l'Autriche (Anschluss, mars 1938). Autant de violations des traités, mais les protestations seront symboliques.

III | La grande crise

255 La crise économique. — Son économie partiellement retardataire a d'abord préservé la France de la dépression mondiale. Le pays n'est frappé qu'en 1932, mais le choc est rude : effondrement des prix agricoles, de la production industrielle, des revenus du tourisme, faillites, baisse du commerce, balance des paiements déficitaire dès 1931, sans parler du chômage. L'État, dont les recettes sont insuffisantes, pratique alors l'emprunt et la réduction des dépenses, ce qui rend problématique sa politique de défense.

Face à une Allemagne redevenue belliciste, qui s'est retirée de la conférence du désarmement et quitte la SDN (octobre 1933), la France recherche l'alliance des petits États danubiens (Tchécoslovaquie, Yougoslavie, Roumanie). Laval signe un traité d'assistance mutuelle avec l'URSS (mai 1935). Une alliance suppose qu'on se donne les moyens d'honorer ses engagements ; or les gouvernants des années 1930 réduisent les dépenses militaires.

256 LA CRISE POLITIQUE. — La crise économique se double d'une crise politique. Radicale ou modérée, la République a déçu ; elle apparaît comme décidément vieillotte, ainsi que ses partis de gouvernement.

La gauche a remporté les élections de 1932, mais les radicaux, mal soutenus par les socialistes, doivent chercher des majorités de rechange, toujours remises en question. Une fois de plus, c'est l'instabilité ministérielle, désastreuse en la circonstance car le parlementarisme a des ennemis résolus. Les ligues nationalistes, telles l'Action française, les Jeunesses patriotes de Pierre Taittinger et les Croix de Feu, mouvement d'anciens combattants dirigé par le colonel de La Rocque (250 000 adhérents en 1935), dénoncent la corruption du régime et sa faiblesse face au danger allemand. Après le « suicide » de l'escroc Stavisky, point d'orgue d'un vaste scandale politico-financier, éclate à Paris, à l'instigation des ligues, la fameuse émeute du 6 février 1934 (plusieurs morts, près de 2 000 blessés). À gauche, par réaction, c'est la peur du « fascisme ».

Le 9 février 1934, Doumergue forme un cabinet d'Union nationale qui tiendra neuf mois. Comme Clemenceau et Poincaré – et nombre de présidents du Conseil de l'entre-deux-guerres – Doumergue recourt à la procédure des décrets-lois. Le parlementarisme de la IIIe République, qui avait souvent tourné au régime d'assemblée, s'efface, non sans protestations à gauche, au profit de l'exécutif, mais ce dernier en profite pour imposer des mesures déflationnistes impopulaires et inefficaces, poursuivies par Laval en 1935. Le réarmement est timide. Quand, en mars 1936, en réponse à la ratification par la Chambre du pacte franco-soviétique de 1935, Hitler occupe militairement la Rhénanie au mépris du traité de Versailles, le gouvernement du radical Albert Sarraut se contente de protester car l'Angleterre se refuse à agir militairement. L'impuissance des modérés et la peur du « fascisme » font le lit du Front populaire.

IV | Le Front populaire

257 Pour « barrer la route au fascisme » – formule hâtive qui amalgame les périls intérieur (ligues nationalistes et antiparlementaires) et extérieur (nazisme allemand, fascisme italien, sans parler des nationalistes espagnols qui vont se révolter contre la République rouge du *Frente popular* en juillet 1936) – les partis de gauche surmontent leurs divisions, y compris le PCF qui, sur ordre de Staline, négocie avec la SFIO.

Un programme commun est publié en janvier 1936. La CGT socialiste et la CGTU communiste fusionnent en mars. Le 3 mai, au second tour des élections, le Front populaire l'emporte. On compte 106 députés radicaux et 51 divers gauche, 147 socialistes, 72 communistes. (La carte n° 261 n'est pas celle du Front populaire mais celle de sa seule composante marxiste, à l'exclusion des radicaux. La comparaison avec les cartes n°s 229 et 245 n'en est que plus instructive : SFIO et PCF ont investi les anciennes positions de l'extrême gauche radicale du XIXe siècle, auxquelles s'ajoute depuis plus de trente ans le Nord industriel. Dans sa configuration générale, la géographie politique du pays est fixée pour encore une quarantaine d'années.)

Ce succès très ambigu – il procède d'une alliance entre collectivistes marxistes et radicaux « libéraux » – provoque des grèves en chaîne, encouragées par la CGT, avec occupations d'usines (1 500 000 grévistes). À l'extrême gauche certains pensent arrivée l'heure de la révolution, d'autres préfèrent ne pas se brouiller avec les classes moyennes et laisser ses chances au Front populaire (Maurice Thorez, secrétaire général du PC : « Il faut savoir terminer une grève »).

Les 4-5 juin 1936, Léon Blum devient président du Conseil avec le soutien des communistes sans participation. Blum dissout les ligues paramilitaires, mais elles vont resurgir bientôt sous forme de partis politiques : l'énorme Parti social français (PSF) du colonel de La Rocque, le Parti populaire français (PPF) du tribun Jacques Doriot, renégat du communisme, exclu du Parti en 1934 pour avoir prôné trop tôt un front populaire. En juillet, le gouvernement, décidé à assurer « le pain, la paix, la liberté », met en œuvre un train de réformes sociales qui le font entrer dans la légende de la gauche : augmentation des bas salaires de 15 %, semaine de quarante heures, deux semaines de congés payés, élection de délégués ouvriers dans les entreprises, généralisation des conventions collectives. La scolarité obligatoire est portée à 14 ans. Parmi les rares réformes de structures, on note la nationalisation des industries de guerre.

Le gouvernement pariait sur une reprise qui n'a pas lieu. Face à la poursuite de l'agitation sociale, à la hausse des prix, au déficit commercial, à la fuite des capitaux, il est acculé à la dévaluation (octobre 1936) puis à la pause dans les réformes (février 1937). Devant l'hostilité du Sénat, Blum démissionne (juin 1937). Le cabinet Chautemps, de composition presque identique, dévalue le franc une seconde fois. Chautemps ayant démissionné à la veille de l'Anschluss, Blum reprend les rênes pour un temps (mars-avril 1938), puis il cède la place au radical Daladier. Pour la troisième fois dans l'entre-deux-guerres (cf. 1924 et 1932), le centre de gravité d'une Chambre élue avec une majorité de gauche se déplace vers le centre. En octobre, c'en est fini du Front populaire.

Daladier fait retour à une politique modérée, aménageant les quarante heures pour stimuler la production, notamment en matière d'armement. En novembre 1938, le ministre des Finances Paul Reynaud dévalue le franc pour la troisième fois. On aménage encore les quarante heures. La reprise se fait sentir au début de 1939. On parle de restaurer la puissance française. Le mot n'a guère de sens si l'on songe que, le 29 septembre 1938, dans l'improvisation, Daladier a signé avec Neville Chamberlain, premier ministre britannique, les accords de Munich par lesquels la France et le Royaume-Uni – la première paralysée par la complaisance du second – acceptaient le dépeçage par Hitler de la Tchécoslovaquie, alliée de la France. L'Allemagne a ainsi annexé les monts Sudètes et le pourtour de la Bohême, germanophones. La Tchécoslovaquie a perdu une bonne partie de son potentiel industriel ; ses nouvelles frontières sont indéfendables.

V | La France en guerre malgré elle

258 De Munich à Dantzig. — On ne saurait minimiser le rôle capital de Chamberlain qui, après avoir pratiqué une politique de bascule entre la France et l'Allemagne, s'illusionnait sur les possibilités de ramener Hitler à la raison, mais les accords de Munich ont achevé de discréditer la France en Europe. Alors que l'Allemagne nazie absorbe impunément ce qui restait de la Tchécoslovaquie (protectorat de Bohême-Moravie et « indépendance » de la Slovaquie, mars 1939), les petits pays savent qu'ils ne doivent plus compter sur le soutien de la France. Quant à l'URSS, qui se juge trahie, elle prend l'Occident à contre-pied en concluant le pacte germano-soviétique (23 août).

Le 1er septembre 1939, devant le refus polonais de céder aux exigences allemandes (annexion de Dantzig, un couloir entre la Poméranie et la Prusse orientale), la Wehrmacht envahit la Pologne. Le 3 septembre 1939, la Grande-Bretagne et la France déclarent la guerre à l'Allemagne, ce qui n'empêche pas Hitler d'écraser une Pologne encerclée et vaincue d'avance (1er septembre - 5 octobre) avec le soutien armé de Staline à l'est (17 septembre). La seconde guerre mondiale a commencé.

259 Le pacifisme français. — Tant à gauche qu'à droite, les Français et les formations politiques s'étaient divisés entre « munichois » et « antimunichois », mais l'esprit munichois l'a emporté nettement, comme en a témoigné la foule de Parisiens massée au Bourget, qui acclamait Daladier à son retour de Munich, à la grande honte et surprise de l'intéressé. Depuis la grande crise, la plupart des dirigeants de la IIIe République, ne voulant pas faire la guerre, ne l'ont pas préparée sérieusement. L'opinion dans sa majorité était à l'unisson.

Le pacifisme des années 1930 est hybride, plus complexe que celui des débuts du siècle. En 1914, les socialistes internationalistes refusaient de participer à une sorte de guerre civile européenne, fruit d'ambitions impérialistes de type ancien. En 1938, « Munich [...] apparaît comme le révélateur, le moment où l'extrême gauche socialiste et pacifiste rejoint la droite pacifiste, antibolchevique et parfois fasciste » (François-Georges Dreyfus). Les amoureux de la paix, qui s'inclinaient de fait devant Hitler par aveuglement, n'étaient pas toujours faciles à distinguer de ceux qui le faisaient par pusillanimité, par anticommunisme, voire par fascination pour les régimes autoritaires. Significatif est le changement d'attitude du milieu des instituteurs : agents d'un vigoureux patriotisme républicain vers 1900, les instituteurs sont pour la plupart pacifistes en 1939-1940.

Nombre de Français voulaient se rassurer en songeant que leur armée était depuis 1914-1918 la meilleure du monde et que les fortifications de la ligne Maginot, construites à partir de 1930, les protégeraient d'une invasion à l'est, mais la majorité sans doute avait peur de la guerre, de toute guerre, même d'une guerre préventive courte qui aurait pu préserver la paix (à la différence de celle de 1914, la mobilisation de 1939 s'effectue dans un climat de morosité symptomatique). Or l'armée allemande n'a cessé de réduire l'écart qui la séparait de l'armée française, avant de commencer à la surclasser en qualité (moral, doctrine d'emploi du couple char-avion, etc.) plus encore qu'en quantité (avions) ; contrairement à une idée reçue, il y a moins de blindés allemands (3 300) sur le front occidental en 1940 que de blindés français (3 200) et britanniques (600).

Malgré la victoire de 1918, le traumatisme sanglant de la Grande Guerre a laissé des traces indélébiles dans un pays démographiquement affaibli, et un briandisme au sens large a ensuite fait des ravages. D'influents mouvements d'anciens combattants étaient bien placés pour décliner le thème « Plus jamais ça ». C'est ainsi que Hitler a pu reconstituer sans opposition la puissance allemande, encore factice en 1936 lors de la réoccupation de la Rhénanie, encouragé dans sa politique annexionniste et belliciste par les reculades occidentales. L'aboutissement de cette dérive est la signature de l'armistice au lendemain de la campagne éclair de 1940 et le vote des pleins pouvoirs constituants au maréchal Pétain, qui inaugure le régime de l' « État français ».

Pour aller plus loin

260 Sur la période, C. Fohlen, *La France de l'entre-deux-guerres,* Casterman, 1966 ; M. Agulhon *et al., La France de 1914 à 1940,* A. Colin, 2005 ; M. Baumont, *La faillite de la paix, 1918-1939,* rééd. PUF, 1967 ; J.-J. Becker, S. Berstein, *Victoire et frustration, 1914-1929,* Le Seuil, 1990 ; E. Weber, *La France des années 1930,* Fayard, 1996. Sur quelques acteurs, S. Berstein, *Léon Blum,* Fayard, 2006 ; B. Oudin, *Aristide Briand,* R. Laffont, 1987 ; A. Elisha, *Aristide Briand,* rééd. Louvain, Bruylant, 2000 ; É. du Réau, *Édouard Daladier,* Fayard, 1993 ; V. Barthélemy, *Du communisme au fascisme. L'histoire d'un engagement politique, Jacques Doriot,* A. Michel, 1978 ; J. Nobécourt, *Le colonel de La Rocque,* Fayard, 1996 ; G. Pedroncini, *Pétain, le soldat et la gloire, 1856-1918,* Perrin, 1989 ; D. Amson, *Poincaré,* Tallandier, 1997 ; F. Monnet, *Refaire la République. André Tardieu, une dérive réactionnaire,* Fayard, 1993 ; P. Robrieux, *Maurice Thorez,* Fayard, 1975. Sur la Grande Guerre, J.-J. Becker, *La France en guerre, 1914-1918. La grande mutation,* Complexe, 1996 ; J.-B. Duroselle *et al., La Grande Guerre des Français,* Perrin, 1994 ; F. Bock, *Un parlementarisme de guerre, 1914-1919,* Belin, 2002 ; G. Pedroncini, *Les mutineries de 1917,* rééd. PUF, 1983 ; A. Rasmussen, *Au nom de la patrie. Les intellectuels et la première guerre mondiale,* La Découverte, 1996 ; A. Kriegel, J.-J. Becker, *1914. La guerre et le mouvement ouvrier français,* A. Colin, 1964 ; A. Prost, J. Winter, *Penser la Grande Guerre. Un essai d'historiographie,* Le Seuil, 2004 ; B. Cabanes, A. Duménil (dir.), *Larousse de la Grande Guerre,* Larousse, 2007 ; P. Miquel, *La paix de Versailles et l'opinion publique française,* Flammarion, 1972. Sur les forces politiques, A. Kriegel, *Le congrès de Tours,* rééd. Gallimard/Julliard, 1975, et *Les communistes français dans leur premier demi-siècle, 1920-1970,* Le Seuil, 1985 ; L. Bodin, N. Racine, *Le PCF pendant l'entre-deux-guerres,* rééd. A. Colin, 1982 ; J.-J. Becker, S. Berstein, *Histoire de l'anticommunisme, 1917-1940,* O. Orban, 1987 ; G. Ziebura, *Léon Blum et le parti socialiste,* A. Colin, 1967 ; A. Bergounioux, G. Grunberg, *Les socialistes français et le pouvoir,* rééd. Hachette, 2007 ; R. Rémond, *Les catholiques, le communisme et les crises, 1929-1939,* A. Colin, 1960 ; J.-C. Delbreil, *Centrisme et démocratie chrétienne en France. Le Parti démocrate populaire des origines au MRP, 1919-1944,* Publ. Sorbonne, 1990. Sur le Cartel des Gauches, J.-N. Jeanneney, *La faillite du Cartel,* Le Seuil, 1977. Sur la grande dépression, J. Néré, *La crise de 1929,* rééd. A. Colin, 1980. Sur les débats intellectuels et la crise politique, F. Chaubet, *Histoire intellectuelle de l'entre-deux-guerres,* Nouveau Monde, 2006 ; D. Bonnaud-Lamotte, J.-L. Rispail (dir.), *Intellectuels des années trente,* CNRS, 1989 ; J.-L. Loubel Del Bayle, *Les non-conformistes des années trente,* rééd. Le Seuil, 2001 ; S. Pinon, *Les réformistes constitutionnels des années trente,* LGDJ, 2003 ; S. Berstein, *Le 6 février 1934,* Gallimard/Julliard, 1975 ; P. Bourdrel, *La Cagoule,* A. Michel, 1970 ; P. Burrin, *La dérive fasciste : Doriot, Déat, Bergery,* Le Seuil, 2003 ; R. Millman, *La question juive entre les deux guerres. Ligues de droite et antisémitisme en France,* A. Colin, 1992 ; R. Schor, *L'antisémitisme en France dans l'entre-deux guerres,* Complexe, 2005. Sur le Front populaire, J.-P. Brunet, *Histoire du Front populaire,* rééd. PUF, 2007 ; F. Monier *Le Front populaire,* La Découverte, 2002 ; M. Margairaz, D. Tartakowsky, *« L'avenir nous appartient ». Une histoire du Front populaire,* Larousse, 2006 ; G. Dupeux, *Le Front populaire et les élections de 1936,* A. Colin, 1959 ; R. Rémond *et al., Léon Blum, chef de gouvernement,* rééd. FNSP, 1981 ; R. Rémond, J. Bourdin (dir.), *Édouard Daladier, chef de gouvernement,* FNSP, 1977 ; J. Kergoat, *La France du Front populaire,* rééd. La Découverte, 2006 ; A. Prost, *Autour du Front populaire. Aspects du mouvement social au XXe siècle,* Le Seuil, 2006, et *La CGT à l'époque du Front populaire,* A. Colin, 1964.

261 La SFIO et le PCF aux élections de 1936 (total des voix)

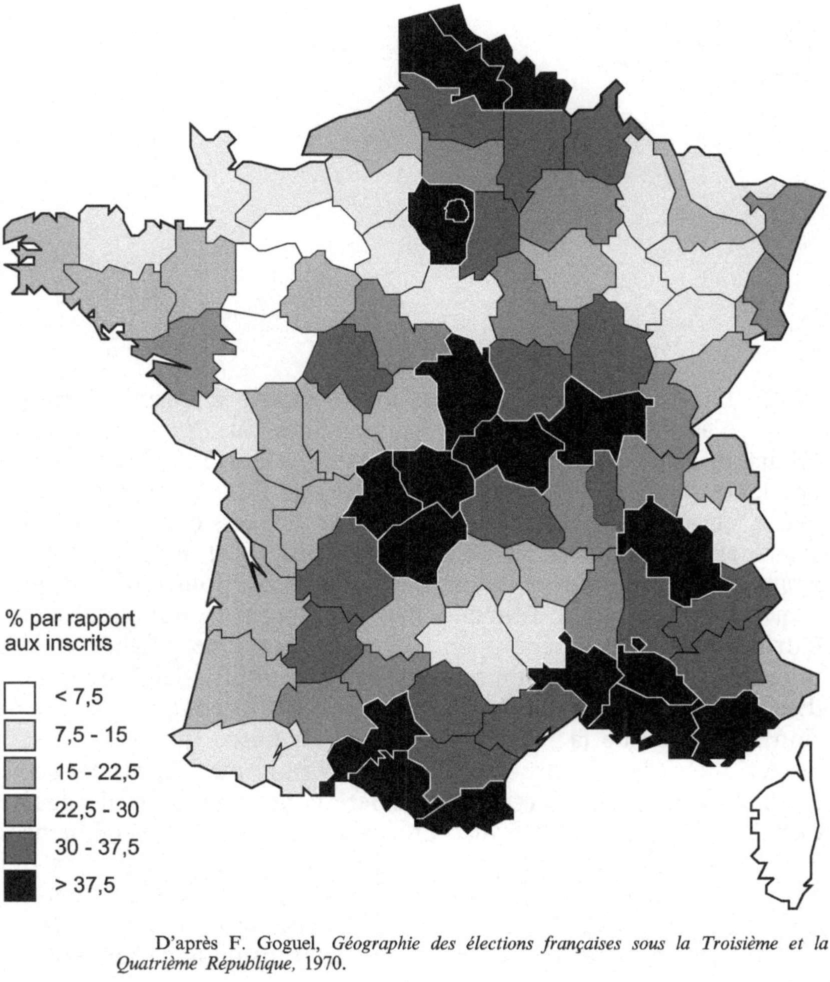

D'après F. Goguel, *Géographie des élections françaises sous la Troisième et la Quatrième République,* 1970.

Leçon 22

1940-1944

262 La lenteur de la mobilisation française a permis à Hitler d'appliquer en Pologne les principes du *Blitzkrieg* (guerre éclair), la France se contentant d'une petite offensive en Sarre, stoppée le 1er octobre 1939. Ensuite, tandis que l'URSS envahit la Finlande (novembre) et lui impose des concessions territoriales (mars 1940), à l'ouest les belligérants s'observent sans combattre. Français et Britanniques misent sur la défensive pour renforcer leur armement et affaiblir l'ennemi par un blocus économique. Cette « drôle de guerre » achève de ruiner le moral de l'armée et des populations qui n'en comprennent pas les motifs. Seule opération d'envergure, l'expédition de Narvik (avril 1940), contrée par l'invasion allemande de la Norvège, tournera au fiasco (juin).

À l'intérieur, l'heure est à l'anticommunisme. Après le pacte germano-soviétique, le PC n'a considéré comme fauteurs de guerre que les « impérialistes franco-anglais », avec pour conséquences une contribution aux progrès du défaitisme, une crise interne qui entraîne le départ de nombreux militants et d'un tiers des députés du Parti, l'interdiction des journaux communistes (août 1939), la dissolution du PC et de ses courroies de transmission (septembre), la mise en jugement des députés fidèles aux directives de Staline et la condamnation de 35 d'entre eux (mars-avril 1940). Maurice Thorez, secrétaire général, a déserté en octobre 1939 ; condamné par les tribunaux militaires, déchu de sa nationalité, il se réfugiera à Moscou.

C'est le modéré Paul Reynaud, président du Conseil depuis le 21 mars 1940 en remplacement de Daladier, qui va affronter une offensive retardée par la rigueur de l'hiver. Le 10 mai, l'Allemagne envahit la Hollande et la Belgique au mépris de leur neutralité, provoquant une contre-offensive franco-britannique précipitée, tandis que les panzers percent dans les Ardennes, coupant l'armée française dont la moitié est immobilisée sur la ligne Maginot. Le 20 mai, les Allemands atteignent la Manche. L'étau se referme sur Dunkerque où les Britanniques, abandonnant tout le matériel, rembarquent le gros des troupes encerclées.

Reynaud aux abois fait appel aux gloires de la Grande Guerre. Le maréchal Pétain (84 ans) est nommé vice-président du Conseil le 18 mai, le général en chef Gamelin remplacé le 19 par Weygand (73 ans), ancien chef d'état-major de Foch, mais l'exode des populations civiles vers le sud interdit toute contre-attaque. Les Allemands sont à Paris le 14 juin, sur le Rhône le 16.

I | L'ARMISTICE

263 Réfugié à Bordeaux le 14 juin, le gouvernement hésite. Reynaud, son ministre de l'Intérieur Georges Mandel et le général de Gaulle, sous-secrétaire d'État à la Guerre depuis le 5 juin, envisagent une solution militaire : la capitulation. La flotte de guerre (la 4e du monde en tonnage) étant intacte, tout comme un empire colonial aux ressources considérables, le gouvernement se retirerait en Afrique du Nord afin d'y poursuivre la lutte. Pour Weygand et Pétain, il n'en est pas question. Beaucoup de militaires refusent d'admettre, parmi les facteurs de la défaite, de grosses erreurs de conception et de commandement. Selon Weygand, l'armée ne doit pas subir le déshonneur d'une défaite dont les responsables sont les politiques qui n'ont pas su préparer la guerre. Pétain considère que le gouvernement ne doit pas abandonner les Français à l'ennemi. L'un et l'autre prévoient une défaite de l'Angleterre et craignent que la France fasse les frais de la paix. La seule solution honorable serait donc politique : un armistice par lequel le pouvoir civil suspendrait les hostilités. Pétain en convainc l'amiral Darlan – l'un des artisans de la renaissance de la marine de 1926 à 1939 comme collaborateur du ministre Georges Leygues puis comme commandant en chef, nommé par Blum « amiral de la flotte » – qui prônait la poursuite de la guerre sur mer.

Le 16 juin, après un conseil des ministres dramatique, Reynaud cède sa place à Pétain qui engage des pourparlers avec l'Allemagne. L'armistice est signé le 22 juin 1940. Le territoire est divisé en deux zones, l'une occupée aux frais de la France et où son administration est soumise à l'autorité militaire allemande conformément à la convention de La Haye de 1899 (moitié nord et façade atlantique), l'autre « libre », soumise à l'autorité française et où celle-ci disposera d'une armée de 100 000 hommes. Sauf les unités nécessaires aux colonies, la flotte de guerre sera désarmée. 1 850 000 prisonniers de guerre servent d'otages.

II | L'État français

264 Le gouvernement s'installe à Vichy, station thermale proche de la ligne de démarcation. Le 10 juillet 1940, à la suite d'habiles pressions de Laval sur des parlementaires et sur le président de la République Albert Lebrun, les Chambres réunies votent une loi constitutionnelle en un seul article : « L'Assemblée nationale donne tout pouvoir au gouvernement de la République, sous l'autorité et la signature du maréchal Pétain, à l'effet de promulguer par un ou plusieurs actes une nouvelle constitution de l'État français. Cette constitution devra garantir les droits du travail, de la famille et de la patrie. Elle sera ratifiée par la nation et appliquée par les Assemblées qu'elle aura créées. »

À une majorité écrasante – 569 voix contre 80 et 17 abstentions – la République cède la place à un « État français » reconnu par les gouvernements étrangers. Une défaite sans précédent a eu raison d'une République discréditée. Le régime de Vichy va voir s'épanouir des tendances qui avaient progressé avant-guerre – antiparlementarisme, antilibéralisme, antisémitisme, etc. – sous les formes, parfois difficiles à dissocier dans les faits, de la « Révolution nationale » et de la « collaboration ».

265 La Révolution nationale. — L'armistice a été accueilli avec soulagement. On sait gré à Pétain d'avoir fait « don de sa personne » à une France dans le malheur. Le vainqueur de Verdun en 1916, l'homme qui avait su rétablir la situation en 1917 bénéficie d'une immense popularité. Il s'estime investi de la mission de reconstruire la France et s'en donne les moyens. Par ses premiers « actes constitutionnels », le « maréchal de France, chef de l'État français » s'octroie les pleins pouvoirs en supprimant la présidence de la République et désigne Laval pour lui succéder à la tête de l'État (plus tard ce sera Darlan, puis de nouveau Laval). Partis politiques et élections vont disparaître. C'en est fini du régime parlementaire, jugé responsable de la décadence. Quoique bénéficiant d'un culte moderne de la personnalité (mythe du sauveur), Pétain fait songer à un monarque à l'ancienne (« Nous, Philippe Pétain ») dont le grand âge et les « absences » feront de plus en plus l'instrument de ses ministres et de ses proches.

La devise *Travail, Famille, Patrie* remplace *Liberté, Égalité, Fraternité*. C'est sur ces bases que le pays doit être régénéré. Il s'agit d'en finir avec les principes « dissolvants » de 1789. Selon Pétain, « l'ordre nouveau ne peut en aucune manière impliquer un retour même déguisé aux erreurs qui nous ont coûté si cher. On ne saurait davantage y découvrir les traits d'une sorte d' "ordre moral" ou d'une revanche des événements de 1936. L'ordre nouveau ne peut être une imitation servile d'expériences étrangères. [...] Le régime nouveau sera une hiérarchie sociale. Il ne reposera plus sur l'idée fausse de l'égalité naturelle des hommes [...]. On ne peut faire disparaître la lutte des classes, fatale à la nation, qu'en faisant disparaître les causes qui ont formé ces classes et les ont dressées les unes contre les autres. Ainsi renaîtront les élites véritables. [...] L'autorité est nécessaire pour sauvegarder la liberté de l'État, garantie des libertés individuelles en face des coalitions d'intérêts particuliers [...]. Les organisations professionnelles [...] garantiront la dignité de la personne du travailleur en améliorant ses conditions de vie jusque dans sa vieillesse. Elles éviteront enfin les conflits par l'interdiction absolue des lock-out et des grèves, par l'arbitrage obligatoire des tribunaux du travail. [...] La coordination par l'État des activités privées doit briser la puissance des trusts et leur pouvoir de corruption. »

Quoi qu'en dise Pétain, cette « Révolution nationale » est une contre-révolution tardive, avec une conception paternaliste de l'autorité, une nostalgie de la hiérarchie des corps, une idéalisation du passé, une part de providentialisme (la défaite est une juste punition d'où sortira la régénération), bref, une sorte d'ordre moral revu et corrigé. La condamnation du capitalisme et du marxisme ne saurait tromper, ni la création en août 1940 d'une Légion française des combattants où les vétérans de 14-18 communient dans le culte du Maréchal et de la patrie, car cette Légion n'est pas un parti unique. La Révolution nationale est moins proche du fascisme, *a fortiori* du nazisme, courants profondément révolutionnaires, que du régime corporatiste catholique de Salazar au Portugal.

Le travail est réglementé dans cet esprit (mais sur ce point l'influence de l'Italie n'est pas négligeable). Les diverses branches de l'économie relèvent de comités d'organisation qui seront coiffés par un Office de répartition des produits industriels. Les syndicats sont supprimés, remplacés plus tard par des comités sociaux, organisations corporatives nommées par le gouvernement, composées d'ouvriers et de patrons (Charte du travail, octobre 1941). L'agriculture a sa Corporation paysanne. Famille et jeunesse sont à l'honneur. Les mesures en faveur de la natalité, telles l'interdiction du divorce pendant les trois premières années du mariage et la dotation des mères au foyer, portent leurs fruits dès 1942, ce qui annonce le *baby boom* de l'après-guerre. Les adolescents sont poussés à adhérer aux « Compagnons de France », rivaux du scoutisme ; faute de service militaire, les jeunes gens sont intégrés dans les « Chantiers de la Jeunesse ».

De la patrie dans son acception nouvelle, les « mauvais » Français doivent être tenus à l'écart. L'administration sera épurée de 50 000 de ses agents. Les sociétés secrètes sont interdites, leurs biens saisis, les francs-maçons exclus de la fonction publique, tout comme les Juifs dont le statut (3 octobre 1940) limite aussi l'accès à de nombreuses professions ; les israélites d'Afrique du Nord perdent la nationalité française ; l'injure raciale par voie de presse a cessé d'être réprimée (août).

Sauf l'aspect de règlement de comptes antirépublicain, illustré par le ridicule procès de Riom où quelques personnalités (Blum, Daladier, Gamelin, etc.) devaient être jugées comme responsables de la défaite, procès suspendu *sine die* en 1942, la Révolution nationale comporte trop de contradictions pour avoir une signification univoque. Pétain favorise l'Église catholique (enseignement religieux facultatif à l'école publique, subventions aux écoles privées), laquelle le lui rend bien jusqu'en 1942, mais lui-même est agnostique, comme beaucoup de cadres du régime ; l'affirmation des devoirs envers Dieu ne lui sert qu'à renforcer les devoirs envers la patrie. L'agriculture est portée aux nues (« La terre, elle, ne ment pas ») ainsi que l'artisanat, mais l'État s'occupe surtout de l'industrie. L'esprit est corporatiste et décentralisateur, la réalité dirigiste et centralisatrice. La jeunesse est exaltée par un gouvernement gérontocratique. Les Chantiers de la Jeunesse pourraient faire songer aux entreprises totalitaires d'embrigadement, mais il en sortira plus d'un résistant. Le régime voit se côtoyer des maurrassiens, des réactionnaires, des traditionalistes et d'autre part des technocrates modernisateurs. Autre division, qui peut recouper en partie la précédente : des patriotes anti-allemands cohabitent avec des intellectuels fascisants venus de gauche comme de droite, sensibles ou non à l'expérience allemande.

266 LA COLLABORATION. — La politique de Vichy n'a plus guère de sens après l'entrée en guerre de l'URSS et des États-Unis (juin et décembre 1941), plus du tout en novembre 1942 quand le régime perd, par une réaction en chaîne, les atouts que lui avait laissés l'armistice : 1 / l'empire colonial bascule du côté des Alliés qui débarquent le 8 novembre en Afrique du Nord, 2 / en riposte, la Wehrmacht envahit la zone sud le 11, 3 / la flotte se saborde à Toulon le 27 pour échapper aux Allemands. Or Pétain, sourd aux supplications de Weygand et d'autres, refuse de quitter la France pour reprendre la lutte outre-mer. Il ne lui reste alors que la « collaboration », l'autre volet de sa politique.

Dès 1940 s'opposaient deux conceptions des relations avec l'occupant. Selon certains, tel Weygand, ministre de la Défense nationale, il fallait appliquer l'armistice, mais sans zèle car l'occupation était provisoire ; selon d'autres, au premier chef Laval, vice-président du Conseil, persuadé de la victoire prochaine de l'Allemagne, il fallait soutenir son effort de guerre pour obtenir à la paix les conditions les moins désavantageuses. Pétain, quant à lui, souhaitait négocier et gagner du temps pour soulager les souffrances des populations – et des prisonniers – tout en relevant le pays.

Laval pouvait jouer de sentiments anti-anglais très répandus car 1 / associés aux souvenirs mythifiés de conflits anciens (guerre de Cent Ans, guerres révolutionnaires et napoléoniennes), 2 / nourris par les rivalités coloniales, 3 / confortés par la complaisance des Anglo-Saxons pour l'Allemagne après 1919 puis par celle de Chamberlain pour Hitler, 4 / ravivés par le fait qu'à Dunkerque les Britanniques n'avaient pas embarqué tous les soldats français, 5 / cristallisés enfin autour du drame de Mers el-Kébir. Le 3 juillet 1940, sur ordre de Churchill, premier ministre depuis le 10 mai, la Royal Navy a détruit une partie de la flotte française en rade de ce port d'Algérie, tuant 1 300 marins. L'Angleterre voulait montrer au monde qu'elle ferait la guerre jusqu'au bout, mais l'effet psychologique en France a été désastreux. Darlan, qui s'était engagé à ne jamais livrer la flotte aux Allemands, n'a pas été le seul à ne pas pardonner.

Une fois Weygand neutralisé par son envoi en Afrique du Nord comme délégué général puis commandant en chef, Laval pousse Pétain à rencontrer Hitler. Le 24 octobre 1940, à Montoire, le Maréchal serre la main du Führer, puis, le 30, annonce qu'il « entre dans la voie de la collaboration ». Certains Français perdent confiance en lui ; chez d'autres qui lui restent fidèles, son prestige est atteint ; enfin beaucoup se croiront autorisés à des agissements auxquels Pétain ne songeait pas, car il y aura bien des degrés dans la « collaboration ».

En zone nord, mise en coupe réglée par l'Allemagne, la collaboration résulte de l'armistice : les actes de l'État français y sont soumis au visa des autorités militaires d'occupation, l'administration subordonnée à celles-ci. Dans cette zone, les plus chauds partisans de la collaboration tiennent le haut du pavé. Parmi eux l'écrivain Robert Brasillach, venu du maurrassisme et rédacteur en chef de *Je suis partout*, l'ancien communiste Jacques Doriot, fondateur du PPF, qui espère devenir le chef des collaborateurs et se battra plusieurs fois sur le front russe sous l'uniforme allemand, ou encore le socialiste Marcel Déat, qui s'était détaché de la SFIO pour prôner un État fort, corporatiste, « socialiste national », et avait fondé avec Adrien Marquet en 1933 un « Parti socialiste de France » au slogan révélateur

(« Ordre, Autorité, Nation ») avant de se prononcer contre la guerre par son refus de « mourir pour Dantzig ». Ces ultras de la collaboration dénoncent les réticences de Vichy à soutenir l'Allemagne.

N'ayant rien obtenu de son geste de Montoire, Pétain, poussé par ses ministres, a fait arrêter Laval (13 décembre) à la fureur des Allemands qui obtiennent le renvoi de Pierre-Étienne Flandin, son successeur aux Affaires étrangères, un homme du centre-droit, ancien président du Conseil (1934-1935), proche des thèses de Weygand. De février 1941 à avril 1942, l'homme clef de Vichy est l'ambitieux Darlan, vice-président du Conseil, qui cumule les portefeuilles. L' « amiral rouge » collabore en fonction des chances des Allemands de gagner la guerre. En 1941, il les autorise à utiliser les ports français de Syrie, puis, à leur demande, il fait rappeler Weygand d'Afrique du Nord où celui-ci reconstituait une armée pour la revanche (novembre 1941). Après l'entrée en guerre des États-Unis, il se montre moins conciliant et Hitler impose le rappel de Laval, nommé chef du gouvernement (avril 1942), ce qui provoque le retrait des maréchalistes non collaborationnistes.

Après avril et surtout novembre 1942, l'autonomie de l'État français n'a plus de matérialité. Tandis que Pétain s'efface, réduit au rôle de potiche décorative, Laval finasse, essayant de freiner les réquisitions de main-d'œuvre pour les industries de guerre. Son idée d'une « relève » – un prisonnier libéré en échange de trois volontaires – tourne à la duperie en 1943 avec la généralisation du STO (Service du travail obligatoire) : il n'y a pas de commune mesure entre le nombre des soldats libérés et les centaines de milliers d'ouvriers partis outre-Rhin, de requis sur place et de prisonniers de guerre utilisés par l'industrie allemande.

Ce qui reste du régime de Vichy est pris dans l'engrenage de la collaboration policière. Le « Service d'ordre légionnaire », issu de la Légion des combattants, devient, sous les ordres de Joseph Darnand, la Milice française (janvier 1943). Chargée du maintien de l'ordre et du « redressement » de la France, la Milice relève de Laval qui sera vite dépassé. Les miliciens vont se faire les auxiliaires zélés de l'occupant dans la lutte contre le « terrorisme » communiste et résistant, en particulier contre les maquis, et dans toutes sortes d'exactions (assassinats, tortures, livraisons de Juifs). Pétain attendra août 1944 pour dénoncer cette « action néfaste ».

Pour l'essentiel, la collaboration militaire s'est limitée à la création en 1941, à l'initiative de Doriot, d'une petite Légion des volontaires français contre le bolchevisme (LVF), officialisée par Laval en 1942, puis à l'approbation par ce dernier, en 1943, de la formation d'unités de Waffen SS français qui combattront également sur le front russe.

267 LA POLITIQUE ANTISÉMITE. — Vichy a été entraîné dans la spirale de la collaboration antijuive. Son antisémitisme discriminatoire, produit d'une histoire française religieuse (catholicisme) et politique (Panama, affaire Dreyfus, etc.), n'était pas de même nature que celui, pseudo-biologique et « racial », des nazis, mais les événements ont engendré des confusions.

Les Juifs français étaient soumis au statut d'octobre 1940, complété en juin 1941, qui, sauf dérogation pour services exceptionnels, les excluait de certains métiers (fonction publique, presse, cinéma, théâtre) et limitait leur accès aux autres. Ils pouvaient tomber sous le coup d'une loi de juillet 1940 qui rendait possible la révision des naturalisations récentes ; or, depuis le 4 octobre 1940, les étrangers pouvaient être assignés à résidence, voire regroupés dans des camps d'internement. Français ou non, les Juifs étaient surveillés par un Commissariat général aux questions juives (mars 1941). Une loi de juin 1941 ordonnait leur recensement et celui de leurs biens ; les lois de 1940 et 1941 sur l'organisation de ces biens ont entraîné des spoliations massives.

De son côté, l'occupant a imposé un statut aux Juifs de la zone nord (septembre 1940). Pour une double raison – application de l'armistice, volonté de Vichy de manifester son existence – ce statut est appliqué par les fonctionnaires français. Des arrestations sont effectuées par la police française : ainsi les 16 et 17 juillet 1942, quand 13 000 Juifs sont raflés et parqués au « Vel'd'Hiv' » et à Drancy avant d'être déportés « à l'est ». Vichy accepte même de livrer 10 000 Juifs étrangers de zone sud. Cette persécution, où René Bousquet, secrétaire général à la Police, a joué un rôle moteur, conduit des évêques et nombre de leurs fidèles, également fidèles du Maréchal, à prendre leurs distances, au point que Vichy renonce à continuer les livraisons d'étrangers réclamées par l'occupant. Les gestes de solidarité de la population se multiplient. Quoique très vagues, fragmentaires et jugées le plus souvent invraisemblables parce qu'inconcevables, quelques informations vont filtrer sur la « solution finale ».

En occupant la zone sud, les Allemands ont utilisé les mesures prises par Vichy, notamment le « J » apposé sur les papiers d'identité (décembre 1942). Au total, ils auront déporté près de 80 000 Juifs, dont un tiers de Français ; il y aura moins de 3 000 survivants.

268 SIGMARINGEN. — Enlevé le 20 août 1944 par les Allemands en déroute, Pétain est conduit avec Laval à Sigmaringen (Wurtemberg). Le premier se considérant comme prisonnier, le second refusant d'accomplir aucun acte gouvernemental, ce sont quelques personnalités de la collaboration (Fernand de Brinon, Déat, Darnand) qui forment en Allemagne une Commission gouvernementale fantoche, désavouée par Pétain. À l'heure où triomphaient les Alliés et la Résistance, l'État français n'existait plus depuis longtemps.

III | LA FRANCE DU REFUS

269 LA FRANCE LIBRE. — Hostile aux préparatifs d'armistice, le général de Gaulle s'était réfugié à Londres d'où, le 18 juin 1940, il avait lancé son appel, plus tard fameux, à le rejoindre pour poursuivre la lutte : « Cette guerre est une guerre mondiale. [...] Foudroyés aujourd'hui par la force mécanique, nous pourrons vaincre dans l'avenir par une force mécanique supérieure. [...] Quoi qu'il arrive, la flamme de la résistance française ne doit pas s'éteindre et ne s'éteindra pas. » Ses interventions à la BBC (« La France a perdu une bataille, mais la France n'a pas perdu la guerre ») ont peu d'écho. Ne représentant que lui-même, il fait figure d'homme des Anglais, alors très impopulaires.

Sans se décourager, avec le soutien de Churchill qui aurait toutefois préféré un personnage d'envergure nationale (Reynaud ou Weygand), de Gaulle va mettre sur pied des unités combattantes, les Forces françaises libres (FFL). Sauf l'Océanie et l'Afrique équatoriale, il ne parvient pas à rallier à sa cause l'empire colonial (échec de Dakar, septembre 1940). Une division des FFL participe aux opérations contre les troupes de Vichy en Syrie, lesquelles refusent de rejoindre la France libre. C'est pourquoi Américains et Britanniques tiennent de Gaulle à l'écart du débarquement en Afrique du Nord ; ils misent sur le général Giraud, évadé d'Allemagne et pétainiste déçu, pour leur rallier l'armée d'Afrique. Or Darlan se trouve à Alger et c'est lui qui, invoquant un prétendu ordre secret de Pétain, ordonne aux troupes françaises de cesser le combat puis de reprendre la guerre contre l'Axe. Devenu l'interlocuteur des Alliés, Darlan est assassiné le 24 décembre par un étudiant gaullo-monarchiste, Bonnier de la Chapelle, mais il est remplacé par Giraud.

De Gaulle convainc Churchill et le président Roosevelt de la nécessité d'unifier les forces françaises. En juin 1943, lui et Giraud co-président à Alger un Comité français de libération nationale (CFLN). De Gaulle, qui se considère comme le dépositaire de la souveraineté française, cantonne Giraud dans des tâches militaires. (Les FFL, qui se battaient en Tunisie, vont libérer la Corse et participer aux campagnes d'Italie, de France et d'Allemagne.) Devenu le maître, de Gaulle écarte les ex-serviteurs de Vichy. Depuis septembre 1943, une Assemblée consultative, désignée par les mouvements de résistance et les partis et où siègent quelques parlementaires, étudie les formes politiques de l'après-victoire. Le 3 juin 1944, trois jours avant le débarquement, le CFLN devient Gouvernement provisoire de la République française (GPRF). Le 14, en la personne de de Gaulle, ce gouvernement prend pied en France.

270 LA RÉSISTANCE. — Au départ, la confiance en Pétain et l'idée d'une victoire imminente de l'Allemagne n'incitaient pas à l'héroïsme, d'autant que l'armistice faisait obligation au gouvernement français de réprimer toute résistance (de Gaulle est condamné à mort par contumace, beaucoup de Français libres déchus de leur nationalité). Mis à part l'armée de l'armistice qui, couverte par Weygand, préparait la revanche sur l'Allemagne dans la mesure de ses maigres moyens, l'esprit de résistance s'est développé plus tôt et plus largement en zone occupée, mais la peur des services allemands d'espionnage et de police explique qu'au départ les résistants aient été peu nombreux. Leur action consistait surtout en renseignement, information et propagande (tracts, journaux clandestins), accompagnement jusqu'en zone libre ou en Espagne des prisonniers évadés et des pilotes anglais abattus.

Hitler ayant envahi l'URSS en juin 1941, Staline offre à la Résistance le renfort tardif des communistes. Ces internationalistes qui forment un « Front national de lutte pour l'indépendance de la France » apportent à la Résistance leur expérience du militantisme, de la propagande et de la clandestinité. Les actions se font plus vigoureuses (sabotages, attentats), provoquant des représailles qui accroissent la haine contre l'Allemagne et contre Vichy. Dans une population en proie à des difficultés croissantes (rationnement, froid) dues au fait que l'occupant ponctionne la moitié du revenu national, se développe le sentiment de l'illégitimité du régime (jusqu'en novembre 1942 il y avait encore des résistants pour faire confiance à Pétain) ; par ailleurs, l'idée progresse que l'Allemagne va perdre la guerre, en particulier après Stalingrad (janvier 1943). Les effectifs de la Résistance et les complicités dont elle bénéficie croissent en proportion, sans parler de tous les « résistants de la dernière heure » qui se décideront au cours de la Libération.

Le renfort très actif des communistes ne saurait faire oublier que la Résistance, quoique *in fine* orientée à gauche, a regroupé des patriotes civils ou militaires de toutes origines : des catholiques tel le lieutenant de vaisseau d'Estienne d'Orves fusillé en août 1941, des maurrassiens tel le fameux Gilbert Renault, dit le « colonel Rémy », des syndicalistes, des socialistes tel l'universitaire Pierre Brossolette qui, torturé, se suicidera en mars 1944 pour ne pas parler, etc. En dépit de mainte fausse note, la Résistance est une « union nationale » qui, à la différence de ses homologues dans d'autres pays, mène une réflexion sur la prise du pouvoir et l'après-libération.

Les premiers groupes de résistants avaient agi isolés. Des agents venus de Londres contribuent ensuite à la formation de réseaux. En janvier 1942, l'ancien préfet Jean Moulin est parachuté en France, envoyé par de Gaulle avec une mission de coordination. Ses efforts en zone sud et ceux de Brossolette en zone nord débouchent non sans mal sur la création par Moulin à Paris, en mai 1943, du Conseil national de la Résistance (CNR), groupant mouvements de résistance, partis politiques et syndicats, en liaison avec la France libre.

À la fin de 1942, dans des zones boisées et montagneuses, ont commencé à se créer des « maquis », en partie nourris de réfractaires au STO et souvent encadrés par des militaires de l'ex-armée d'armistice ; d'urbaine qu'elle était, la Résistance se développe à la campagne. En novembre 1943, grâce à de meilleures liaisons avec Londres, débutent les parachutages d'armes. En février 1944, les mouvements armés sont unifiés au sein des Forces françaises de l'intérieur (FFI) ; unification théorique car les groupes communistes de francs-tireurs partisans (FTP) conservent leur autonomie en vue d'une possible prise du pouvoir. Malgré leurs maladresses génératrices de représailles et un armement insuffisant, les FFI vont aider au succès du débarquement de Normandie (6 juin) en désorganisant les transports et les communications de l'ennemi. Le tribut payé par la Résistance – peut-être 20 000 fusillés et près de 200 000 déportés, sans compter les morts au combat – n'a pas été inutile.

271 L'opposition entre Vichy et la France combattante peut être envisagée sous différents angles. Selon la théorie du résistant Rémy, le général de Gaulle *(l'épée)* aurait sauvé l'honneur tandis que le maréchal Pétain *(le bouclier)* aurait amorti les coups assenés par l'occupant. La même opposition peut être analysée en d'autres termes : une légalité factice était à Vichy tandis que de Gaulle, ceux qui l'avaient rejoint et ceux qui résistaient en France incarnaient la légitimité et la continuité républicaines : « La forme du gouvernement de la France est et demeure la République. En droit, celle-ci n'a pas cessé d'exister » (ordonnance du GPRF, 9 août 1944). D'où le refus du Général de proclamer la République, comme certains l'auraient souhaité dans la tradition de 1848 et 1870. À moins que la République ait « cessé d'exister » en vertu de la loi constitutionnelle du 10 juillet 1940, votée selon la procédure prévue à l'article 8 de la loi constitutionnelle du 25 février 1875 ; il est vrai que depuis 1884 le même article interdisait de toucher à la « forme républicaine du gouvernement », mais le Constituant peut-il être borné dans son pouvoir souverain ? Quoi qu'il en soit, le référendum du 21 octobre 1945 a tranché : en décidant à 96,4 % que l'Assemblée élue le même jour serait constituante, le peuple a ouvert la voie à un nouveau régime. Ce sera une quatrième République.

Pour aller plus loin

272 Parmi les ouvrages généraux, J.-P. Azéma, *De Munich à la Libération, 1938-1944,* rééd. Le Seuil, 1979 ; J.-B. Duroselle, *L'abîme, 1939-1945,* Impr. Nat., 1982. Parmi les biographies, H. Coutau-Bégarie, C. Huan, *Darlan,* Fayard, 1989 ; É. Roussel, *Charles de Gaulle,* t. 1, Perrin, 1997 ; J.-P. Cointet, *Pierre Laval,* Fayard, 1993 ; J.-P. Azéma, *Jean Moulin,* Perrin, 2006 ; G. Pedroncini, *Pétain. La victoire perdue,* Perrin, 1995. Sur 1940, H. Michel, *La drôle de guerre,* Hachette, 1971, et *La défaite de la France,* PUF, 1980 ; riche méditation dans M. Bloch, *L'étrange défaite,* rééd. Gallimard, 1990 ; W. L. Shirer, *La chute de la IIIe République,* Stock, 1970. Sur Vichy, J.-P. Cointet, *Histoire de Vichy,* Plon, 1996 ; F.-G. Dreyfus, *Histoire de Vichy,* Perrin, 1990 ; J.-P. Azéma, O. Wieviorka, *Vichy,* Perrin, 2004 ; H. Rousso, *Le régime de Vichy,* PUF, 2007 ; G. Noiriel, *Les origines républicaines de Vichy,* Hachette, 1999 ; O. Wormser, *Les origines doctrinales de la « révolution nationale »,* Plon, 1971 ; J.-P. Cointet, *La légion française des combattants,* rééd. A. Michel, 1995 ; I. Boussard, *Vichy et la Corporation paysanne,* FNSP, 1980 ; D. Rossignol, *Vichy et les francs-maçons,* J.-C. Lattès, 1981 ; M. Cointet-Labrousse, *Vichy et le fascisme,* Complexe, 1987 ; R. Rémond (dir.), *Le gouvernement de Vichy,* A. Colin, 1972 ; F. Bloch-Lainé, *Hauts fonctionnaires sous l'Occupation,* O. Jacob, 1996 ; M.-O. Baruch, *Servir l'État français. L'administration en France de 1940 à 1944,* Fayard, 1997 ; H. Michel, *Pétain, Laval, Darlan, trois politiques ?,* Flammarion, 1973 ; M. Cointet, *Pétain et les Français,* Perrin, 2002 ; H. Amouroux, *La grande histoire des Français sous l'Occupation,* R. Laffont, 1976-1993, 10 vol. ; R. O. Paxton, *La France de Vichy,* rééd. Le Seuil, 1999 ; J.-P. Azéma, F. Bédarida (dir.), *La France des années noires,* rééd. Le Seuil, 2000, 2 vol. ; A. Sauvy, *La vie économique des Français de 1939 à 1945,* Flammarion, 1978 ; J.-P. Rioux, *La vie culturelle sous Vichy,* Complexe, 1999 ; P. Giolitto, *Histoire de la jeunesse sous Vichy,* Perrin, 1991 ; J. Évrard, *La déportation des travailleurs français dans le IIIe Reich,* Fayard, 1971 ; É. Fouilloux, *Les chrétiens français entre crise et libération, 1937-1947,* Le Seuil, 1997 ; P. Laborie, *L'opinion française sous Vichy,* rééd. Le Seuil, 2001 ; J.-P. Azéma, *La collaboration,* PUF, 1975 ; P. Ory, *Les collaborateurs,* rééd. Le Seuil, 1980. Sur la politique antisémite, A. Kaspi, *Les Juifs pendant l'Occupation,* rééd. Le Seuil, 1997 ; M. Marrus, R. Paxton, *Vichy et les Juifs,* rééd. Livre de Poche, 2004 ; M. Olender (dir.), *Le droit antisémite de Vichy,* Le Seuil, 1996 ; A. Cohen, *Persécutions et sauvetages,* Cerf, 1993. Sur les contradictions de la gauche, J.-P. Rioux, A. Prost, J.-P. Azéma (dir.), *Les communistes français de Munich à Châteaubriant, 1938-1941,* FNSP, 1987 ; S. Courtois, *Le PCF dans la guerre,* Ramsay, 1980 ; M. Sadoun, *Les socialistes sous l'Occupation,* FNSP, 1982. Sur la France combattante, M. et J.-P. Cointet, *La France à Londres,* Complexe, 1990 ; J.-L. Crémieux-Brilhac, *La France libre,* Gallimard, 2001, 2 vol. ; M. Cointet, *De Gaulle et Giraud,* Perrin, 2005 ; F.-G. Dreyfus, *Histoire de la Résistance,* De Fallois, 1995 ; L. Douzou, *La résistance française : une histoire périlleuse,* Le Seuil, 2005 ; F. Marcot (dir.), *Dictionnaire historique de la Résistance,* R. Laffont, 2006 ; A. Griotteray, *1940. La droite était au rendez-vous. Qui furent les premiers résistants ?,* R. Laffont, 1985 ; H. R. Kedward, *Naissance de la Résistance dans la France de Vichy,* Lyon, Champvallon, 1989 ; D. Mayer, *Les socialistes dans la Résistance,* PUF, 1968 ; R. Hostache, *Le Conseil national de la Résistance,* PUF, 1958 ; B. Mirkine-Guetzevitch, H. Michel, *Les idées politiques et sociales de la Résistance,* PUF, 1954.

Leçon 23

La IVe République

273 Le 25 août 1944, le général von Choltitz signe la reddition allemande. Paris a été libéré par l'insurrection et surtout par la 2e DB du général Leclerc, avant-garde des Alliés. Il faudra attendre la fin du mois de septembre pour que la plus grande partie du territoire soit libérée, le 8 mai 1945 pour que l'Allemagne capitule sans condition. Entre-temps il aura fallu restaurer une autorité étatique sans se laisser déborder par les pouvoirs de fait nés de la Résistance.

Les tâches qui incombent à de Gaulle et à son gouvernement provisoire, lequel n'est reconnu par les Alliés qu'en octobre 1944, sont innombrables. Avec 600 000 morts et une surmortalité due aux privations, la France compte 40,5 millions d'habitants. La saignée a été deux fois moindre qu'en 1914-1918 mais les pertes matérielles sont énormes : 74 départements touchés (13 pour la Grande Guerre), le quart du capital immobilier anéanti, 55 % du réseau ferré et plus de 80 % des locomotives hors service. L'économie est exsangue, l'inflation galopante. Les difficultés des transports et la pénurie d'énergie atomisent le marché et favorisent les circuits parallèles. Le marché noir, naguère forme de résistance, provoque rancœurs et jalousies dans un pays soumis à de sévères restrictions alimentaires alors qu'on espérait voir revenir la prospérité. Les pertes sont aussi morales et psychologiques : retour difficile des prisonniers et des déportés, règlements de comptes.

L'épuration a d'abord été sauvage : huées publiques, tontes de femmes, séquestrations, vengeances meurtrières. Dans son discours d'Évreux (8 octobre 1944), de Gaulle prône l'indulgence : il faut rassurer les Alliés, gagner la guerre, reconstruire. Les députés qui ont voté les pleins pouvoirs en 1940 sont frappés d'inéligibilité. Le gouvernement a besoin d'une administration compétente : pour rétablir l'unité nationale, le pardon est accordé à la majorité des fonctionnaires qui ont servi Vichy. Faute de preuves, les juridictions d'exception se montrent souvent clémentes, mais les collaborateurs sont châtiés au plus haut niveau. Pétain est condamné à mort par la Haute Cour le 15 août 1945, sa peine commuée (il mourra à l'île d'Yeu en 1951). Laval est fusillé le 15 octobre, l'écrivain Brasillach l'a été le 6 février. Contrairement au procès de Nuremberg, on n'a pas voulu définir les crimes au préalable ; par-delà l'action de chacun, c'est le système qu'il aurait fallu juger ; or, pendant des années, la Résistance avait été largement minoritaire.

Au total, il faut compter au bas mot 10 000 exécutions, sommaires à près de 90 %. Les chiffres auraient été beaucoup plus élevés si le GPRF n'avait pas recouru à des arrestations et à des internements préventifs.

274 Le rêve gaullien d'unité nationale ne se réalisera pas. Malgré une volonté de rompre avec le passé, la IVe République va retomber, sous le contrôle des partis, dans des pratiques proches de celles d'un régime d'assemblée. Elle acclimatera la formule inédite de l'État-providence tout en jetant les bases de la construction européenne, mais elle sera rongée par son incapacité à réaliser une décolonisation pacifique.

I | Le régime des partis

275 Les impératifs de la Libération ont atténué les antagonismes entre forces issues de la Résistance, mais les partis reconstitués vont se tailler une constitution à leur mesure et la détourner, entretenant une instabilité gouvernementale chronique.

276 L'époque du Gouvernement provisoire. — Au déliquescent « État français » le GPRF doit substituer un minimum d'organisation civile. L'ordonnance du 10 janvier 1944 a institué des commissaires de la République incarnant la continuité de l'État républicain et sa légalité. Situation délicate : ces commissaires doivent s'imposer aux Comités de Libération, mais ils ont besoin de leur concours. Tous les Comités n'acceptent pas sans répugnance d'être supplantés par des administrateurs dépourvus de légitimité combattante.

Pour ne pas manquer le rendez-vous républicain, les forces politiques doivent se résoudre à accepter le fonctionnement quasi monarchique du GPRF : de Gaulle y détient les fonctions exécutive et législative, flanqué de ministres – 13 politiques venus de la Résistance, 9 techniciens (septembre 1944) – responsables devant lui. Intermittente, l'Assemblée consultative (148 délégués de la Résistance intérieure, 40 de la Résistance extérieure, 60 de la Chambre de 1936) ne formule que des avis, mais elle annonce la renaissance d'une vie politique.

Dès novembre 1944 c'en est fait du rêve d'un grand parti de la Résistance qui instaurerait une « démocratie économique et sociale », troisième voie entre capitalisme et marxisme. La vie politique sera orchestrée par les partis. Les communistes ont réussi à faire oublier leur attitude de 1940. Leur participation à la Résistance leur a donné un brevet de patriotisme ; l'internationalisme révolutionnaire est mis en sourdine par Thorez. Inféodé à Moscou mais provisoirement rallié à de Gaulle, le PC est le premier parti de France. Cette place, la SFIO y aspire aussi ; allégée de ses membres compromis avec Vichy, elle a retrouvé sa respectabilité dans l'action clandestine. Quant à la minuscule Union démocratique et socialiste de la Résistance (UDSR), composée de socialistes, de radicaux, de gaullistes et de modérés, elle entend s'imposer comme force d'appoint nécessaire aux futures majorités. Plus au centre, discrédités par l'échec de la IIIe République à laquelle on les assimile volontiers, les radicaux essaient de se refaire.

En novembre 1944, les anciens du petit Parti démocrate populaire, renforcés par les membres d'associations et de syndicats catholiques, ont créé le Mouvement républicain populaire qui se réclame de la démocratie chrétienne et de la fidélité au Général. Le MRP refuse l'étiquette « de droite » mais profite de l'évanouissement des droites qui ont participé à la Révolution nationale ou n'ont pas rejoint à temps la Résistance.

277 LES CONSTITUANTES. — Contre la « tradition républicaine », de Gaulle a imposé un référendum concomitant à l'élection d'une Assemblée. Le 21 octobre 1945, les Français et les Françaises – elles ont reçu le droit de vote (1944) – se voient poser deux questions. À la première, 96,4 % des suffrages exprimés répondent *oui* : l'Assemblée élue le même jour sera constituante. La rupture avec la IIIe République est sans ambiguïté ; seuls les radicaux avaient prôné le *non*. Les deux tiers des votants répondent *oui* à la seconde question : la Constituante pourra contrôler en partie l'action du GPRF, légiférer en partageant l'initiative avec lui, élire son président.

Les élections, au scrutin proportionnel, profitent au PC, à la SFIO et au MRP qui obtiennent les trois quarts des voix et les quatre cinquièmes des sièges. De Gaulle, au-dessus des partis, n'a donné aucune consigne de vote ; sa victoire référendaire masque mal un revers politique. Le MRP fait une belle percée, mais les communistes, qui arrivent en tête (26,1 %) et doublent leur représentation par rapport à 1936, pourraient former une majorité avec les seuls socialistes. C'est la répugnance de la SFIO à un tête-à-tête inégal qui conduit à une alliance tripartite PC-SFIO-MRP. De Gaulle, réélu à l'unanimité président du Gouvernement, refuse de placer des communistes aux ministères sensibles (Affaires étrangères, Armées, Intérieur).

En matière constitutionnelle, les communistes voudraient un gouvernement soumis à l'Assemblée et aux partis sous le contrôle du peuple ; les socialistes, toutefois divisés, un parlementarisme dit « rationalisé » ; le MRP et de Gaulle, un exécutif affranchi de la tutelle de l'Assemblée et des partis. Sur fond de querelles entre Gouvernement et Assemblée, ces divergences aboutissent à la démission du Général (20 janvier 1946). L'homme du 18 juin se place en réserve pour pouvoir se poser en « sauveur » le jour où l'opinion prendrait conscience de l'impasse où mènent les divisions partisanes. Il est remplacé par le socialiste Félix Gouin qui laisse les partis se répartir les portefeuilles. Le MRP reste dans la coalition pour ne pas abandonner la France aux marxistes.

Dans le projet socialo-communiste de constitution, une Déclaration des droits marquée par les valeurs de la Résistance élargit ceux de 1789 (droits « de ») aux droits sociaux (droits « à » : travail, juste salaire, ressources minimales) et collectifs (grève, participation à la vie de l'entreprise, nationalisations). Le dispositif prévoit une Assemblée unique, très difficile à dissoudre, qui désignerait les présidents de la République et du Conseil. Ce projet est repoussé par 53 % des votants (référendum du 5 mai 1946). De Gaulle, qui a gardé le silence, tient une partie de sa revanche.

Aux élections à la seconde Constituante (2 juin 1946), le PC progresse en voix mais pas en sièges. La SFIO recule, qui n'a pas su choisir entre union avec les communistes et union nationale. Ces deux partis n'ont plus la majorité. Partisan du *non*, le MRP passe en tête, mais le refus de l'hégémonie parlementaire manifesté par le référendum ne va pas déboucher sur un régime faisant du président de la République un arbitre au-dessus des partis, comme le souhaite de Gaulle (discours de Bayeux, 16 juin). C'est pourquoi le Général dénonce le second projet de constitution.

Le préambule du texte n'est guère moins ambitieux que la Déclaration du précédent projet. Des principes « nécessaires à notre temps » sont proclamés : égalité des sexes, droit d'asile, de grève, à l'emploi, à la santé, à l'instruction, à la formation professionnelle, à la culture, liberté syndicale, participation des travailleurs à la gestion de l'entreprise. Le dispositif fait la part belle aux députés, désignés pour cinq ans à la proportionnelle. L'Assemblée nationale ne peut déléguer le droit de voter la loi (refus des décrets-lois). Elle domine un Conseil de la République élu au suffrage indirect et restreint (représentation des campagnes et des petites villes) qui émettra de simples avis. Le président de la République, élu par ces deux Chambres, ne peut influencer directement la vie politique, même s'il est chargé de nommer le chef du gouvernement. Innovation majeure, le président du Conseil reçoit seul, sur son programme, l'investiture de l'Assemblée à la majorité absolue ; il a ensuite les mains libres pour composer le gouvernement. Défiance et motion de censure sont rendues difficiles à mettre en œuvre ; en contrepartie, la dissolution est scrupuleusement encadrée.

Ce projet qui ne heurte ni n'enthousiasme personne – tout s'est joué entre les partis – est adopté par référendum le 13 octobre 1946 à une majorité étriquée : 36,1 % de *oui*, 31,3 % de *non*, 31,2 % d'abstentions.

278 **Du tripartisme à la troisième force.** — Aux élections du 10 novembre 1946, qui désignent dans un climat social tendu la première Assemblée de la IVe République, le PC continue sa progression (28,8 %) et reprend la première place au MRP tandis que la SFIO continue de décliner. Malgré ses divisions, le tripartisme est encore vainqueur.

Le 16 janvier 1947, les Chambres désignent à la présidence de la République le socialiste Vincent Auriol. Léon Blum, éphémère président du Conseil, est remplacé par le socialiste Paul Ramadier qui propose un gouvernement d'« accord général » faisant appel à toutes les formations parlementaires. Investi à l'unanimité (22 janvier), Ramadier, interpellé sur la composition de son équipe, choisit d'engager un vote de confiance. Cette « double investiture », où Auriol voit une entorse à la constitution, fragilise le gouvernement face aux partis car elle va servir de précédent.

En 1947, « année terrible » (de Gaulle), la situation économique est très difficile, les tensions multiples, sociales, internationales, coloniales. Les positions des communistes étant incompatibles avec celles des autres forces de la majorité, en particulier du MRP, Ramadier révoque les ministres communistes (5 mai 1947). À l'automne, Staline fait adopter au PC une stratégie d'opposition systématique qui tue le tripartisme. De son côté, de Gaulle est rentré en résistance ; le 7 avril, tout en dénonçant les « partis », il a créé le Rassemblement du peuple français (RPF) qui va recruter dans toutes les couches de la société ; en août se forme un intergroupe d'une quarantaine de députés ; aux municipales d'octobre, le RPF triomphe (38 % des voix, conquête de plusieurs grandes villes).

Affaibli par la situation sociale, par les progrès du RPF, par un remaniement ministériel en forme d'ouverture au centre que désavoue Guy Mollet, secrétaire général de la SFIO, Ramadier démissionne le 19 novembre. Alors, face aux deux grandes forces issues de la Libération, communisme et gaullisme, qui combattent le régime, on ressuscite la formule de l'entre-deux-guerres en constituant une « troisième force », alliance défensive qui inclut socialistes, radicaux et démocrates chrétiens avec l'appoint de modérés et d'indépendants de droite. Blum ayant été rejeté par l'Assemblée, Auriol appelle le catholique Robert Schuman.

Schuman est investi le 24 novembre, son gouvernement le 27. Entre les deux votes, il perd déjà 90 voix... Les affiliés de la troisième force ne s'entendent que sur leur hostilité au PC et au RPF. Chaque initiative politique devient une menace pour les gouvernements qui comprennent en moyenne un tiers de MRP, un tiers de socialistes, un tiers de radicaux et de modérés. Jusqu'en 1951, par-delà la continuité du personnel (Schuman aux Affaires étrangères, le socialiste Jules Moch à l'Intérieur), c'est la valse des présidents du Conseil : Schuman, Marie (radical), Schuman, Queuille (radical), Bidault (MRP), Queuille, Pleven (UDSR), Queuille. Pas un socialiste à ce poste : la SFIO est en première ligne pour faire tomber les ministères par peur d'un recentrage excessif.

Grâce à ses courroies de transmission, le PC conserve son potentiel électoral. Force d'autant plus dominante à gauche que les socialistes se sont modérés à leur tour (graphiques n° 290), le Parti a investi les positions de la gauche la plus prononcée (carte n° 291, à comparer aux cartes n°s 168, 229, 245 et 261) ; le bastion rural du Centre montre qu'il est loin d'être un parti exclusivement « ouvrier ». Mais sa force est en quelque sorte stérile : exclu du gouvernement, corseté par son obéissance à Moscou, obstiné contre ses « ennemis de classe », le PC s'enfonce dans « l'ère glaciaire du stalinisme strict » (Jean-Pierre Rioux).

Sur l'autre rive, de Gaulle sillonne le pays et convainc par un discours rassembleur qui dépasse le clivage droite-gauche et par son idée de réconcilier capital et travail. Le RPF progresse (un million d'adhérents en 1948), inquiète, puis décline (350 000 membres en 1951). La posture césarienne du « sauveur » est difficile à tenir à une époque où revient la prospérité.

Néanmoins les élections de 1951 s'annoncent mal pour une troisième force qui ne fait pas rêver les Français. Le MRP a perdu l'attrait de la nouveauté ; la SFIO assume mal ses contradictions ; l'influent RGR (Rassemblement des gauches républicaines), composé pour l'essentiel de néo-radicaux libéraux proches idéologiquement des modérés, n'a pas de base militante ; à droite, le Centre national des indépendants et paysans (CNIP), créé en février, rassure les milieux d'affaires et séduit les ruraux sans proposer de vision politique globale. C'est pourquoi on imagine le système des « apparentements » (loi du 9 mai 1951) : dans chaque département, les listes ayant conclu un accord d'apparentement se répartiront tous les sièges si elles obtiennent ensemble la majorité absolue. Cette loi corrige l'émiettement dû à la proportionnelle et offre une prime aux soutiens du régime.

279 L'ENRACINEMENT DES CENTRES. — Aux élections du 17 juin 1951, la manœuvre réussit. Flatteur pour un parti, le score du RPF (21,7 % des voix, 106 sièges) est décevant pour un rassemblement (carte n° 292). Malgré l'effritement du MRP (15,4 %), les quatre forces apparentées l'emportent en voix et en sièges. Elles sont condamnées à s'entendre, alors que sur bien des sujets les majorités ne peuvent se former qu'à trois.

Les lois Marie et Barangé qui avantagent l'école libre en matière de bourses et de subventions (septembre 1951) sont votées sans la SFIO, attachée à la laïcité, mais avec le RPF. En mars 1952, l'indépendant Antoine Pinay est investi avec l'appoint de 27 députés gaullistes, aussitôt exclus du RPF. (Quoique soutenu par l'opinion, Pinay démissionne en décembre faute de pouvoir satisfaire les partis à propos de la CED ; voir n° 287.) Son successeur, le radical René Mayer, est investi en janvier 1953 avec toutes les voix du RPF. Indigné de voir ses troupes « aller à la soupe » et déçu par le résultat des municipales, de Gaulle dissout le RPF (mai 1953). Les gaullistes, qui ont formé le groupe des Républicains sociaux, participent à l'investiture de l'indépendant Joseph Laniel (juin), lequel, pendant l'été, doit affronter seul quatre millions de grévistes du secteur public : l'Assemblée est en vacances et les partis fuient leurs responsabilités.

Avec une majorité et un gouvernement par problème à traiter, aucune politique claire et déterminée ne peut être menée. On en vient à envisager une réforme de la constitution. En décembre 1953, il faut douze tours de scrutin pour élire le modéré René Coty en remplacement d'Auriol, élu en 1947 au premier tour.

Le tombeur de Laniel, le radical Pierre Mendès France, est investi très largement (17 juin 1954) avec le soutien communiste (qu'il récuse) et socialiste. La droite se range dans l'opposition. Réformateur moderniste, Mendès compose son équipe au mépris des « dosages » en privilégiant lien personnel et compétence. Soucieux de renforcer la présidence du Conseil après le traumatisme de

Dien Bien Phu (voir n° 288), il fait réviser la constitution, obtenant le principe de l'investiture à la majorité relative (7 décembre) mais ni le scrutin majoritaire ni une réforme facilitant la dissolution. Par ailleurs il explique ses choix à la radio. Appréciée de l'opinion, cette personnalisation du pouvoir est taxée de « bonapartisme » par une partie de la classe politique. Les partis ne supportent pas l'attitude condescendante de Mendès. Le 5 février 1955, un vote de défiance met fin à l'expérience. Cet échec montre la sclérose du système et prélude au divorce entre les Français et le régime. Autre indice : les progrès, depuis 1953, de l'UDCA (Union de défense des commerçants et des artisans) de Pierre Poujade.

Le successeur de Mendès France est l'habile Edgar Faure. Ce radical plus conciliant et réputé bon gestionnaire incarne une forme de « juste milieu » dans une France redevenue prospère que réveille brutalement l'affaire algérienne. Le massacre sauvage de 123 Français d'origine européenne le 20 août 1955 par un commando du FLN (Front de libération nationale) inspire une profonde angoisse à l'opinion et à une classe politique jusqu'alors somnolente. L'Assemblée offre la possibilité à Faure d'avancer les élections quand elle le renverse à la majorité absolue (29 novembre) ; jusqu'alors, pour neutraliser le droit de dissolution, les députés faisaient tomber le gouvernement à la majorité relative. L'article 51 de la constitution peut être appliqué : l'Assemblée est dissoute. Par cette dissolution, la première depuis la crise de 1877, un 2 décembre de surcroît, Edgar Faure s'attire les foudres des « vieux républicains ». Exclu du parti radical, il ne profitera pas de l'opération.

280 LES DERNIÈRES ANNÉES. — Malgré la « détente » inaugurée par Khrouchtchev, le PC persiste dans sa ligne stalinienne. Le MRP a perdu son identité à force d'être au gouvernement. Les « républicains sociaux » sont désorientés : de Gaulle est occupé à rédiger ses mémoires. La droite modérée n'a pas l'énergie des poujadistes et de leur chef qui tonne « Sortez les sortants ! » en se laissant aller à quelques écarts antisémites quand il parle de Mendès. Seul Mendès, qui tient le parti radical, semble porteur d'un projet – imprécis – de modernisation. Avec l'UDSR (François Mitterrand), des républicains sociaux (Jacques Chaban-Delmas) et une partie de la SFIO, il propose un Front républicain.

Aux élections du 2 janvier 1956, les gaullistes s'effondrent, les poujadistes percent, le PC retrouve ses sièges, le radicalisme gagne des voix, mais il n'y a pas de majorité claire. On pouvait attendre Mendès ; c'est son rival Guy Mollet, lequel a fait une campagne de parti, qui est investi triomphalement avec le soutien communiste. Pendant ce « long » ministère (quinze mois), la volonté de renouer avec le Front populaire en matière sociale se conjugue mal avec une politique de répression en Algérie soutenue par la droite mais critiquée par le PC, puis par Mendès, qui démissionne du gouvernement, et par Mitterrand, qui préfère y rester.

Après la chute de Mollet (mai 1957), les radicaux Bourgès-Maunoury et Félix Gaillard n'arrivent pas à surmonter les divisions de l'opinion et des partis – sauf le PC, chacun est divisé – à propos de l'Algérie. Le 13 mai 1958, le jour où est investi Pierre Pflimlin (MRP) qui incarne aux yeux des Pieds-Noirs l'abandon de l'Algérie, le gouvernement général est pris d'assaut à Alger ; un « Comité de salut public » est créé, qui n'obéit plus aux ordres de Paris. Le général Salan, envoyé à Alger, lance un appel à de Gaulle qui se dit « prêt à assumer les pouvoirs de la République » (15 mai). La guerre civile menace. Investi le 1er juin, de Gaulle obtient les pleins pouvoirs pour six mois et la mission de procéder à une révision constitutionnelle qui sera soumise à un référendum. Le Général sera ainsi le père de la Ve République. L'adhésion à la nouvelle constitution sera massive. Le 13 octobre 1946, le *oui*, axé à gauche, n'avait atteint 50 % des inscrits dans aucun département ; le 28 septembre 1958, orienté « à droite », il dépassera ce seuil partout (cartes no 294).

« Une majorité par problème » : on a reproché aux gouvernements de la IVe République leur impuissance, leur instabilité, leurs esquives, leurs lâchetés. Pourtant, l'œuvre accomplie est loin d'être négligeable, précisément parce que de nombreux problèmes ont trouvé des majorités pour les résoudre.

II | L'ÉTAT-PROVIDENCE

281 La joie de la Libération n'a pas fait oublier longtemps la rareté des ressources alimentaires et énergétiques ni l'extrême faiblesse de l'économie. Pendant quatre ans, le gouvernement s'efforce de relancer la production tout en restant attentif au volet social auquel tous sont attachés, du PC au MRP. Même après le recentrage des années 1950, l'État reste le guide d'un développement planifié qui favorise une certaine modernisation. Une croissance exceptionnelle conjuguée avec l'interventionnisme permet, sans renoncer à l'économie de marché, de mettre en place un État-providence à la française.

282 LES ANNÉES DIFFICILES. — En 1944, l'indice de la production industrielle est de 38, contre 100 en 1938. Face aux pénuries, l'État intervient en donnant la priorité aux transports et à l'énergie. La relance de la production de charbon passe par un relèvement des salaires et des retraites des mineurs, ce qui favorise l'embauche, mais il faut importer. Les caisses étant vides, on réquisitionne les avoirs français à l'étranger, on cède 40 % du stock d'or de la Banque de France, on quémande (en février 1945, Jean Monnet obtient 1,6 milliard de dollars des Américains), on emprunte en France et à l'étranger. L'inflation galopante excite les revendications salariales ; la hausse des salaires et des prestations sociales encourage le marché noir et entretient l'inflation. Contre la rigueur préconisée par Mendès, ministre de l'Économie, qui démissionne en avril 1945, de Gaulle, soutenu par les communistes, estime impossible d'imposer aux Français de nouveaux sacrifices. Le franc est dévalué des trois cinquièmes (25 décembre 1945).

Ni le Général ni la gauche de l'Assemblée ne conçoivent le redémarrage par la seule initiative privée. Pratiqué sous Vichy, inscrit au programme du CNR, l'interventionnisme est d'actualité. Si les nationalisations sanctionnent en premier lieu des industriels qui ont « collaboré » (Renault), elles concernent ensuite des secteurs jugés stratégiques : énergie, transports (SNCF, Air France), crédit (Banque de France, quatre grandes banques de dépôt), assurances. L'État encadre l'association des salariés à la gestion des entreprises en créant des comités d'entreprise dans les établissements de plus de 100 salariés (février 1945). Surtout, il institue la Sécurité sociale (octobre).

La reconstruction se fait selon un « plan de modernisation et d'équipement » (plan Monnet, novembre 1947) indicatif ou souple, c'est-à-dire fondé sur la concertation et l'incitation, dont l'objectif est de retrouver en 1948 le niveau de production de 1929. Mais le déficit de main-d'œuvre conduit à accroître le temps de travail, le rationnement persiste, le pouvoir d'achat régresse (graphiques n° 293). D'où des troubles sociaux et des grèves dures, soutenues par la CGT et le PC dès avril 1947, qui retardent la reprise. L'aide américaine à l'Europe (plan Marshall de 1948) est considérable mais ne suffit pas à relancer une épargne peu attractive compte tenu de l'inflation.

En 1950, le plan Monnet, dont les objectifs ambitieux ne sont pas atteints, est reconduit pour deux ans. La reconstruction est presque achevée. L'économie a retrouvé son rythme de 1938, sans pour autant s'être modernisée : la petite entreprise peu performante prédomine, protégée par un contrôle étroit des échanges. Ouvriers et salariés regardent avec amertume les « nouveaux riches » (agriculteurs, commerçants, industriels) qui ont profité de l'inflation. Les idéaux de la Libération restent lointains, d'autant que l'unanimité ne règne pas au sein de la troisième force : MRP et SFIO opinent pour le dirigisme, radicaux et modérés pour le libéralisme.

283 STABILISATION ET CROISSANCE. — L'année 1949 marque le retour de la confiance et des grands équilibres (budget, balances commerciale et des paiements, monnaie). Des gouvernements plus « à droite » optent pour une libéralisation partielle (salaires, prix). La guerre de Corée, qui a débuté en juin 1950, provoque une hausse considérable du prix des matières premières, le retour à l'inflation et aux tensions sociales, menace les équilibres obtenus mais permet d'accroître les exportations et de stimuler la consommation. Antoine Pinay fait le choix des économies et de la rigueur pour rendre confiance aux milieux d'affaires. L'emprunt Pinay (mai 1952), fiscalement avantageux, rencontre un grand succès. Cette politique de « bon père de famille » ralentit toutefois l'économie.

Socialement, les « nouveaux riches » d'hier, qui ne se sont pas préoccupés de moderniser leurs activités, entament une période de vaches maigres. La chute des prix agricoles due à la fin du rationnement conduit les paysans à former de puissants lobbies relayés à l'Assemblée. Artisans et commerçants, dont les marges chutent, se reconnaissent dans la lutte antifiscale et antiparlementaire de Pierre Poujade. Comme sous la IIIe République, les « petits » se rebiffent contre les « gros ».

284 UN DÉVELOPPEMENT CONTRASTÉ. — Ministre de l'Économie (1953) puis président du Conseil (1955), Edgar Faure défend « l'expansion dans la stabilité ». Contre Pinay et la droite qui l'accusent de dirigisme, il entend soutenir la consommation ; contre socialistes et communistes qui lui reprochent son néo-capitalisme, il stimule les investissements.

La France entre en 1954 dans une période de croissance qui s'explique par un contexte international favorable, la reprise des investissements, l'accroissement de la consommation, la détente des rapports sociaux (conventions collectives), une démographie soutenue. La modernisation est lente mais elle porte des fruits. La production d'énergie croît régulièrement (pétrole et gaz d'Algérie). Même s'il est encore difficile de se loger, les industries de consommation transforment la physionomie de la société : le Français moyen commence à accéder à l'automobile, à l'électroménager, à l'hygiène, à la santé, aux loisirs, à la culture. Toute période de croissance a ses laissés pour compte : le déséquilibre s'accroît entre les régions riches et dynamiques (Nord, Bassin parisien, vallée du Rhône) et les autres (Ouest, Sud-Ouest, Massif central), le textile est insuffisamment concurrentiel, la mécanisation accélère l'exode rural.

Cette relative euphorie est menacée, comme le régime lui-même, à partir de 1956, par l'expédition de Suez (rationnement de l'essence) et par le conflit algérien. La raréfaction de la main-d'œuvre provoque une hausse rapide des salaires. La politique généreuse de Guy Mollet et du Front républicain coûte cher (Fonds national de solidarité, 3e semaine de congés payés). Les dépenses militaires accroissent le déficit, chronique depuis 1944 mais épongé jusqu'alors par l'aide internationale et l'emprunt ; elles menacent la balance des paiements et relancent l'inflation. Félix Gaillard, ministre des Finances de Bourgès-Maunoury puis président du Conseil, tente de réduire les dépenses sociales et d'investissement et augmente les impôts. De Gaulle se plaindra d'avoir « trouvé les caisses vides » en 1958.

III | La métropole tributaire de l'extérieur

285 À guerre mondiale, paix mondiale. Vaincue, libérée grâce aux Alliés, la France de 1944-1945 peine à s'imposer dans le concert des nations. Par la suite, les relations internationales pèsent sur sa vie politique. L'indépendance à la de Gaulle est un pari difficile dans un contexte de tension Est-Ouest. La France s'engage dans l'interdépendance européenne tandis qu'elle éprouve les douleurs de l'accouchement décolonisateur.

286 L'emprise internationale. — La guerre a produit de nouveaux rapports de force. La France n'a pas été conviée aux grandes conférences où se dessine le monde d'après-guerre (Dumbarton Oaks, Yalta, Potsdam). Elle a toutefois obtenu un secteur d'occupation en Allemagne et à Berlin ; elle recevra 20 % des réparations dues par le vaincu et siégera avec droit de veto au Conseil de sécurité de l'ONU. Dans l'immédiat, elle a dû contracter de gros emprunts auprès du FMI et de la Banque mondiale créés à Bretton Woods (juillet 1944). La grandeur du pays tient plus du discours que de la réalité.

En 1946, la tension monte entre Américains et Soviétiques, ces derniers tardant à retirer leurs troupes d'occupation. En mars, Churchill parle d'un « rideau de fer » abattu sur l'Europe. Truman, nouveau président des États-Unis, et son secrétaire d'État le général Marshall suggèrent de sacrifier l'Est en protégeant l'Europe occidentale (mars 1947). Les scores électoraux des communistes en France et leur présence au gouvernement (François Billoux à la Défense) ne sont pas pour rassurer, d'autant que la situation économique et l'agitation sociale pourraient profiter au PC. La division du monde en deux zones d'influence se dessine. Le départ des communistes du gouvernement Ramadier et l'acceptation de l'aide américaine scellent l'appartenance de la France au « monde libre ». L'URSS réplique en créant le Kominform (Bureau d'information communiste, octobre 1947) auquel participent des « anti-impérialistes » français et italiens. Les blocs entament une « guerre froide ».

Le « coup de Prague » (février 1948) accroît la peur d'une troisième guerre mondiale et convainc la classe politique – sauf le PC – de la nécessité d'une alliance défensive. La Grande-Bretagne, la France et les pays du Benelux concluent le Pacte de Bruxelles (17 mars). L'Allemagne n'est plus un ennemi à punir mais un bouclier éventuel à soutenir ; la fusion des zones occidentales d'occupation (juin) annonce la future République fédérale d'Allemagne (RFA).

Sans l'Amérique, l'alliance de Bruxelles ne saurait faire contrepoids au bloc de l'Est. Les États-Unis proposent aux signataires un Pacte atlantique avec cinq autres pays européens et le Canada (traité de Washington, 4 avril 1949). La France y gagne une indéniable sécurité, même si le commandement intégré de l'OTAN (1951) va lui faire perdre une part de son indépendance militaire. Dans un climat aggravé par le blocus de Berlin (1948-1949), le RPF, gardien sourcilleux de l'indépendance nationale mais farouchement anticommuniste, se rallie à l'atlantisme sans passion. La nouvelle donne suppose à terme un réarmement de l'Allemagne. La création de la RFA (mai 1949) permet d'aller plus loin dans la voie d'une union des pays européens.

287 La construction européenne. — L'opposition à l'Allemagne nazie et à l'Italie fasciste a fait naître l'idée d'une union des démocraties libérales. À la suite du Pacte de Bruxelles, on commence à parler de charte des droits de l'homme, d'union économique, d'assemblée européenne. Le 5 mai 1949, celle-ci prend la forme d'un Conseil de l'Europe, organisation consultative siégeant à Strasbourg et qui, regroupant bientôt la plupart des pays d'Europe de l'Ouest, entend défendre la civilisation, le progrès et les libertés.

En RFA, contre d'importantes concessions économiques et une véritable souveraineté, le chancelier Adenauer renonce à toute militarisation (novembre). Selon Robert Schuman, la méfiance envers l'Allemagne n'a plus de raison d'être et il faut encourager ce pays dans son goût nouveau pour la démocratie. Avec Jean Monnet, commissaire au Plan, il suggère, comme moyen de préserver la paix, une Haute autorité commune du charbon et de l'acier (mai 1950). Ouvert aux autres pays, ce marché commun permettrait de moderniser ces industries stratégiques. L'URSS condamne, les États-Unis applaudissent ainsi que les Européens, sauf les Britanniques. De Gaulle dénonce la dimension supranationale du projet mais la classe politique se laisse convaincre. La Communauté européenne du charbon et de l'acier (CECA) voit le jour le 18 avril 1951, groupant France, RFA, Italie et Benelux. Le traité est ratifié en décembre malgré le RPF et le PC.

Sur ce modèle, René Pleven propose de régler la question du réarmement allemand, auquel la France est hostile, par une Communauté européenne de défense (CED) : sous la responsabilité d'un ministre commun et le contrôle d'une Assemblée européenne, une armée supranationale défendrait les idéaux des démocraties occidentales. Âprement négocié, le traité est signé à Paris le 27 mai 1952. Le projet a été amputé de son ministre commun et le commandement suprême est placé dans le cadre de l'OTAN, donc confié à un Américain. RPF et PC s'opposent à la ratification, le MRP la soutient avec force, les autres partis sont divisés. La vie politique en est empoisonnée : Pinay est amené à démissionner pour avoir tardé à engager le débat (décembre 1952), Mayer renversé pour avoir voulu le faire (mai 1953)...

Le relatif dégel des relations Est-Ouest après la mort de Staline (5 mars 1953) et la fin de la guerre de Corée (juillet) font douter de la nécessité de la CED. Le gouvernement Laniel, allié aux gaullistes, est divisé. Le débat sur la ratification ne débouche sur rien (novembre). L'enterrement du projet en 1954 ouvre la voie au réarmement de la RFA dans l'OTAN ; l'Assemblée souscrit ainsi à la solution américaine que le projet de CED était censé combattre.

Cet échec ne signifie pas celui de la construction européenne. L'économie florissante de 1955 incite à étendre le modèle de la CECA. Les traités de Rome signés par les Six (25 mars 1957) instituent l'Euratom (pour l'énergie atomique) et la CEE (Communauté économique européenne). Si l'esprit libéral de ce marché commun (union douanière, libre circulation) heurte certains dirigistes, sa structure est assez souple pour européaniser les préoccupations sociales, mais à cette époque tous les regards sont tournés vers l'Algérie.

288 L'IMPASSE COLONIALE ET ALGÉRIENNE. — Interprétée au profit des peuples colonisés qui payaient leur tribut à la cause de la liberté, l'idéologie émancipatrice des Alliés avait trouvé un large écho parmi les élites indigènes. Des mouvements indépendantistes se développaient.

Les puissances coloniales veulent bien envisager davantage d'autonomie et de liberté, mais pas l'indépendance. Cette attitude les oppose à l'URSS, aux États-Unis et à la Charte de l'ONU. La constitution de 1946 remplace l'empire colonial par une Union française comprenant d'une part les départements d'Algérie, les départements d'outre-mer et les territoires d'outre-mer (notamment d'Afrique occidentale et équatoriale, AOF et AEF), représentés dans les Chambres, d'autre part des États associés (ex-protectorats) – Tunisie, Maroc, Cambodge, Annam, Laos – représentés au Haut Conseil de l'Union. L'Assemblée de l'Union française, composée pour moitié de parlementaires, pour moitié de représentants de toutes ces entités régionales, peut émettre avis et propositions. De telles institutions doivent satisfaire les aspirations des peuples, sauf l'indépendance.

En Indochine, où le Vietminh communiste avait été créé dès 1941, la partie nord a pris son indépendance en 1945 ; au sud, occupé par les Anglais, Leclerc a été envoyé par de Gaulle restaurer la souveraineté française (août 1945). Cette politique de reconquête, entérinée par tous les partis sauf le PC, conduit à l'envoi de renforts militaires parallèlement à la recherche d'une solution politique par la promotion des souverains indigènes (1948). Soutenu par l'URSS et la nouvelle Chine populaire, le Vietminh remporte la victoire locale mais retentissante de Dien Bien Phu (7 mai 1954). À la faveur de la lassitude de l'opinion, Mendès France reconnaît l'indépendance des États d'Indochine, y compris la mainmise communiste sur le Nord-Vietnam (accords de Genève, 21 juillet).

En Tunisie et au Maroc, la France a d'abord usé de la manière forte : déportation du leader tunisien Bourguiba (1952), exil du sultan du Maroc, futur Mohammed V, à Madagascar (1953). Ces deux « martyrs » ayant fait gagner du terrain à leur cause, Edgar Faure les fait revenir (1955). L'indépendance des deux pays est totale en mars 1956.

En Algérie, où Ferhat Abbas avait lancé en 1943 un *Manifeste du peuple algérien* et où les choses ont pris un tour violent dès 1945 (massacres d'Européens à Sétif, répression impitoyable), la question est plus compliquée. Pour l'opinion comme pour les gouvernements successifs, l'Algérie, c'est la France. Face à la flambée de terrorisme aveugle de la Toussaint 1954, point de départ d'une guerre qui ne dira pas son nom (les « événements »), le ministre de l'Intérieur Mitterrand promet une « rigoureuse répression » (12 novembre). D'où l'envoi de renforts militaires et le vote d'une loi sur l'état d'urgence (3 avril 1955). Le FLN fait une guerre sans merci qui traumatise l'opinion. En 1956, Guy Mollet propose de négocier la paix. Le FLN exigeant une indépendance immédiate sans élections ni négociations, Mollet obtient des pouvoirs spéciaux et l'envoi massif de troupes du contingent (12 mars 1956).

Les méthodes employées par l'armée (torture) en réplique à celles des terroristes du FLN sont désapprouvées par une partie de la gauche dans de virulentes campagnes de presse, mais Mollet compense ces défections par des soutiens à droite. Parmi les partisans de l'Algérie française on trouve des personnalités de tout bord : presque tous les Indépendants, beaucoup de gaullistes (Jacques Soustelle, Michel Debré), des MRP (Georges Bidault), des radicaux (Gaillard, Bourgès-Maunoury), des socialistes (Robert Lacoste, Max Lejeune). L'apathie des gouvernements suivants fait naître chez les défenseurs de l'Algérie française un courant « activiste » favorable à un pouvoir fort. Ce mouvement hétéroclite, où se côtoient des Pieds-Noirs surchauffés, des militaires et des intellectuels généreux rêvant de fraternité franco-musulmane, sans oublier divers extrémistes, provoquera le « 13 mai » et le rappel de de Gaulle. Son incapacité à résoudre le drame algérien a conduit la IVᵉ République à sa chute.

Pour aller plus loin

289 Sur la période, J.-P. Rioux, *La France de la IVᵉ République,* rééd. Le Seuil, 1990, 2 vol. ; J. Julliard, *La IVᵉ République,* rééd. Hachette, 1980 ; P. Goetschel, B. Toucheboeuf, *La IVᵉ République,* Livre de Poche, 2004. Chronologie commentée : S. Guillaume, *La France contemporaine,* t. 1, Perrin, 1990. Sur quelques acteurs, V. Auriol, *Mon septennat,* Gallimard, 1970 (extraits du *Journal*) ; J. Dalloz, *Georges Bidault,* L'Harmattan, 1992 ; F. Le Douarec, *Félix Gaillard,* Economica, 1991 ; É. Roussel, *Pierre Mendès France,* Gallimard, 2007 ; F. Lafon, *Guy Mollet,* Fayard, 2006 ; S. Guillaume, *Antoine Pinay,* FNSP, 1983 ; A. Fontvieille-Vojtovic, *Paul Ramadier,* Publ.

Sorbonne, 1993 ; S. Berstein (dir.), *Paul Ramadier. La République et le socialisme,* Complexe, 1990 ; R. Poidevin, *Robert Schuman,* Beauchesne, 1988 ; S. Sirot, *Maurice Thorez,* Pr. de Sciences Po, 2000. Sur la Libération, A. Kaspi, *La Libération de la France,* rééd. Perrin, 1995 ; C.-L. Foulon, *Le pouvoir en province à la Libération,* A. Colin, 1975 ; P. Buton, J.-M. Guillon (dir.), *Les pouvoirs en France à la Libération,* Belin, 1994 ; P. Novick, *L'épuration française,* rééd. Le Seuil, 1991 ; P. Bourdrel, *L'épuration sauvage,* Perrin, 1988-1991, 2 vol. ; L. Noguères, *Le véritable procès du maréchal Pétain,* Fayard, 1955, et *La Haute Cour de la Libération,* Éd. de Minuit, 1965 ; A. Latreille, *De Gaulle, la Libération et l'Église catholique,* Cerf, 1978. Sur le régime, J. Bougrab, *Aux origines de la constitution de la IVe République,* Dalloz, 2002 ; CURAPP, *Le préambule de la constitution de 1946. Antinomies juridiques et contradictions politiques,* PUF, 1996 ; S. Arné, *Le président du Conseil des ministres sous la IVe République,* LGDJ, 1962. Sur la vie politique, É. Duhamel, *Histoire politique de la IVe République,* La Découverte, 2000 ; J.-J. Becker, *Histoire politique de la France depuis 1945,* rééd. A. Colin, 1998 ; J. Chapsal, *La vie politique en France de 1940 à 1958,* rééd. PUF, 1990 ; P. Williams, *La vie politique sous la IVe République,* A. Colin, 1971 ; *La IVe République,* n° 76 de la revue *Pouvoirs,* 1996 ; S. Jansen, *Les grands discours parlementaires de la IVe République,* A. Colin, 2006 ; A. Chebel d'Appollonia, *Histoire politique des intellectuels en France, 1944-1954,* Complexe, 1990, 2 vol. Sur les élections, C. Leleu, *Géographie des élections françaises depuis 1936,* PUF, 1971. Sur les forces politiques, F.-G. Dreyfus, *Histoire des gauches en France, 1940-1974,* Grasset, 1975 ; P. Buton, *Les lendemains qui déchantent. Le PCF à la Libération,* FNSP, 1993 ; J.-J. Becker, *Le PC veut-il prendre le pouvoir ? La stratégie du PCF de 1930 à nos jours,* Le Seuil, 1981 ; R. Quilliot, *La SFIO et l'exercice du pouvoir,* Fayard, 1972 ; G. Le Beguec, E. Duhamel (dir.), *La reconstruction du parti radical, 1944-1948,* L'Harmattan, 1993 ; É. Aberdam, J. Chêne, H. Morsel (dir.), *Pierre Mendès France. La morale en politique,* Grenoble, PUG, 1990 ; J.-P. Rioux, F. Bédarida (dir.), *Pierre Mendès France et le mendésisme,* Fayard, 1985 ; E.-F. Callot, *Un parti politique de la démocratie chrétienne en France. L'action et l'œuvre du MRP,* Champion/Slatkine, 1986 ; J. Charlot, *Le gaullisme d'opposition,* Fayard, 1983 ; D. Borne, *Petits bourgeois en révolte ? Le mouvement Poujade,* Flammarion, 1977. Sur l'économie et la société, J.-F. Eck, *Histoire de l'économie française depuis 1945,* rééd. A. Colin, 1996 ; H. Bonin, *Histoire économique de la IVe République,* Economica, 1987 ; M. Parodi, *L'économie et la société française depuis 1945,* rééd. A. Colin, 1994 ; D. Borne, *Histoire de la société française depuis 1945,* rééd. A. Colin, 1992 ; C. Andrieu, L. Le Van, A. Prost, *Les nationalisations de la Libération,* FNSP, 1987 ; J. Fourastié, J.-P. Courthéoux, *La planification économique en France,* rééd. PUF, 1968. Sur la politique extérieure, A. Grosser, *La IVe République et sa politique extérieure,* A. Colin, 1967 ; D. Yergin, *La paix saccagée,* rééd. Complexe, 1990 ; R. Aron, D. Lerner (dir.), *La querelle de la CED,* A. Colin, 1956 ; P. Gerbet, *La construction de l'Europe,* rééd. A. Colin, 2007 ; B. Olivi, A. Giacone, *L'Europe difficile,* rééd. Gallimard, 2007 ; G. Bossuat, *L'Europe des Français, 1943-1959. La IVe République aux sources de l'Europe communautaire,* Publ. Sorbonne, 1996. Sur la décolonisation, X. Yacono, *Les étapes de la décolonisation française,* rééd. PUF, 1985 ; H. Grimal, *La décolonisation de 1919 à nos jours,* Complexe, 1985 ; B. Droz, *Histoire de la décolonisation au XXe siècle,* Le Seuil, 2006. Sur la question algérienne, J.-P. Rioux (dir.), *La guerre d'Algérie et les Français,* Fayard, 1990 ; R. Branche, *La guerre d'Algérie : une histoire apaisée ?,* Le Seuil, 2005. Sur la fin du régime, O. Rudelle, *Mai 58. De Gaulle et la République,* Plon, 1988 ; M. Winock, *L'agonie de la IVe République,* Gallimard, 2006 ; R. Rémond, *1958. Le retour de De Gaulle,* rééd. Complexe, 1998.

290 L'AUDIENCE ÉLECTORALE DU PCF, DE LA SFIO ET DES RADICAUX (1936-1958)

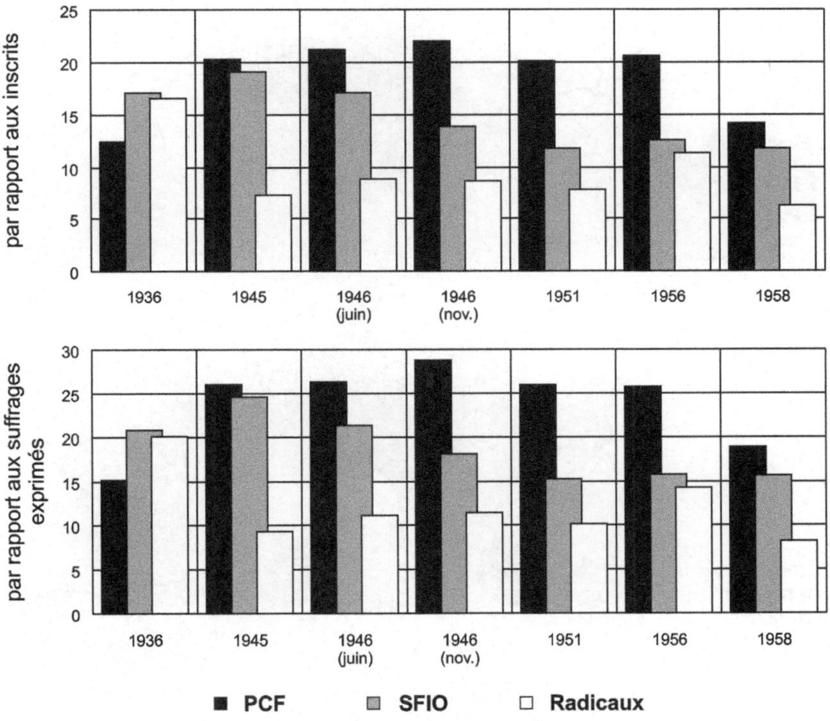

D'après C. Leleu, *Géographie des élections françaises depuis 1936,* 1971.

291 L'AUDIENCE ÉLECTORALE DU PCF (1945-1956)

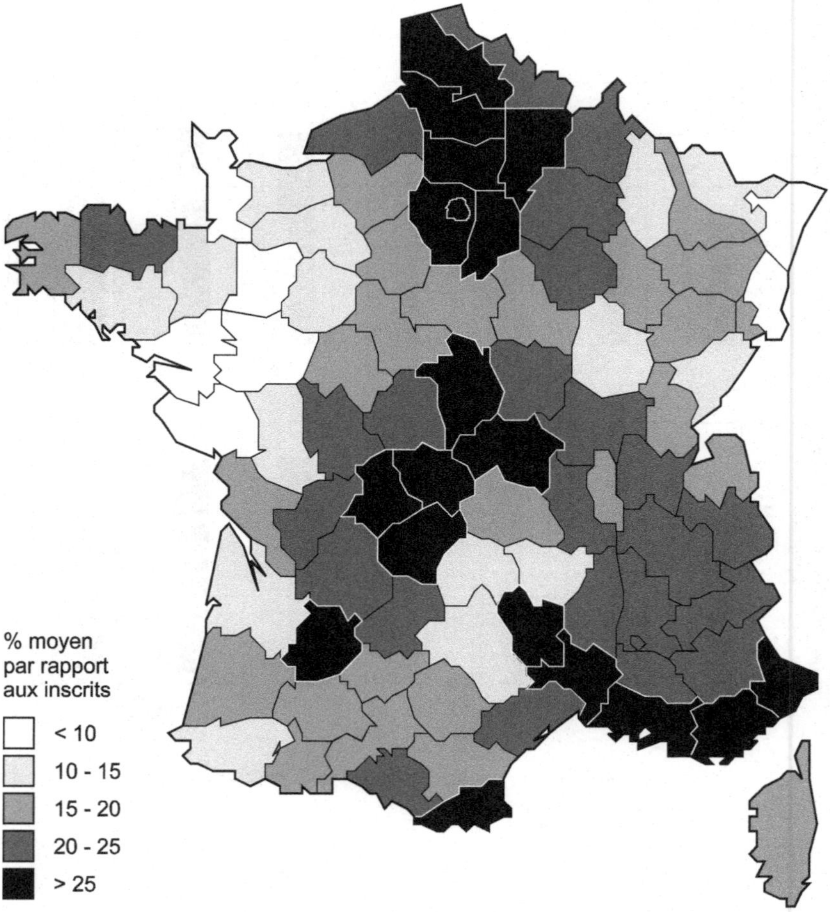

D'après les indications fournies par C. Leleu, *Géographie des élections françaises depuis 1936*, 1971.

292 LES VOIX DU RPF AUX ÉLECTIONS DE 1951

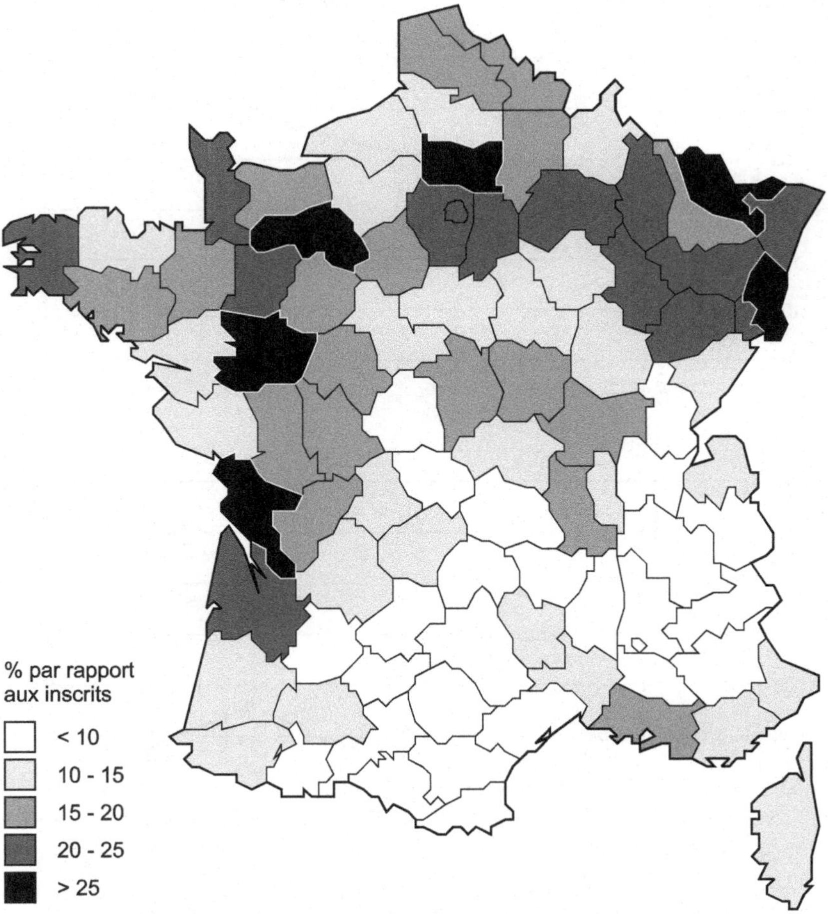

D'après F. Goguel, *Géographie des élections françaises sous la Troisième et la Quatrième République*, 1970, et C. Leleu, *Géographie des élections françaises depuis 1936*, 1971.

293 Durée du travail hebdomadaire et pouvoir d'achat (1944-1948)

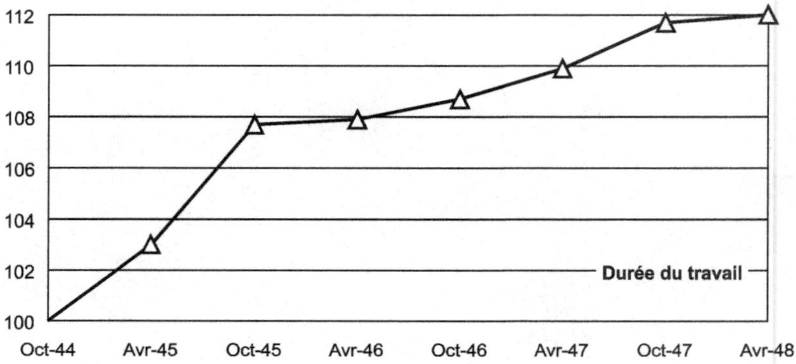

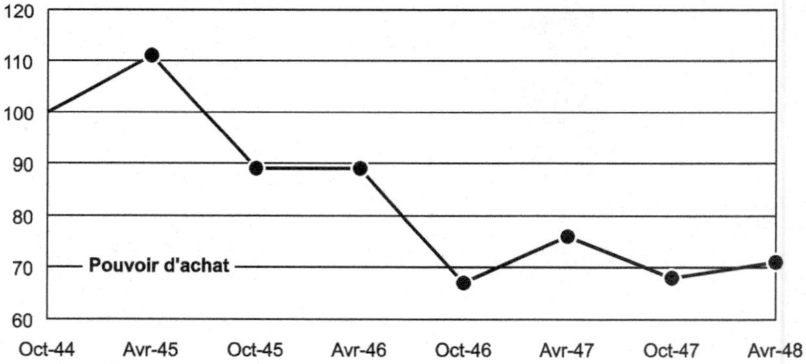

Indice 100 en octobre 1944.

D'après H. Brousse, dans *Le niveau de vie en France,* 1949.

294 L'ADHÉSION RÉFÉRENDAIRE AUX IVe ET Ve RÉPUBLIQUES (1946-1958)

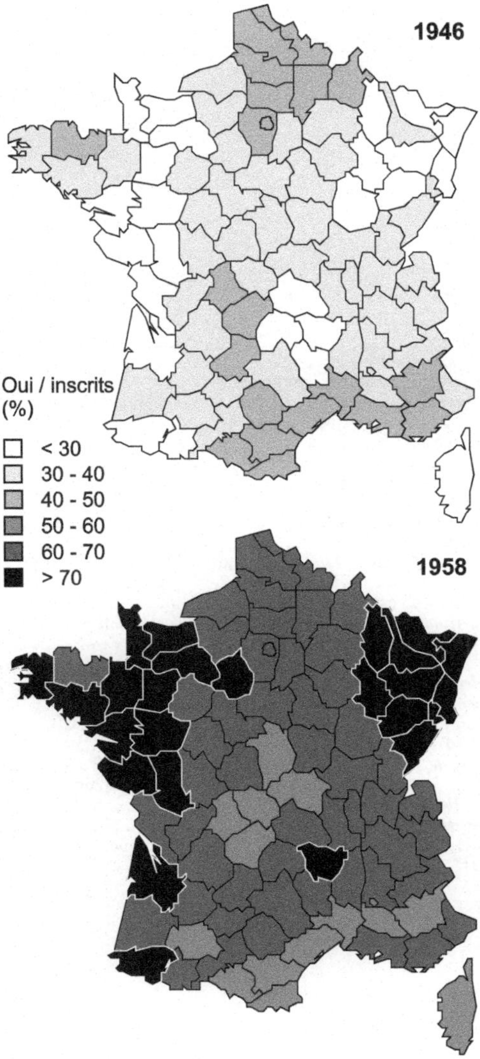

D'après les données fournies par C. Leleu, *Géographie des élections françaises depuis 1936,* 1971.

Table des illustrations

MANUELS

F. Bluche	Manuel d'histoire politique de la France contemporaine (3e éd. mai 2008)
J.-M. Carbasse	Manuel d'introduction historique au droit (2e éd.)
F. Chaltiel	Manuel de droit de l'Union européenne
J. Morange	Manuel des droits de l'homme et libertés publiques
B. Pacteau	Manuel de contentieux administratif
F. Zenati-Castaing, T. Revet	Manuel de droit des personnes
A. Sériaux	Manuel de droit des obligations
P. Serrand	Manuel d'institutions administratives françaises (2e éd.)

CLASSIQUES

D. Alland	Droit internationnal public
G. Antonetti	Histoire contemporaine politique et sociale (9e éd.)
C. Autexier	Introduction au droit public allemand
G. Bigot	Introduction historique au droit administratif depuis 1789
J.-M. Carbasse	Histoire du droit pénal et de la justice criminelle (2e éd. mise à jour)
G. Druesne	Droit de l'Union européenne et politiques communautaires (8e éd. mise à jour)
P.-Y. Gautier	Propriété littéraire et artistique (6e éd. entièrement revue)
S. Goyard-Fabre	Philosophie politique (XVIe-XXe s.)
J.-L. Halpérin	Histoire du droit privé français depuis 1804 *(réédité en « Quadrige »)*
J.-L. Harouel, J. Barbey, E. Bournazel et J. Thibaut-Payen	Histoire des institutions, de l'époque franque à la Révolution (11e éd.)
J. Hilaire	Introduction historique au droit commercial
F. Julien-Laferrière	Droits des étrangers
T. Lambert, J.-J. Bienvenu	Droit fiscal (3e éd.)
Ph. Lauvaux	Les grandes démocraties contemporaines (3e éd.)
B. Mathieu, M. Verpeaux, F. Chaltiel	Droit constitutionnel
Y. Mayaud	Droit pénal général (2e éd.)
J. Morange	Droits de l'homme et libertés publiques (5e éd.)
S. Neuville	Droit de la banque et des marchés financiers
B. Pacteau	Contentieux administratif (7e éd.)

S. Regourd	Droit de la communication audiovisuelle
F. Zenati-Castaing, T. Revet	Les Biens (3e éd.)
J.-P. Royer	Histoire de la justice en France (3e éd. refondue)
A. Sériaux	Droit canonique
D. Simon	Le système juridique communautaire (3e éd. mise à jour)
F. Sudre	Droit européen et international des droits de l'homme (8e éd. refondue ; 9e éd. juin 2008)
E. Zoller	Droit constitutionnel (2e éd.)
E. Zoller	Grands arrêts de la Cour suprême des États-Unis

TRAITÉS

D. Alland, C. Teitgen-Colly	Traité du droit de l'asile
G. Couturier	Traité de droit du travail, t. 2 : Les relations collectives de travail (2e éd.)
J.-P. Fradin, J.-B. Geffroy	Traité du droit fiscal de l'entreprise
V. Harouel-Bureloup	Traité de droit humanitaire
B. Pacteau	Traité de contentieux administratif
J.-H. Robert, H. Matsopoulou	Traité de droit pénal des affaires

PEFC
10-31-3532
Par nos approvisionnements en papier certifié PEFC, nous soutenons la gestion forestière durable au niveau mondial
www.pefc-france.org

Imprimé en France sur papiers
issus de forêts gérées durablement

Sepec Numérique

1, rue de Prony - ZA des Bruyères
01960 Peronnas

IMPRIM'VERT®

Achevé d'imprimer en juin 2024
Numéro d'impression : N17932240633